獻給二〇〇三年至二〇一九年
香港浸信會神學院的道學碩士科
及基督教研究碩士科學生

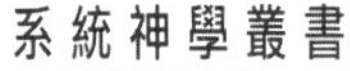
系統神學叢書

神學與神學方法15講

鄧紹光 著

15 LESSONS ON THEOLOGY AND THEOLOGICAL METHOD

基道出版社

▼

系統神學叢書

神學與神學方法 15 講

15 Lessons on Theology and Theological Method

作者
鄧紹光 Andres S.K. Tang

責任編輯
沈靜筠

裝幀設計
奇文雲海．設計顧問

■

出版／發行
基道出版社
香港沙田火炭坳背灣街 26 號富騰工業中心 10 樓 1011 室
LOGOS PUBLISHERS
Unit 1011, 10/F, Fo Tan Ind. Centre, 26 Au Pui Wan St., Shatin, Hong Kong
電話：(852) 2687-0331　傳真：(852) 2687-0281
網址：https://www.logos.com.hk

承印
陽光印刷製本廠

●

10/2019 初版
Cat. No. LP265
ISBN: 978-962-457-590-3

Printed in Hong Kong

刷次	10	9	8	7	6	5	4	3	2
年份	2032	2031	2030	2029	2028	2027	2026	2025	

目錄

contents

第二部
（做）神學有甚麼元素？

曹序

《神學與神學方法 15 講》，鄧紹光博士於二〇一九年四月寫成此書。

二〇一九年一月，紹光的心臟出了問題，需要休息。雖然身體抱恙，但他在任教的香港浸信會神學院（「浸神」）仍堅持授課，教授「神學與神學方法」一科。這是碩士課程一年級學生首個學年必修的科目。有些人認為神學生才剛剛入學，就要修讀這麼艱深的科目，非常吃力。甚至有人認為這科目的內容，對神學生來說沒有用處。然而，這卻是「浸神」的課程特色，一開始便教導學生神學研究的「序言」（prolegomena），讓他進入「言說上帝」（God talk）的時候，能夠釐清自己的進路，然後重新學習「發聲」和言說。紹光教授這科目，已整整十五年頭，並且還要繼續任教這學科。

二〇一九年春季學期，由於紹光患病，我有機會任教該科其中兩堂課；其餘課堂，我則盡量出席，聆聽紹光有分授課的部分。雖然跟他做了朋友二十年，但這回聽他授課，我依然感到非常驚歎，深覺他的學問愈來愈成熟，進路也愈來愈清晰，思想愈來愈融通。從前，我已發覺他擅長做比較神學；如今看來，他教授的神學方法，確實能夠幫助教會言說上帝，面對變遷中的世界。他已進入教會神學的堂奧，能夠展現教會神學的真實性。其實，教會以外的社會和學術界人士，也應當聆聽這關乎上帝的言説方式和內容。若然他們拒絕聆聽，相信對於他們探求和理解真理，恐怕有所虧損。

我懷著興奮、戰兢和沉重的心情協助紹光完成兩堂課的教學，又邀請黃福光博士拔刀相助，教授正典評鑑（canonical criticism）的釋經方法。我們三人在課堂上同工，在學生面前展示聖經、神學、詮釋的功夫。我心情興奮，因為可以再次聆聽紹光講學。我戰兢，因為憂慮自己教學不力。我沉重，因為擔心紹光的健康狀況。

這段日子，為了替患病的紹光打氣、同行，我盡量抽空到宿舍探望他。除了咖啡，鄧師母（Ida）還經常為我們預備點心。我們一同傾談，一同禱告。鄧師母很喜歡看見我們弟兄二人禱告，也和我們一起禱告。直到現在，我的心靈仍常常浮現她那喜樂、平安的眼神和笑容。我覺得她對我有一定的信任。我享受這份信任，這是人間難得的喜樂。

六月底，紹光入院接受手術。同一時間，鄧師母的健康轉差了。這時，香港的政治局勢也正急劇變化。這兩三個月，弟兄姊妹的心情非常緊張，有些甚至到了絕望邊緣。聽見一些弟兄姊妹提出「讀神學是無用的」論述，因為神學好像不能應對社會的轉變和運動。聽到這些心聲，我嘗試去理解他們的心情和想法。但細心思想，倘若我們覺得神學未能應對社會挑戰，很可能是因為我們所學的神學不多，學得不夠好。因此，我想起紹光教授的這個科目。假如同學能夠好好吸收，活學活用，就可以用以分析當下的香港情況。此外，若修讀此科的同學覺得讀神學沒有用處，我想，他可能忘記了這科的內容，或是還未完全掌握所學的知識。當然，香港的情勢非常複雜；即使上了課堂，仍須不斷思考、深化所學的，才能活學活用。我相信紹光所教導的，並此書所呈現的，確實能夠幫助我們面對社會的現實。假若讀者對他的教導聽得深入，又懂得辨識，並且吸收此書的養分，定能取得一個「把手」去面對社會的情況，不致徬徨失措。當然，我們仍須繼續深化。因為紹光所教導的，並此書所呈現的，只是高階的導論。

此書著實非常豐富，能啟發許多思考。如果讀者能夠掌握書中的內容，用心思考，整理紹光所說的，就一定能得著裨益。追求更高階者，可以在鄧博士所言說的基礎上進深探究，必然能夠發展出自己的神學和神學思想方法。

此書又非常獨特，其所引用的學者及鋪排組合，在漢語及英語學術界裏可謂絕無僅有。其中涉及當今的神學巨匠，包括韋伯斯特（John Webster）、根頓（Colin Gunton）、哈特（Trevor Hart）、包衡（Richard Bauckham）等。此書可說是一位香港神學工作者汲取並挪用一流的神學思維，經過自己十五年神學過濾、思考、整合所打造出來的。

深願讀者細讀這書，從中汲取養分，整合各種說法方式，繼續言說上帝。又願此書能夠啟發下一代的神學工作者，一起言說上帝，榮耀上帝，讚美上帝。縱然人生在世，必然遇上幾許風雨，但盼望我們曉得言說上帝，頌讚那位坐在寶座上榮耀的上帝，向祂懇求、代求、感恩，說出啟示的真理，行在其中。阿們。

曹偉彤

香港浸信會神學院院長

二〇一九年八月十七日

謝序

《神學與神學方法 15 講》是鄧紹光教授的最新力作。此書出自其人過去三十餘年閱讀神學經典、反思神學議題、書寫神學文字並教導神學課程的心得筆記。承蒙鄧紹光教授錯愛，讓小弟有幸拜讀大作，給我更從中領受他那精湛深邃的神學智慧。

此書與其他論及神學方法的著述不同之處，在於每一個神學方法的重大課題上，作者一貫參照近代在神學方法上有著重大突破和貢獻的神學經典，並以經典導讀的方式抽絲剝繭地給有關論題做出深入細膩的分析、反思及評估。故此，閱讀此書時儼然進入一場又一場的現代神學思潮之論戰。

從某個角度而言，此書展現了經典導讀式的神學思考方法。讀者猶如在西方古典教育的導讀班上，看見學養豐富的大師熟練地翻閱手中的經典，誘導學生按部就班地掌握該經典的詞彙、概念及論述，亦步亦趨地進入那神學經典的語言世界，逐步學習神學思考和做神學的方法。

誠如任何有信仰傳承的神學思考，作者忠實地回溯神學的詞源，認定神學必然以三一上帝為不可替代的題材，如此也界定了神學以三一上帝為神學的對象，限定了神學思考的方法，就是按照三一上帝在歷史中的活動與啟示（中介）做神學思考。故此，神學方法在基礎上就必須選擇以人性之外的上帝活動和啟示，而不是按人性之內的理性或經驗做思考。

神學思考必須緊扣著聖父以聖子與聖靈為自我啟示的中介，正如衞斯理四邊形（Wesleyan Quadrilateral）——聖經、傳統、理性、經驗——都是上帝活動和啟示的平台。精彩的是，這四大神學資源也構成此書論述神學思考方法的整體綱要。作者就此做出兩方面的澄清給神學思考有著極大的提醒：

其一，宗教改革倡導的惟獨聖經這信念不應當被理解為抽離信仰羣體和聖靈的立場。反而，此信念在信仰羣體或教會中獲得正確的理解，因為教會不斷經歷神聖中介者在歷史上的作為，進而以聖經文本指導羣體與個人對如此經驗的詮釋，以後成為聖經詮釋信仰經歷的傳統，給往後神學思考與聖經詮釋提供了教義的融貫原則。

其二，神學的理性或知性邏輯不應當被理解為人類自然的和自主的知性作業。作者指出神學的理性是基於三一上帝與人進行恩典的溝通，在教會羣體中透過聖經被說出、閱讀、聆聽、接受、思考及回應。簡言之，聖經是神學理性和神學方法不可或缺的資源，因為沒有聖經就沒有真正的基督教神學。

以上兩個原則——中介性啟示與聖經式理性——對九十年代發起的漢語神學起著重大的反思作用。綜觀漢語神學的人文導向，因缺乏基督教神學的傳承，經常抽離古典神學的聖經、教會、傳統的歷史脈絡，反以現代哲學、人文思想或辯證邏輯去詮釋神學經典，恐怕難免神學的誤讀而導致信仰的偏失。

未來的漢語神學有何可能性？基督教神學若要移花接木，進而在漢語土壤上開枝散葉，就有必要依循古典神學吸收正統的神學方法。鄧教授以加爾文為例，語重心長的一句話說明這點：「加爾文那種不離聖經解釋的神學建構的實踐，仍然是漢語人文神學以及漢語教會傳統神學所應該共同遵守的規範。」（本書頁 371）

誠然，在不同的語境中做神學是基督信仰的歷程。漢語神學出於處境，也因上帝的啟示而超越處境，但亦因領受召命而落實於個人的處境。然而，聖經解釋仍為神學不可或缺的規範。

讀完此作手稿，讓我不期然回想根頓（Colin Gunton）論及神學工作的目標，以此與做神學的讀者共勉：

> 一般來說，神學所渴望的是，要在若干方向上成為信仰邏輯（即其自身的內在意義）的一種探索。也許最核心的是，神學要尋求的是要將聖經已經講過的事物，以一種適合它所遇上的環境的方式整合起來。[1]

寫到這裏，有感讀書，尤其讀到好書，最寶貴莫過於在書中會遇作者。期盼讀者專注細讀這本好書，相信你的思緒在字裏行間攢動時，會與作者對話、交流、團契。這正是我讀此書的體會。

謝木水

新加坡神學院院長

二〇一九年九月三日

註釋

1. 根頓：《如此我信：基督教教義導引》，二版，趙崇明、鄧紹光譯（香港：基道，2013），頁 63～64。

周序

泰勒（Charles Taylor）在其鉅著《世俗時代》（*A Secular Age*）中提出了一個問題：「其中一種提問的方式，亦是我想在這裏回答的就是：為甚麼在我們的西方社會，比方說，在十六世紀不相信上帝幾乎是不可能的，而在二十一世紀我們許多人卻發現這議題不僅是容易的，而且甚至是不需避免的呢？」[1] 他觀察到「在我們的文化中存在著一種普遍意識」，泰勒注意到這就是：「由於『那超越者』（the transcendent）如日蝕般被遮蔽，某些東西可能已經受到虧缺了。」[2] 他繼續表示：

> 我會以祈願語氣來表述它，因為人們對此的反應非常不同；一些人贊同這種虧缺的見解，並試圖定義它是甚

> 麼。其他人則希望淡化它，把它描繪成一種可隨意選擇的反應；我們會這樣做，只是因為我們允許自己沉迷於緬懷過去。再者，還有一些人，猶如對緬懷過去的批判者，一方面堅定地站在除魅的一方；不過，另一方面他們卻接受這種虧缺的感覺是不能避免的。這亦正是我們為現代性和理性所付上的代價，可是我們必須勇敢地接受這討價還價的交易，並為那「已不可避免地成為了的我們」清醒地作出選擇。[3]

有一點幾乎是沒有爭議的：今天的世界對關於「那超越者」之問題的取態已發生了變化。宗教信仰的興趣正在衰落。我們對那些在自己之外的事物的認識已大大降低了。無數的YouTube 頻道、電台採訪、散文、期刊文章和專題論文都不容置疑地確立了這一點。然而，我們並不是完全清楚這種「虧缺」的含義。昔日那些屬靈先賢們可靠地踏過的道路，在今天看來，這條道路顯得愈來愈沒有能力把我們送往那神聖者，或導引我們在有關上帝的問題上持續逗留，這是怎樣一回事呢？

泰勒的世俗化敍事，對導致信靠「那超越者」成為難題之成因與壓力，作出探究。泰勒是一位講故事大師，他講述的故事是關於信靠「那超越者」怎樣變得愈來愈困難。泰勒認為，並不是因為舊的信念變得站不住腳，所以需要放棄；而是新的想像將我們的注意力從神聖的行動轉移開來。新形態的注意力使我們無法看到曾經是顯而易見的東西，泰勒將這種新形態稱之為「內在框架」(the immanent frame)。他主張，我們全都生活於「內在框架」之內，這是一個社羣構成的框架。而這樣的框架使神聖行動成為可疑。每個人都生活在「內在框架」之中，無法脫離它。上帝處在這背景之中，可是我們日常生活的注意力卻集中在物質的事物上。

鄧博士明白，在這個「內在框架」之中，作基督徒和教會是具挑戰性的。而他所關注的便是在這「內在框架」之中「做神學」。這作品使基督教神學成為可能，在這框架之中發揮作用，並同時向浸沉在世俗場景之中的教會和世界的人們說話。

鄧博士認為，若我們基督徒有任何與眾不同，因而被稱為基督徒，它應該是源於我們信仰的內容。若基督新教有話要說，那就是源於那顆不追求過於簡單或權威性答案的決心。若我們可說的話沒有甚麼與眾不同，那麼就不明白為甚麼人們需要聆聽我們的話，甚至最終為甚麼我們需要繼續在我們之間交談。

此書提供的是一種活潑和有機的神學。這寬廣、非黨派的進路表明，神學如何總是涉及一系列經常相互衝突的進路。這樣的神學不是靜止的，它是一種運動而不是一座紀念碑，在其中它不會保持不變，躲藏在它的錯誤中，或在祕傳中尋求安慰。一個活潑的神學尋求的是：在上帝透過公義實現和平之應許(promise)，和對這一應許在每時每地之啟示的關注，彼此之間重新架構忠誠的對話。

這一不偏不倚、表達非常出色的神學作品是由一位華人神學家為華人教會所寫的。《神學與神學方法 15 講》具有以下優秀的特質：

1. 具建構性（Constructive）——「建構神學」就是這作品最優秀的地方。它建立在系統神學的主要課題之上，如緒論問題、建構性神學方法。鄧博士的歷史神學判斷對議題的優先排序是建構性的和敏銳的。
2. 具創意（Creative）——這作品透過與當代和歷史議題的創意互動，清晰地處理主要的神學主題。《神學與神學方法 15 講》充滿了啟發性的想法。
3. 與語境相關（Contextual）——這作品植根於華人的土壤，專為華人讀者而寫。它認真對待文化議題，與它們進行對話，甚至與歷史的基督教展開了意料之外的豐富討論。
4. 作出貢獻（Contribution）——這作品同時釐清了現代和過去的一些複雜辯論。平信徒和神學專家都可從這一貢獻中獲益。鄧博士為華人教會而寫的作品，是給華人教會一份美好的禮物。

鄧博士的寫作記錄是不容置疑的。作為一本恰如其分深入的系統神學作品，我推薦這書給神學院學生、牧師和教會領袖。我認為在學術界和教會的神學家們也應該閱讀鄧博士的作品。

周學信

台灣中華福音神學院教務長、教會歷史與神學教授

二〇一九年八月十七日

（本文譯者：王嘉豪）

註釋

1. Charles Taylor, A Secular Age (Cambridge: Harvard University Press, 2007), 25.
2. Taylor, A Secular Age, 307.
3. Taylor, A Secular Age, 307.

陳序

鄧紹光博士與我是香港八、九十年代神學界負笈讀博的人，那年我去了冰天雪地的芝加哥，他去了蘇格蘭傳奇學術小城聖安德烈。他師承跨學科的包衡（Richard Bauckham），我追隨天主教的特雷西（David Tracy）。他在一九九四年完成莫特曼的博士論文，我折騰到一九九九年才完成我的詮釋學博士論文。

八十年代是香港經濟全面起飛的時代，也是整個亞洲的蓬勃期。經濟欣欣向榮，但卻帶著隱隱的政治危機，很有德國威瑪時期的氛圍。那年代的香港人都以為自己活在黃金時代之中，但一九九七像一股馬戛爾尼式的幽靈，在像乾隆盛世晚期的香港中游蕩，預示那盛極而衰的厄運。

那些年我們投身神學教育的年青一代，固然是著迷於從奧古斯丁（Augustine）到莫特曼（Jürgen Moltmann）的神學堂奧，教我們那一代的小子競相折腰。但更重要的是我們感到山雨欲來風滿樓，親眼目睹了中國大陸、台灣與香港的突變，大家都趕著上車，迎向時代的疾風。

我們的心靈在上帝的恩領下，受著時代風雨的衝擊。紹光兄的神學往往帶有強烈的時代氣息，卻又不斷讓人瞥見上帝之道的靈光。他在眾多神學遊子中是突出的，因為他有自己的聲音。他的神學進路是以人物為經，以神學反思為緯。眾所周知，他的主要神學家是潘霍華（Dietrich Bonhoeffer）與莫特曼。任何人只要大致看看他過去二十年的著作，便會同意鄧紹光博士是香港神學界最全面而成熟地引介這兩位德國神學家，並關聯與整合於香港之處境中的學者。

鄧紹光博士以其獨特的文采，加上他在傳奇的新亞書院親自受教於牟宗三先生，使他的哲學底蘊是我們同輩中的翹楚（《詞語破碎處——言離道斷的神哲學反思》）。他所醉心的二位德國神學家均是現代神學史上的傳奇人物，他們是如此獨特以致於無法輕易分類的大師。這也使紹光兄的神學思維別具一格，正如他在改教運動中特別垂青的信洗派，都是不從眾的認信神學家。因此對比於林林總總的路德主義、加爾文主義和巴特主義，紹光兄是最佳的神學對話者，他的神學言語成了我們的啟迪與思潮的泉源。

我個人最感興趣的是在他著作等身的神學論述中，看見潘霍華與莫特曼的交碰。早逝的潘霍華與早期巴特在神學上錯綜複雜的關係，一直是巴特研究的熱點。這有點像同樣不幸英年夭折的本雅明對二戰後德國批判理論的影響。但紹光兄卻選擇了從莫特曼的終末神學過渡至潘霍華的社羣神學的迂迴進路，從他第一本中文專著《終末・教會・實踐：莫特曼的盼望神學》（1999年），到《界限與倫理：潘霍華的倫理神學》（2006年），再重溯《盼望・神學：莫特曼》（2014年），最後再以《牧者潘霍華》（2017年）來呈現他的漫長解讀。最後兩本力作是旗鼓相當的集大成之作，單看目錄便感到作者的誠意是要致力呈現兩位德國神學家的生平思想的圖像。將這些神學作品並讀，我們看見鄧博士是以莫特曼來解讀潘霍華，也是以潘霍華來重構莫特曼。但按我不成熟的神學解讀，我相信《牧者潘霍華》是更能代表紹光兄的神學思考的結晶，他選擇以潘霍華來形構自己的神學反思。事實上英美學界一直視莫特曼是潘霍華的詮釋者，但鄧紹光博士更進一步將他們的神學處境化於香港以及更廣闊的中國文化中，他是第一位如此作的學者，為我們後來者預備了一條神學性曠野的道路。

潘霍華對作為神學家的鄧紹光博士來說具有親和性與典範性：潘霍華的中心與界限更能對在風雲變色的香港教會發出先知性的信息，潘霍華的片斷式文稿更能相符於紹光兄的神學式散文的風格，最後潘霍華的非系統性的神學言說更能療癒我們後現代的「神學破碎處」。

鄧紹光博士的神學思維是以基督信仰為中心的，正如本書開宗明義地申明：本書談的是基督教神學而非別的神學。也正如巴特的基督中心論或基督形態論，他的神學言說是帶有一種豐沛的內在架構，是根源於他對潘霍華、莫特曼、巴特（Karl Barth）、包衡、格林（Clifford Green）、根頓（Colin Gunton）、哈特（Trevor Hart）、韋伯斯特（John Webster）、容格爾（Eberhard Jüngel）、尤達（John Yoder）與侯活士（Stanley Hauerwas）的解讀，還有哲學上的康德（Immanuel Kant）、黑格爾（Georg Hegel）、海德格（Martin Heidegger）、華嚴宗，以及他的兩位啟蒙老師：他早年的老師牟宗三與陳榮灼。

很多時候，當我在閱讀紹光兄的文字時，總會教我想起美國小說家瑪麗蓮．羅賓遜（Marilynne Robinson）對加爾文（John Calvin）的描寫：閱讀加爾文對現代讀者來說是困惑的，但我們只要能穿越那些十六世紀的樊籬，便可發現加爾文著作中有一種教人驚訝之美。同樣，如果我們可以跨越潘霍華與莫特曼的一些艱深的神學概念和不囿於香港的種種處境的論爭，一定會瞥見鄧紹光書寫神學中的一些教人驚訝的、帶有形而上而實存於我們生活中的信仰反思。

現在呈獻在大家面前的是一本神學方法論的佳作，鄧博士在完成了一系列神學偉構之後，向我們學者與廣大讀者陳述他的神學觀與神學方法，有點像莫特曼在他的系統神學之後出版了他的方法論。神學方法論作為神學思維的後思是合理與合宜的，但對於一位創作性的神學教授卻不是件易事。我深信這本書對廣大愛好神學的信徒讀者會產生春風化雨之作用，對學者會產生深邃的思想共鳴與交碰之利。最後我為鄧紹光博士的神學造詣與貢獻向上帝感恩。

陳佐人
美國西雅圖大學神學與宗教研究系副教授
二〇一九年九月十日

釋題

神學

在這裏，神學（theology）指的是基督教神學。古希臘這個字首先指的是對諸神的研究，後來基督教才借用過來，指稱基督教對上帝的認識。因此，神學本來是上帝論，這是神學的古典意義。但是這是站在基督教的立場來説的。宗教改革之後歐洲逐漸走上後基督教王國時代，多元宗教是普遍的文化局面，神學一詞像宗教一詞，不再是基督教獨有的，而可以有各種宗教的神學。因此，我們在這裏特別標示，本書談的是基督教神學而非別的神學。

基督教神學的古典意義，就是上帝論。這表示在存有

（being）上，萬有都不能離開上帝之本性及其神聖行動，因此，相應地，要認識萬有就只有基於對上帝之本性及其神聖行動的認識，方才可能。這也就是說，認識上帝之本性及其神聖行動是先於認識萬有，而不能倒轉過來。再進一步，更不能只滿足於上帝的神聖行動，卻要進至上帝自身之生命，方為徹底。否則就會陷進以行動等同存有，而非視存有為行動之根基、行動為存有之作用；這才是真正自由之上帝。因此，必須歸顯於密，方是古典上帝論之要旨。

神學方法

認識上帝，必須從上帝自身開始。這涉及上帝乃自由之上帝，既超越亦內在。形式地說，題材（subject matter）決定方法。具體來說，上帝決定認識祂的方法。上帝之溝通本性使得祂溝通地臨在人中間，與人復和，建立聖潔的信仰羣體，治死及復生人的理性，使之得以認識並言說上帝，以造就聖徒羣體並作出見證。

這是把認識上帝的活動或方法置於上帝的經世歷史之中，即創造、拯救、終成，而確定其本性及所向（telos）。向來做神學的衛斯理四邊形（Wesleyan Quadrilateral）：聖經、傳統、理性、經驗，都得在上帝的經世歷史，特別是其啟示、溝通性臨在之中來把握。因此，我們絕對不可以獨立、先在地認識這些神學資源而按自己的方式去運用。這種抽離以認識上帝的方式，是啟蒙時代以來流行的，但並不合乎基督教會的認信。這也就是說，基督教神學是從教會對上帝的認信開始，離此別無神學。因為教會羣體是三一上帝在其啟示、溝通性的臨在之中建立起來的，離此也別無教會。

*　*　*

那麼，做神學對教牧人員有甚麼重要？英國神學家韋伯斯特（John Webster, 1955～2016）有篇短文論及這一議題，名為〈為甚麼神學學習對基督教牧者是首要的工作？〉（"Why Should Theological Study Be a Primary Occupation for the Christian Minister?"），[1] 茲引如下：

> 牧養事工是使徒式踐行，其根源在於教會的使徒式召命；這在於如下的事實：整體教會特別是其牧者，被耶穌基督呼召並差為大使及其傳信員；這耶穌基督自己被上帝所差派，並且親身構成、宣告福音。牧養事工從這根源及召命衍生出特定的內容與任務，而管治及指引其所有活動的，乃是基督及其福音。福音一方面回溯至上帝自己生命的無盡海洋之中（「太初有道」），另一方面又向前指到受造世界這上帝所至愛的對象之中（「道成了肉身，住在我們中間」）。在福音中，我們發現上帝對有罪及悲愴的受造物那愛的教導。這些受造物叛逆創造主，

以至迷失了方向，不再知道自己是誰、身在哪裏，或是怎樣找到幸福。福音為了這些受造物即我們，提供了亮光與醫治。因為這福音被賜予了我們，所以我們可以知道上帝是誰、我們被造要成為怎樣的人、我們又走上了怎樣的歧路、怎樣才被找到並挽回、以甚麼方式我們可以開始蓬勃生長。牧養事工的種種——教導與宣講、主領福音聖禮、尋找迷羊、給予安慰更正並方向——都是那滿有美好與修復能力的使徒式真理之指標、延伸及應用。

但是使徒式踐行並不是牧養工作的核心。就其必要性、尊貴性與重要性來説，它是次要的和衍生的。牧養工作的首要行動，是領受並默想神聖的教導。使徒在成為使徒之前，是門徒，即學生。他們聚集在祂的臨在中，與祂同行，從而領受祂教導那無價的好處：「……你所賜給我的話，我已經賜給他們，……我已經讓他們認識你的名……」（約十七 8、26，《新漢語譯本》）只有在這教導的基礎和能力上，門徒成為使徒：「我也怎樣差遣他們到世上。」（約十七 18 下，《新漢語譯本》）同樣，在教會中的使徒事工是有序的和豐富的，只要它跟隨聖靈的指引；聖靈是基督差來召喚我們歸回上帝，和那在福音中上帝的諸種路途。牧養事工的根基在於默想福音，其目的在於把默想的果子傳遞給他人。

因為這緣故，神學學習是執行牧養職事不可缺少的預備和補充。神學學習是對福音及其在思想與行為之宣稱作出默想式的考量。但是忽略神學默想是司空見慣的。有些人因為這工作太嚴謹而推脱，其他人則判定這是不務正業之事工。對默想之加劇厭惡，可能是受到文化一權威式的領袖模型之誘惑，認為牧者乃忙碌的管理者及難題解決者，而非思考者。而神學家也需要肩負厭惡默想的責任，因為許多牧者所經歷的神學學習，都是抽象的、技術的和靈命上不結果子的。有些，或許不少，當代神學及神學教導，都有分參與這跨世紀的神學學科漂流：漂離了教會的場景和「形塑敬虔理性與熱愛真理」的任務（the task of formation of godly reason and love of truth），卻給予自己其他「科學的」任務。

某些類別神學的離亂，是恢復神學主要召命的重要原因，這召命就是藉著默想來思考上帝，以及一切跟上帝有關的事物。神學默想的果子，首先是對福音和福音中的上帝之認識與愛慕；其次是行為之塑造。沒有被這樣的認識和愛慕所形塑，牧養事工就要冒被貶低的風險：它可以切實並殷勤地與世界同行，它可以提供某些安慰與鼓勵，它可以充滿那些滿有信心的治療技巧，但它卻會很少講到，在基督裏上帝的受造物如何被無盡的愛復和。早期聖公會牧職人員加入牧養職事，向上帝祈求供應其中之一的是，「加添神聖教導的真理」。這加添的施行者是上帝自己，而主要的工具是聖經，在其中滿是先知和使徒所傳遞的神聖教導。但是神學也有其參與的部分：以禱告為基礎、靜默地獻身於神學學習並以此為喜樂，是獲取使徒式智慧與更新使徒式踐行的首要途徑。

因此，亞奎那（Thomas Aquinas）在學習之前如此禱告：

> 不可言說的創造主……
> 祢被宣稱為
> 光明與智慧的真正泉源，
> 並原初的根源
> 遠高於萬有。
>
> 灑出一道祢的光芒
> 進入我心思中那暗黑角落；
> 驅散我靈魂中的兩重黑暗
> 那是我出生之處：
> 罪與無知。
>
> 祢叫嬰兒的舌頭雄辯不絕。
> 精煉我的言辭
> 嘴巴滔滔如江河

歌頌祢賜予的美好。

求祢賜我誠懇的心思。
不老的記憶，
學習的技能，
精妙的解釋，
並雄辯的言辭。

願祢引領我工作的開端，
指導其進展，
帶引其完成。

祢是那位真神真人，
那位永活又統治，
世界，永無窮盡。

註釋

1. 引自 John Webster, " Why Should Theological Study Be a Primary Occupation for the Christian Minister? " [information on-line]; available from the website of Vancouver School of Theology (https://vst.edu/webster-why-study-theology); accessed 2 May 2019。本譯文乃筆者所譯，經王嘉豪弟兄校譯。王弟兄提出不少寶貴意見，惟譯文之最終責任當在譯者身上。

延伸閱讀：
講課大綱——在歷史中的「神學」

講課之文本：Edward Farley, "*Theologia* — The History of a Concept," in *Readings in Christian Theology*, ed. Peter C. Hodgson and Robert H. King (Minneapolis: Fortress, 1985), 1 ~ 15 = Edward Farley, *Theologia: The Fragmentation and Unity of Theological Education* (Philadelphia: Fortress, 1983), Chapter 2。

一、引言

1. 神學的兩重互有關聯的意義
    1.1. 智慧
    1.2. 學問／知識（一門學科）

但在教會歷史中逐漸出現危機：

- 脫落：學問／知識（一門學科）脫離智慧。
- 學問／知識（一門學科）轉成實用操作的技巧（practical know-how）。

2. 早期教會並沒有這問題，因為「神學」一詞的這種雙重意義要到中世紀才出現，這是因為當時是用拉丁文 *scientia* 來翻譯希臘文 *episteme*，而把 *episteme* 的雙重意義也翻譯過來，轉而用在「神學」一詞之上。結果「神學」同時含有智慧和學問／知識這兩重含意。

二、早期教會

1. 希臘教父用神學一詞指向上帝的奧祕知識，這種知識是屬於體知性質的，也就是拯救知識。

2. 另外，要懂得**分辨**上帝在耶穌裏讓我們知道的真理，這主要是指釋經。即假定了聖經有上帝要我們認識的真理（得救的真理），故要分解出來去認識，以致明白了解。

三、中世紀至啟蒙時代

1. 引言

   因為經院哲學的發展，於是使用架構來發掘及表達早期教會和教父的言說，把神學視為 *scientia*：透過方法的使用來顯明結論的合理。這使得智慧與學科的分別尖銳化，造成了多瑪斯路線（Thomist line）vs 奧古斯丁修道院路線（Augustinian-monastic line）。

2. 受到亞里士多德人性論影響：*episteme* 是一種心靈的智性傾向/積習，追求認識上帝。這是實踐的（practical）神學而非理論的神學，追求的是智慧而非學科的知識，乃拯救知識、位格知識。

3. 十二世紀前沒有學科知識的觀念，但十二世紀後逐漸發展出透過有秩序的程序來獲取知識——方法意識的醒覺。於是逐漸出現學科式的知識。方法上使用經院辯證法（論證方法的一種），跟早期教會的解釋聖經（讓聖經釋放其意思，*lectio*）不同。前者著重透過理性的追問（方法）去揭示隱藏未知的，後者重視經文/文本的開展。前者重視內容之可理解性、合理性。

四、啟蒙時代到現代

1. 引言

神學作為個人生命得救的學問/智慧，轉成了實用操作的技巧。生命得救轉向了教會事工技巧的學習。神學作為學科轉成了學者專門的研究，如系統神學、聖經研究。

2. 神學作為學科

十八世紀兩件重要事情影響對神學作為學科的了解。

- 敬虔主義修改經院式的知識學習神學方式，因為過分理性缺乏信仰及生命的塑造，於是強調祈禱及靈命操練，認為這是牧養/教會職事的不可或缺的準備。
- 啟蒙時代因為歷史意識抬頭，於是出現歷史鑑別法。一切知識都要在普遍及嚴謹的法則的使用底下來追求，而不能結論先行。但在這之前神學的規範（即解釋聖經等）是傳統（教義的傳統 = 信仰規條、信經），以之為指導，但啟蒙時代則方法先行，引入許多新的方法來研究聖經和神學：如音韻文字學（philology）、歷史學，以及解釋學等，這就把神學隸屬於其他人文科學的專科。

3. 神學作為智慧：從心靈智慧轉向實用上的技巧

修道院及敬虔主義者（即羅馬天主教及新教）懷疑經院哲學和興起的大學，只訓練學者而犧牲了信仰及職事；並且神學也專門化，分工成不同的學科，如四分法：聖經研究、教會歷史、系統神學、實用神學，結果出現各自為政的局面。

他們關注個人的召命及信仰經歷，因此

- 嘗試指出神學學科對個人的信仰、發展和生命處境是相干的；
- 加入靈命塑造的教育；
- 把神學學習的設計以服事教會／教會職事為中心點來統一起來，以此來合理化各學科的學習。

整個啟蒙時代及後來的神學教育就轉型了：

- 神學作為學科，在後啟蒙時代轉化成多元學科，更為專門化；
- 神學作為智慧的追求，則在二十世紀時轉成策略以如何達致目標，成了技工化／技術化的追求。

結果兩者都失去了原初神學的意義：追尋得救的知識/智慧。

第一部

神學是甚麼？

1.

論神學

在教義與聖經之間活動的神學

一、

英國神學家根頓（Colin Gunton）清楚表明教義（dogma）是神學的界限，沒有了教義所劃定的界限，神學也就不成基督教神學；並由此進而可以討論神學運作的規矩。但是這涉及了教會對教義的思考與決定，教義是教會的作用（dogma as a function of the church）。[1]這種想法對於宗教改革之後的自由教會或信徒教會來說是匪夷所思的，因為自由教會或信徒教會高舉聖經之餘也把信經（Creed）等大公教會傳統一併否定。然而這是否矯枉過正，如何保證在沒有任何界限與規矩底下所做的神學是正統的，不是任意的？這就是神學如何可以是基督教神學而不是別的神學？正如福音如何可以是基督教福音而不是別的福音？或者最低限度，除了聖經，基督教做神學的起點在哪裏？

但是這樣說來，根頓無意表示教義所設定的界限、領域不可以改動，事實上，在做神學的過程極有可能改變了界限、領域，以及隨之而來的基督教之為基督教。但是改動界限、領域，就涉及了在教會裏神學家的權力，也涉及聖經的測試與終末的審判，以及由之而來的問題：當人是墮落的，那麼他所宣稱的永恆真理又是怎樣的真理。[2] 根頓認為這最終涉及聖靈論，指出如果教義在教會中佔有一個位置，那麼其作用就同時限制又實現神學的自由，而這自由就是眾神學家在養育教會介入世界時自由地回應聖靈的感動，好修理這個教義的花園，[3] 而最終劃下教義界限的是聖靈。

二、

根頓在〈教義、教會與神學的任務〉（"Dogma, the Church and the Task of Theology"），要討論的最終是神學是一種怎樣的活動。但是根頓是把神學的活動置於教會羣體之中來討論的，特別是就神學與教會羣體的教義之間的互動來討論。那麼，教義是甚麼？Dogma 一字原意是「意見」，一路發展下來卻逐漸失落了，卻愈來愈過度高抬教會當局所教導的權威。[4] 從神學歷史的角度來看，我們會發現教義並非不可改變。簡單來說，一方面，教義使得神學可以開始；另一方面，神學使得教義成形。[5] 這是教義的雙重意義。根頓舉出了兩個例子分別說明教義的雙重意義。這兩個教會歷史的例子都以愛任紐（Irenaeus）為焦點。

愛任紐之所以可以做神學，是因為當時眾多教會的共有及普遍信仰認信給予了一個智性思考的空間、架構。固然實質上這是認信的領域而不是教義的領域，但是這些認信卻是一種教義的形式，用來表達教會羣體之中的眾多個體並非互不相干的。信仰規條（rule of faith）雖有眾多表達但卻具有共享與統一的內容。[6] 愛任紐正是在這個空間、架構之中對抗異端，辯護信仰，而可以言說上帝對世界的創造和拯救，以及建立教會。[7] 愛任紐及其後繼者這份神學努力，為後來的「教義」——即教會官方的教導，以大家贊同的命題形式形構出來——以信經的形式出現，奠下了基礎。[8] 但是根頓多番指出，無論是信仰規條、信條（symbols）還是信經——像七大普世會議共同分享的信經並且成為日後「教義」的模範——都不缺認信的元素。[9]

在這裏，我們看到信經與神學的互動關係，是一種螺旋式向前的活動，這種活動顯示和印證了信經的原來意義：「意見。」但即使信經是意見，也不能隨便否定信經。根頓指出信經的作用是形構出基督教信仰的普遍含義，也就是一個對上帝、世界以及在其中生活的人類的普遍講述。[10] 此其一。其二是教義不同於福音所宣講的拯救真理；教義只是透過智性把福音的宣稱普遍化，有別於聖經所宣講的。[11] 因此，教義是教會羣體某一特定時刻的普遍認信，它所講述的是一個涉及上帝、世界和人類在內的普世故事，但卻是一個認信的講述。

三、

在教會歷史之中，的確出現了對教義的本性、誰有權決定教義的爭議。根頓對這樣的問題沒有採取社會學或政治學的解決方法，而是回歸教會究竟住在甚麼中間來討論教義是怎樣出來的？根頓受巴特（Karl Barth）的啟發：教義所表達的神聖真理之確信，是衍生自其所住在的神聖真理之中。[12] 一方面，我們不能把教義的話語等同上帝的話語（the Word of God）；另一方面，我們不能把上帝置於人的話語所不能及的超絕奧祕之處。兩者都把教義僅僅或主要視為人的工作或成就，[13] 否認了上帝有能耐在歷史中傳遞真理：透過在歷史中被釘死，又復活升天的耶穌基督，以及剝奪了被聖靈加力的人類理性其形構啟示真理和言說上帝話語的能耐。[14] 上帝的話語及人的話語的確是有分別的，但是透過耶穌基督和聖靈，卻可以使得人認識和言說上帝的話語，從這個角度來看，教會住在神聖真理之中，就應該指到在聖靈的幫助底下教會認識耶穌基督，也就是住在神聖真理之中。只有這樣教義才能表達教會對神聖真理的確信。神聖真理才是教義的權威所在。

因此，教會的權威只是衍生的而非原初的。根頓在此更借助東正教而表示教義的根源並不只在教會，而也在其他衍生的權威：聖經、傳統、教會整個生活特別是其崇拜。[15] 這就表示不只教會才住在神聖真理之中，根頓甚至提問教會怎樣住在神聖真理之中，以致她的話語能夠表達福音的真理？[16] 因此，當教義以新的形式出現好面對新的歷史危機，那麼教會使用甚麼判準去判斷這新形式所表達的是同一的福音？而這判準又是怎樣的判準？這判準有著怎樣的身分？[17]

根頓先後指出神學有責任處理教義跟聖經的關係、教義跟傳統的關係。神學家需要全面深入地學習歷史的與傳統的神學，好獲取寬闊的脈絡來考量教義的問題並形塑新的取向，從而幫助教會作出決定。[18] 雖然根頓同時指出聖經跟傳統都是檢視新形式的教義的判準，但他仍然是「惟獨聖經」的宗教改革的繼承者，這就涉及傳統這判準在檢視新形式的教義有甚麼作用。

把教義置於聖經底下，其作用不是強行置之於狹窄的緊身衣之中，而是提供一種所謂的「中間量器」(intermediate measure)，但聖經並非鐵板一塊的齊一量器，卻是多樣的見證，容許神學就新的需要與文化處境而敞開自己，以致神學家及傳道人可以相對地自由解釋。因此，這中間就有一種張力甚至危險：要不是陷入壓迫的狹窄，就是容許了沒有限制的多樣性；因此，神學家的任務是要在更寬闊的脈絡之中去拿捏，[19] 這寬闊的脈絡就是傳統。傳統的作用是檢視教義系統的融貫性(systematic coherence)。這就是說單是教會創意地面對教義的危機是不足夠的，也需要考量所得的成果跟信仰的其他條款(article of the faith)是否融貫，這信仰的其他條款就是一路流傳下來的傳統。[20] 這裏的問題在於一項教義是否真正表達出聖經整體的見證，就有必要把這項教義置於其他教義之中而考察這項教義跟其他教義的系統關係。[21] 基本上，在其他教義尚未出現任何危機需要面對質疑之前，我們都會相信這些流傳下來的教義即傳統是符合聖經的見證。因此，以傳統來測試、判斷這項新教義，其實是以教會到目前為止仍然接受其為符合聖經的見證的傳統即教義系統，來檢視是否可以容納這項新教義，達致融貫的果效。

到此，根頓不忘提醒我們，他要講的「系統」不僅是教義彼此之間的邏輯關係，[22] 因為邏輯關係只是不互相矛盾，或是分析關係，由教義甲可以分析出教義乙，而沒有處理各具不同內容的教義彼此之間的關係是否可以有機組合而成一個融貫系統。在這裏，根頓一方面表示，即使我們要求教義彼此之間的關係是系統的關係，但也不能忽略其認信特性，仍然某程度上是「意見」，它的融貫性——彼此之間的、跟聖經之間的，都是暫時的、具有終末的界限（eschatological proviso）。[23] 另一方面要注意信仰有其本身的理則（logic），這融貫不單是智性的也是道德的，並且是智性與道德之間的，這就進一步涉及不同教義所蘊含的生活指引。[24]

最後，根頓提及教義的兩項規管。事實上教義就是規矩，但規矩本身也要被規管。第一，規矩不能多過所需要的，即要遵守奧坎剃刀（Ockham's razor）的規管，即簡潔。第二，規矩能達成其所要做的，即有用，在基督教來說，教義是規矩，用來守護那恩慈的上帝在以色列和基督身上的作為。[25] 無疑，教義是會因應時間和環境而起爭議和改變的，但不能因此而廢棄所有規矩，以致泯滅了教會和世界之間的界線，或是把規矩擴展增多以致教會和世界之間的界線僵化不動、缺乏彈性。譬如：要不是失落了基督拯救的神性，就是失落了拯救我們的實在所具有的中介特性，即救主除了沒有犯罪就像我們一樣。[26]

四、

經過以上討論，根頓表示教義是有正面作用的，對教會來說是提供整全的視界以觀看事物，而神學家就被呼召從事這種工作，在聖經、傳統以及整體的亮光底下考量教義。神學家不單只形塑及守護教義，更需要評估以及有分形構認信。[27] 神學家和教義之間的關係，有三點需要注意：

1. 因為教義與認信／信條都是福音的撮要，所以為神學家提供了一有範圍的對象／題材，這對象／題材是豐富的但卻不是無限的。是以，神學家是自由的與釋放的。
2. 神學家可以工作只因為教義真的是福音內容的撮要，即真的講及以色列和耶穌的上帝之本性，以及祂對世界的行動及在世界的行動。但教義是暫時的，即只是意見。但是暫時的並非表示不可信不可靠，以及只是教會或神學家的看法。教義就是一切的神學，因為福音已經在連續的（即使零碎片段之中也可被認得出其連續性的）傳統之中找到表達。

3. 在聖經所講的福音與認信／信條撮要之間的空間之中，才可以避免教義與教義學（dogmatic）落入教條主義（dogmatism），即教義與教義學變成威權的、不可討論的教導材料。如果這空間塞滿了教義，就會鼓勵教條主義或是拒絕所有教義。只有威權的教條，但卻不知道不清楚其跟福音的關係，或是失去了守護福音的教義，就連福音也失去了。這表示了要不是教會能夠掌控教義，就是教會不需要教義，而忽略了教義跟福音一樣，都是聖靈所賜的禮物，只能期望教義這意見有一天可以知道我們現在認識的，就是真理，但這是終末的時刻，而以為現在就可以知道，則陷入了錯誤的預先實現的終末論（over-realized eschatology）之中。[28]

註釋

1. Colin Gunton, *Intellect and Action: Elucidations on Christian Theology and the Life of Faith* (Edinburgh: T & T Clark, 2000), 1；*Intellect and Action* 的第一章是〈教義、教會與神學的任務〉（"Dogma, the Church and the Task of Theology"）。
2. Gunton, *Intellect and Action*, 2.
3. Gunton, *Intellect and Action*, 2.
4. Gunton, *Intellect and Action*, 3.
5. Gunton, *Intellect and Action*, 3.
6. Gunton, *Intellect and Action*, 3.
7. Gunton, *Intellect and Action*, 3～4.
8. Gunton, *Intellect and Action*, 6.

9. Gunton, *Intellect and Action,* 6.
10. Gunton, *Intellect and Action*, 4.
11. Gunton, *Intellect and Action*, 6.
12. Gunton, *Intellect and Action*, 9.
13. Gunton, *Intellect and Action*, 8.
14. Gunton, *Intellect and Action*, 8.
15. Gunton, *Intellect and Action*, 9.
16. Gunton, *Intellect and Action,* 9.
17. Gunton, *Intellect and Action*, 11.
18. Gunton, *Intellect and Action*, 11.
19. Gunton, *Intellect and Action*, 12.
20. Gunton, *Intellect and Action*, 12.
21. Gunton, *Intellect and Action*, 12.
22. Gunton, *Intellect and Action*, 12.
23. Gunton, *Intellect and Action*, 13.
24. Gunton, *Intellect and Action*, 13.
25. Gunton, *Intellect and Action*, 15～16.
26. Gunton, *Intellect and Action*, 16.
27. Gunton, *Intellect and Action*, 6～17.
28. Gunton, *Intellect and Action*, 17～18.

延伸閱讀：
講課大綱——神學的任務

講課之文本： Daniel L. Migliore, *Faith Seeking Understanding: An Introduction to Christian Theology*, 2nd ed. (Grand Rapids / Cambridge: Eerdmans, 2004), Chapter 1, "The Task of Theology"。

一、引言

神學的主要工作：**不斷**探索上帝在耶穌基督身上所顯明的真理的豐富性，因此而**引申**出其他種種不同的看法：

- 神學乃在於提供一種對基督教信仰全面而清晰的了解。
- 神學在於把基督教信仰轉化成現代文化可以理解的信息。
- 神學在於反省在一被壓迫的社羣中基督教信仰的實踐。

但這些不同引申都可歸結於「神學就是信仰提出問題又尋索答案的活動」這一看法。

二、神學：信仰提出問題

- 神學的古典定義：信仰尋求了解（安瑟倫〔Anselm〕的「信仰尋求理解」〔faith seeking understanding〕）。
- 信仰推動發問，發問獲致了解。因此，信仰不是盲信。
- 信仰是一不斷發問和獲取答案的過程。

發問的原因：

1. 關涉及基督教信仰的獨特對象：上帝

   所信者為上帝，但上帝為一非人思想能力可以完全了解的奧祕（mystery）。上帝雖然是信仰的對象，但祂仍然是一主體（subject），主體就表示祂是一活潑自作主宰的上帝，而非可任由操控的偶像。即使上帝在耶穌基督身上顯明祂是愛，以愛掌管這個世界、祂的創造物，但祂仍然是深不可測的，或者說，至少祂的愛是深不可測、難以理解的。上帝，對於我們來說，即使啟示了祂自己，或者正因為祂啟示了祂自己，祂仍是一奧祕——因為我們無法透徹理解祂所啟示的內容。

基督徒將永遠面對這一在信仰核心中的奧祕：

上帝在創世時所顯現的愛；
上帝在耶穌基督身上所顯明的赦罪；
上帝透過聖靈的能力轉化更新破碎的生命和受造物；
這一切，豈不即是奧祕，不單上帝的作為是奧祕，祂的心意更是奧祕。

然而亦正因為上帝是一奧祕而祂又啟示了祂自己，這就叫我們必須了解祂的啟示，發出問題；但另一方面，問題的解答仍只是暫時的，奧祕不是謎語或難題，不因被解答了而消失，因此，提問與回答是一永不終止的活動，直到見主面那日，面對面，發問就不再需要了。

2. 信仰的處境

信徒並不生活在真空之中，跟所有其他人一樣，都生活在一特定的歷史時空之中，有自己獨特的困難，也有自己獨有的可能性。歷史時空的轉變，自然引發新的信仰問題，而過去的答案已經無法解釋，這就要求尋索新的答案。

基督徒比平常人更容易更常面對這種過去的答案再無能為力的局面，原因很簡單，因為我們會把信仰跟所生活的世界及自己的經歷聯繫起來。正正是基督徒才會不斷經歷信仰與生活現實的差距、不協調。

- 上帝是善，擁有絕對主權，但我們生活的世界看來仍然是罪惡猖獗。

- 上帝是活的，沒有離棄世界，但我們卻似乎更多地經歷祂的離席（absence）。
- 聖靈具有轉化更新的力量，但我們亦更體會教會以及自己的無能。

因此，發問是為了了解，因為上帝是個奧祕，因為原本的神學已經無法跟新的現實世界協調。這就迫使我們要透過發問重新了解信仰，重新提問：上帝是怎樣的？今日基督與我何干？作主門徒的意義何在？

發問的基礎：

笛卡兒（René Descartes）曾經以自我意識為一切知識的基礎，故說「我思，故我在」。然而，基督教的發問並不在於「自我」，「自我」不是發問的基礎。

1. 首先，發問的基礎是在於「對上帝的本相/實相（reality of God）的意識、醒覺」，不是「I think, therefore I am」，而是「God is, therefore we are」。發問不是因為懷疑，而是相信。因為上帝在那裏並且在耶穌基督裏啟示了祂自己，這就是客觀的實在（objective reality）。

2. 神學的發問是由「對上帝的信仰」引發出來的，而非外在於對上帝的信仰而作出提問的。不是起於毫無立足點的懷疑，而是「因為上帝已對我們施恩，因此我們提問」。這提問就是要在「對上帝的信仰」這大前提底下，不斷更新我們對上帝的認識而避免陷入僵化不前，把信仰變成意識形態。信仰上帝是一條走天路的歷程，絕對不能停下來，以為自己已經完全掌握了解真理，如果這樣，則生活已陷入枯乾的景況、自閉的絕境。沒有問題的信仰很容易滑入意識形態、迷信、偶像化、自以為是的景況。活潑的信仰之所以可能，全在於不斷提問，從事神學活動，這樣才能忠於信仰。

三、對神學的疑問

許多基督徒都對神學懷著戒心甚至敵意，原因不外兩種。一為反智的文化傳統，另一為無用的知性活動。

1. 在基督信仰羣體反智是不分中外的，他們可以出之以敬虔的名義認為研究思考是跟單純信心、敬虔態度互相對立，不能並存的。固然，他們對那種過度抽象不食人間煙火的知性神學的批評是值得我們重視的，然而，這並不表示我們就不需要神學，神學並不一定是跟敬虔對立的。信仰固然是單純、「簡單」(simple)，但並非「簡化」(simplistic)。以聖經為根基並不等如可以取代嚴肅的反省，基督教信仰絕對不能退化/簡化至純主觀的感受，否則就會出現混亂(如哥林多教會)沒有秩序，沒有客觀性。客觀性：信仰的客觀對象／內容。信仰之所以為信仰，真正的信仰並不壓抑問題，因為問題／提問並非取代對上帝的信靠，剛巧相反，正是因為對上帝的信靠，我們才提問以求了解。

2. 另一是認為神學並無任何實際用途，因此也就不值一瞥。神學思考不過是智性遊戲，並不能引致行動，這是典型的二分法的思考後果，認為知性思考跟實踐是對立的，沒有想過兩者其實是可以有很密切的配搭關係。無疑，這種對神學的批評也有其一定的真理性，警告神學切勿脫離實踐，而必須跟實踐掛鈎。但是，另一方面，實踐是否可以沒有理論呢？一個比較平衡的看法是實踐以理論為指導，理論以實踐作為落實，也就是說沒有理論的實踐是空洞的，沒有實踐的理論是盲目的。兩者之間並非互相排斥，舉個例子，基督徒如何知道這個行動或那個實踐是為了基督，為了上帝來臨的回應？如果不進一步去問「誰是基督？」「甚麼是祂的國？」那就是盲目的實踐，缺乏了方向。

四、神學的使命：服事教會

神學提出的問題，並尋求答案，同時是一批判性和想像性的活動，不斷對信仰羣體的教義和實踐重新詮釋，而詮釋的標準則永遠是教會所忠於的耶穌基督的福音，這可進一步分為四方面，或四個基本問題。

1. 教會的宣告和實踐是否**忠於**聖經所講上帝在耶穌基督身上的啟示？

   這是一切問題中最基本的，即是，其他一切問題都不能離開這一問題：福音是甚麼？上帝在耶穌基督身上所揭示的「好消息」是甚麼？如何從許多的錯誤和扭曲中分別出來。這問題涉及基督信仰羣體的「身分」(identity)、獨特性，也涉及信仰羣體的宣講和生活是否忠於上帝。正統與異端、真假福音是這一問題的表現。

2. 信仰羣體的宣講和實踐是否**充分**表達上帝在耶穌基督的啟示中的整全真理？

   這問題針對的是，信仰羣體所持守的是否全面和一貫，而非片面和前後不一致。這就是「系統神學」的「系統」特性，運用理性思考必須達致系統，不能容許不全面和前後矛盾，否則就是忽略了信仰的整全性，信仰並非片面的，因此對信仰的了解就必須是全面和一貫的。例如不同的教義之間必須可以組成一整體。又例如要了解耶穌基督的十字架，絕不能離開其地上的生活和復活，倒過來，耶穌的生活和復活也絕對不能離開其十字架來了解。上帝和好的工作亦不能離開上帝的創造或對萬物復和的盼望。

   然而，重視整全同時要避免陷入虛假的統一性（false unity)，把多元性、豐富性排斥或否定。多元性並非一定是異端，同一真理從不同角度可以有不同的看法/面相，仍然可以互相補充彼此並存，形成一多元的統一體。因此，整全同時是一多元的整全。

神學一定**不能只問真正**的福音是甚麼，並要同時問甚麼是**整全**的福音。

3. 信仰羣體的宣講與實踐是否能在當前的處境中表彰耶穌基督的上帝為一活潑生命的實在（a living reality）？

潘霍華（Dietrich Bonhoeffer）在《獄中書簡》（*Letters and Papers from Prison*）提出：「今日對於我們來說，基督是誰？」在新的處境/世代中，基督教的信息必須不斷地被解釋，使之能傳遞給新世代的人。同時，我們也要注意我們所接受的信息其實也帶有一定的文化包裝，因此我們不能毫無保留地同時接受其文化包裝，而必須以批判的眼光來看待之，這才是忠於福音。在新的文化處境中，必須以新的概念、意象來表達、建構、理解信仰和福音。因此，神學活動是一建構性的工作，不單是思想上的建構，在實踐上也要活出這種新建構的神學。

4. 信仰羣體的宣講能否引起個人及社會生活的轉化性實踐？

這一問題涉及信仰的具體實現化於一特殊的處境，即把處境改變從而與信仰所宣講的吻合，亦即真理的落實的問題。這落實是一個過程，這過程即一透過實踐而引起的轉化過程。

神學的其中一個使命是提問福音可以如何改變轉化人性？如何改變轉化具體處境/此時此地的生活？福音所標示的生活形態應為如何？在今天可以如何表現？罪惡以甚麼形態出現？這一連串問題都進一步涉及門徒生活的層面、倫理的實踐向度，神學因此並不能與生活脫節，反而必須要對世界文化處境敏感，尋求信仰的更新意義，並要求落實。

這四個核心問題不是只問一次就完，而是需要不斷地提出，沒有一成永成的答案，在忠於福音的大前提底下，在信靠上帝的大前提底下，必須要有勇氣脫離昨天的答案，敢於提出問題，面對新的世代處境，以尋求新的答案。

五、不同神學類型的提問方法及神學責任

神學不單提問，並且必須自覺自己提問的**方式**，即自覺自己的神學方法，而此神學方法亦跟其社羣處境相關（social location）。不同的社羣處境塑造/決定了問題的方式/神學方法。

美國的特雷西（David Tracy）：今日神學的多元性源於不同做神學的社羣處境，分別是教會、學術羣體和社會。每個社羣都有自己的關注及由此而生的目的和標準，每個社羣都會設定自己的問題、自己的真理標準。

簡單地說，在學術場景中的神學傾向護教/辯道，在教會信仰羣體的處境中的神學基本上是澄清和解釋信息；在社會的脈

絡中神學所基本關注的是落實上帝的公義與和平。根據特雷西的分析，我們可以此界定二十世紀三種重要的神學方法類型，三種提問神學問題的方式：

1. 巴特（Karl Barth）的基督中心式的神學（Christocentric theology），亦被稱為聖道神學（the theology of the Word of God）。巴特以神學為教會服務，神學是把教會及其宣講置於上帝活生生的道——基督之下，接受提問及審查。因此神學、教會的宣講是以基督為指涉（reference）的。神學的基本問題是上帝的道質詢/對質（confront）此時此刻的我們，向我們提問題，所有問題首先卻不是出於我們人的經驗和處境，換句話說，即使提問亦應由上帝開始引發我們，上帝是主，我們是客，而不是倒轉過來，我們是主，上帝是客。巴特這樣做是還神學自己的獨特性，它有自己的主題/題材和規範，而不是其他人文和自然科學所提供的，神學的方法是由神學的題材（subject matter）所規範的。

2. 第二個重要的神學方法是田立克（Paul Tillich）的關聯法（the correlation method）。簡單地說，這是一個問與答的方法。哲學、文學、藝術、科學等都展現了人類的處境，指出了人類自身的問題，這些問題是跟基督教的信息有一對應的關係，基督教的信息就扮演了答案的角色。文化與啟示因此就不是截然分割的，透過文化的提問從而發掘出彰顯出福音/啟示的信息/答案。對於田立克而言，巴特是獨白的而非對話的，當然，田立克雖然重視對話，但並非表示啟示受處境所規範，而更重要的是啟示必須對處境説話，而之所以可能如此，則必須先聆聽處境的真實問題。這樣，神學才可能對文化有貢獻，才可能為文化提供真實的幫助。

3. 第三個方法是實踐的進路（praxis approach），由解放神學所倡議。他們批判過去的神學是靜態的，只重視理性分析、永恆的真理，而缺乏批判的實踐。這種神學方法以實踐為優先而非以理論為優先，只有在實踐中，在為人類自由和公義的奮鬥中所提出的問題才是最有價值的。以實踐為起點而進行批判的神學反思，即對聖經有一全新的閱讀與解釋。這樣，神學之為神學要以實踐為判準，其功能是改造世界而非作為意識形態，維護既得利益者壓迫貧困處境的小民。解放神學家既不同意巴特也不滿意田立克，神學必須從下而上，在實踐中與人同在（solidarity）、與貧窮人同在，為他們的公義和自由而奮鬥。

這樣子，他們分別可以這樣了解：

巴特	從上而下	教會
田立克	對等交涉關係	學術羣體
解放神學家	從下而上	社會

附記：對神學類型的評語

1. 無論哪一種神學類型：宣講式（kerygmatic）、護教式（apologetic）或是實踐取向式（praxis orientated），都自有其沒有說出來的信念（belief, faith）在背後。我們要追問這些信念是甚麼？跟聖經、教會信仰傳統（如信經）有怎樣的關係？

2. 無論哪一種神學類型，都有其起點，這起點是甚麼？人生處境？終極意義？無論甚麼也好，它可以被聖經中所指向的啟示即耶穌所糾正嗎？而不是由人生處境、終極意義等起點來決定了一切？

3. 宣講式的神學（kerygmatic theology）是否不對應人間景況、不注重實踐？抑或我們是由上帝的話語、耶穌基督來了解人間景況，再因應這了解來作出適當的實踐？這涉及如何解釋處境及如何規範實踐的問題。

2.

論系統

系統神學，甚麼樣的系統？

對華人教會來說，「基督教教義」（Christian Doctrine）跟「系統神學」（systematic theology）有甚麼分別，是一個沒有怎樣討論的議題。但是在西方的教會歷史之中，情況可不一樣，字眼的轉換表示了對基督教信仰的看法。英國神學家根頓（Colin Gunton）特別就神學的系統性而作出歷史的檢視，並提出了他自己的判斷，在這裏就介紹他的文章：〈玫瑰的其他別名？從「基督教教義」到「系統神學」〉（"A Rose by Any Other Name? From 'Christian Doctrine' to 'Systematic Theology'"），[1] 好幫助我們對基督教神學的系統性格，有更多參考資源深入反思，好走上正確的方向。

一、

根頓指出「基督教教義」這個名稱，在西方一直要到了啟蒙時代出現的知識論與文化危機才備受挑戰，並由此而出現我們現在稱為的「系統神學」。[2] 雖然「基督教教義」有個好處，就是直接指向基督教或基督徒所教導的，但卻予人權威的、非歷史的、既予的、不變的印象，在現代高抬理性的時代之中，就落在批評底下：靜態、主觀，而不及「現代神學」那種客觀的比較或發展的研究，因為後者走的是描述的與分類的進路，而這類的進路則始自士來馬赫（Friedrich Schleiermacher）或啟蒙時代。這些進路是客觀的觀察而非主觀的參與，帶有批判的元素，關心的是方法、知識論與文化處境，這一切卻不是傳統基督教教義所重視的。[3]

根頓由此而擴大歷史和智性的範圍，進入整個基督教神學的歷史之中，從而發現兩種明顯地看來是對立的特徵。首先是基督教思想十分獨特，堅持拒絕系統化；其次是基督教思想追求神學真理，產生很多出色的智性天才，甚至神學系統。[4] 就第一點來說，根頓指出基督教是福音而非哲學，基督教神學因而是從上帝那透過歷史的行動或其工作的形式衍生出來的，這就不免出現奧祕的宣稱：有限的特殊是永恆的與無限的上帝其自我呈現/臨在的工具，哲學頭腦是難以理解的。是以，智性活動就捲入那在本質上是難以掌握、捉摸的歷史事件但卻要跟其打交道。就第二點來說，涉及的自然是：智性可以訴諸甚麼？中世紀的安瑟倫（Anselm）認為信仰推動他去了解認識，但是中世紀之前及之後，情況很不一樣，神學其智性的一面在教會生活之中出現了兩種特性：內在的教會危機、教會跟其周遭世界的文化的關係。[5]

中世紀之前的初期教會面對的是希羅文化。希羅文化的光譜很寬闊，但跟基督教對話所顯出的特性卻分別為回憶（recollection）和內在性（inwardness）。一切真理都埋藏在一個人的過去，尋問者不是向外求問而是向內求問，因此真理的內容不是外在的而是內在的。相較而言，聖經的內容來自啟示與應許，由外、由將來，以及由過去而來。因此出現了像特土良（Tertullian）那著名的提問：「雅典和耶路撒冷之間有甚麼共同的地方？如果沒有，怎麼可能對話傾談呢？」根頓指出，其中部分原因在於這兩個世界都有其自己的啟示神學：隱藏的真理會彰顯，只不過分別在於啟示的中介和啟示的內容。希羅文化世界的哲學以理性為神聖啟示的中介，通過人的專注與回憶而獲取真理。基督教則是來自人和世界以外的上帝其在歷史中的行動或工作而彰顯真理。[6] 所以，要明白兩者之間的分別，就要在上面所講的共同地方來把握。根頓就此而引出兩位初期教會的教父愛任紐（Irenaeus）和俄利根（Origen），從而討論在古代的希羅世界之中兩種不同的神學「系統」。俄利根是第一個意識到神學的系統性格，愛任紐則是系統神學的一個範型。[7]

俄利根在他的《第一原理》（*De Principiis*）序言已經清楚表示：若要追求教義彼此互相連結成為一整體，就需使用基本的與基礎的原理、清楚而有力的論據，以致達成單一的教義體系。俄利根心中的系統是內在融貫且具有由亞里士多德（Aristotle）衍生出來的特定邏輯，像幾何學的範型中的公理、某些綱領（theses）是基本或基礎的，不需要系統內部的證成但卻證成其他綱領。這種進路所建構的系統，就像一座建築物那樣其終極支撐是穩固安全的基礎。[8] 根頓要我們注意的是，俄利根的基礎主義（foundationalism）是內在的（intrinsic），其基石是教會信仰的教導、傳統以來的信經教義，這些都是對聖經真理的解釋，而有別於後來笛卡兒（René Descartes）和洛克（John Locke）的外在基礎主義（extrinsic foundationalism），他們把基礎置於系統之外。[9]

除了啟示神學之外，初期教會跟希羅世界另一共同地方，在於統一的思想基於上帝的統一或神聖秩序的統一，當然在內容上可以有很大的分別。[10] 上帝的統一或神聖秩序的統一是初期教會和希羅文化的信念或公理。對他們來說，上帝是一，那麼真理就是一，正是這一點使得愛任紐的上帝論以及對系統的看法，十分不同於俄利根。俄利根的上帝是非物質的、純智性的存在，相反，愛任紐的上帝乃創造物質宇宙的，祂跟其成肉身又住在物質結構之中的兒子，有不可分割的連續性。祂的系統是一個在統一中有分別的系統，包括了創造和救贖，或創造、歸一（recapitulation）與圓成（consummation）。對這個系統內的關係，愛任紐主要的關心是：神聖的經世行動，因此，概念之間的關係是次要的，這並不是他首要的興趣。[11] 他首要關心的是上帝經世行動的融貫性，概念上的融貫倒是次要，但卻又不失這方面的能耐。[12]

但是無論這兩位早期神學家有甚麼分別，他們都有著共同基本的取向：上帝的統一，以及繼之而來的真理的統一；如果上帝是一，那麼真理就是一。這在後來就產生了神學兩大來源／資源如何合一的關注，以啟示為被動／消極構成的知識，而理性則提供相應的主動／積極的伙伴。[13] 這走向了來源／資源上的系統化。到了中世紀的波愛修斯（Boethius, 480～524／525）就提出並踐行信仰與理性的結合，置定了經院哲學的舞台，由此，系統的關係不在於信仰規條或信經之中不同條款彼此之間的關係，而在於兩個平行但互有分別的知識來源／資源的產物或成果。中世紀最偉大的工作就是這樣把哲學與神學結合起來，而被稱為「自然－恩典範型」。亞奎那（Thomas Aquinas）以之為一種層級關係：恩典優於自然，就其為知識來源／資源來說；信仰優於理性，雖然就其所知的對象來說，在知識模態上信仰劣於理性。[14]

但在另一方面，亞奎那又繼承俄利根，就是訴諸基礎，認為神聖知識建基於上帝所啟示的原理。亞奎那同樣關心系統的融貫性，至少因為在神學之中人類的理性是用來從信仰條款論及其他真理。但是神學更在於關心神聖事物而非人類行為，並要求主題之間有流暢的關係，而為系統的神學。故此，在教父時期與中世紀時期，早就有了系統神學。[15]

二、

面對系統，很多時面對兩種反對的理由。首先是認為系統是抽象的，其次是認為系統早已經封閉，強把統一加諸認識的材料，而不容許開放提問。[16] 根頓認為最嚴謹的系統也不必然是抽象的或理論的，而是為生活設計出來的，就好像史賓諾沙（Baruch Spinoza）。史賓諾沙根據幾何學的方式寫成《倫理學》（*Ethics*），邏輯嚴謹，總是根據定義來推論，自身沒有矛盾，其倫理正正反映出其世界觀，即一種退隱的斯多亞式的倫理（Stoic ethics）對應一種絕對的命定主義。[17] 至於系統封閉的問題，根頓指出了兩種回應。第一是，即使最多元性的後現代主義，也有某種宏大敘事（grand narrative）隱身其後。第二是，神學的反對：創天造地的上帝就確立萬有的統一，因為這樣子，系統地思考是很合宜的。問題只是，怎麼樣的系統才能跟創造主的本性/存有（being）平行？這又在於我們認為上帝是誰？祂如何被我們認識？我們對祂的認識又是怎樣的認識，有甚麼界限？[18]

史賓諾沙是一個機械論（mechanism）的哲學家，對十九世紀很有影響、啟發，主要在統一的看法上，雖然多是有機的（organic）而非機械的。但在十九世紀更為重要的變化不是從機械論轉到有機論，而是從理性主義（rationalism）轉到浪漫主義（romanticism），而中間康德（Immanuel Kant）扮演極為重要的角色。[19] 他從史賓諾沙所代表的客觀形而上學發展至某種否定神學（negative theology）：上帝是真實/實在的但卻不可知，沒有直接的路徑從因果論證或歷史事實通到上帝那裏，剩下的只有傳統的否定神學這一間接的路徑。[20] 士來馬赫則把康德的究極否定神學引進，只認為惟一的系統就是客觀可知的自然，但自然是封閉系統，這條路不可以通到上帝那裏，剩下惟一的通路是人類經驗。對於士來馬赫，宗教的感應直接生起宗教語言：詩性形式與修辭形式，而教導（didactic）則是次要的、衍生的。這是描述式的指引。因此，教義的教導只是對宗教的自我意識所發出的直接語言表達，作出邏輯的、有序的反省。由此，有兩種真理，一是直接的，另一是衍生的；而直接的語言表達則是基本的，教義的或教導的系統性格則是對應相當無定形的原初表達，教義命題的價值也在於確定諸概念及連繫諸概念之間的關係。陳述（statement）的價值在於其在系統之內與其他陳述的融貫性，此即內在融貫性，內在融貫性高於符應性，即高於與外在實在相符的陳述。[21]

士來馬赫處理系統神學很有笛卡兒對系統的要求，他要求教義的系統是一個完整的系統，每一刻的宗教意識及基督徒意識得到教義的充分表達，所有教義的命題都互相連結起來。這就好像建築物那樣被建築起來，就如士來馬赫使用 *Gebaüde*（即建築）一字那樣。[22] 士來馬赫對「系統」的理解，已經從原來的指涉：世界，轉到人的心靈，但他還是關心上帝的實在。根頓認為他的成就在於對系統的本性提出了問題，也對要把甚麼東西系統化提出了問題。[23]

三、

根頓指出士來馬赫在系統化人的宗教經驗時仍然有點心虛，而與他同時期的黑格爾（Georg Hegel）則剛好相反，黑格爾認為士來馬赫忽略了傳統中的啟示與理性。根頓則認為黑格爾陷進了「較我們能夠知道的更多地知道」這試探之中。[24] 根據黑格爾，基督教是啟示的宗教，在本質上乃理性的聖靈/精神的上帝啟示，他使用啟示作為基礎，把神聖真理擴展而為最高理性真理但實為普遍真理，由此，批評後期新教把神學建立在感應或直覺上面，認為這是沒有看到中介的重要性；黑格爾表示聖經的話語構成了一個非系統的講述，它們是基督教起初的情況，但掌握內容的是精神，並將所掌握的表達出來。因此，他認為系統神學是人類精神的工作；這人類的官能或向度，作用是應答上帝的聖靈/精神。[25]

根頓批評黑格爾犯了兩個錯誤。第一是透過內在性而回到回憶。「宗教因而是精神在意識之中實現其自己。」「概念包含整個對象的本性，認知不過是概念的發展……」第二是黑格爾太過重視超越物質及有限，「超越所有有限的思想與每一種有限的關係」。但是使得神學是基督教的，乃在於真理的中介：透過不可約化的有限與特殊。沒有這種中介，就會出現把啟示與理性合而為一。「當人類思考上帝時，他們就把自己高抬過於感性的、外在的、單一的。」[26] 根據黑格爾的死敵祈克果（Søren Kierkegaard），其罪乃在於把不能系統化的系統化，結果把人等同了神聖，以及借用了回憶顛覆了基督教的重要教義：創造論，包括基督論，內含上帝與世界的分別；啟示論，從外而來的知識而非意識的作用；拯救論，需要認罪、悔改，才能認識上帝。[27]

根頓指出：兩人的差異直到二十世紀仍是主導性的，就是甚麼類型形構的上帝的知識是可能的？黑格爾可說是過於自信，以為人的理性可以完全掌握上帝知識；而祈克果則十分緊張於不能逾越了質的無限分別，否則就使得系統神學變成不可能，因此抗議神學與以理性之名運用辯證歷程來打破矛盾律，不能為了理性而犧牲了啟示，並且認為對上帝的認識，若非由歷史的耶穌基督為中介，並且恆常繫於祂，就不是真正的基督教上帝的知識了。[28] 但是根頓認為祈克果沒有讓聖靈成為信仰內容的中介者，以致使得形構真正的神學成為可能。根頓如此總結黑格爾與祈克果：若說黑格爾過早實現終末論，那麼祈克果可說是拒絕實現終末論。這裏涉及知識是否仍然具有一種性格：信仰的知識，是他們忽略的。甚麼樣的知識，以及組織到甚麼程度，是聖靈可以賜給我們的？系統神學，於此就是一個終末論的問題：我們的知識可以預期有日賜給我們，但是這樣的終末圓滿知識究竟有多完全？[29]

四、

根頓認為黑格爾與祈克果的討論十分重要，其核心問題是基督教神學要追求的是哪一種融貫性，這又涉及中介的上帝知識其融貫性的問題，於是出現人的心思與所認識的對象之間的關係這重大問題。祈克果拒絕黑格爾，重申上帝不可知的教義，但黑格爾卻不斷肯定基督教乃啟示的宗教。那麼上帝如何啟示？其界限在哪裏？祈克果拒絕黑格爾的做法是對的，但是卻鼓勵不要冒險為融貫性和可理解性負上責任。巴特（Karl Barth）把上帝的不可知性或隱藏性視為啟示的作用，而不是人的無知，這對我們澄清這個問題很有幫助。[30]

根頓一方面表示上帝作為上帝的確有界限，是人的心思不能知悉的，但另一方面又指出上帝若然「一」，若然這「一」是啟示的「一」（revealed oneness），那麼我們所教導的上帝就要整理成一教義，甚至是系統，在其中表明（1）上帝是誰，祂的存有是哪類的存有；（2）上帝與世界的各種關係——以基督論、聖靈論、創造、上帝的形象、罪、拯救、稱義、教會、聖禮、終末論等來表達，並且彼此互有關連。這就引起了其中是否某些教義或命題是基本的，因而是否出現層級式真理觀。[31] 根頓在進一步討論系統不能避免層級之前，指出不能高抬融貫性而低貶符應性，因為若無詞語跟實在的符應關係，那麼怎樣防止批評神學信念不過是人的投射？[32]

但是如果神學可以是開放的系統，其所指涉的是在人的想望與投射之外，那麼這些系統就不能避免層級，這至少有兩個方面。一個是方法論上的層級，某些來源／資源是比其他來源／資源更具優先性；另一是內容上的層級，某些神學內容因著整體的緣故而比其他內容更具優先性。就方法上的層級，聖經先於教義傳統，是神學的來源/資源與判準，而信經及教會傳統則不可廢棄，是具體的中介，有聚焦作用。聖經高於傳統又不廢棄傳統，因為一方面聖經是透過解釋的傳統中介來到我們面前，另一方面聖經作為解釋的對象卻是標準（canon），以衡量解釋是對是錯。[33]

根頓指出，聖經的核心就是信仰或真理規條，即聖經教導的撮要，其中具有經世結構在內，是基督教系統神學的內容。經世指的是各種形式的神聖行動，跟整個物質世界連上關係（創造、保存、護佑），跟特定的歷史事件和行動連上關係（揀選以色列、道成肉身、差遣聖靈），與在物質世界之中的特殊羣組與子民互動（以色列、先知、祭司與君王、耶穌、使徒、教會、教會被差往的世界）。神聖行動的豐富多樣性及關係標誌了系統的界限，以及一切人所追求的知識其終末條件。因此，經世就是使得量度系統秩序之所以可以和必然。量度系統秩序之所以可以，是因為經世的統一性；量度系統秩序之所以必然，是因為教會被呼召作出如此行動。[34]

由此，根頓進一步討論特殊與普遍的問題，這是祈克果與黑格爾爭論的問題。對於黑格爾來說，只有特殊的東西才出現矛盾，但這矛盾要被辯證地超越而克服，這即是由知性邏輯進至辯證邏輯，由感性、特殊進至概念、普遍。祈克果則認為矛盾只顯出邏輯的限制，使得有時在語言表達上出現了表面的矛盾，就好像我們同時思考有限與無限的時候，但這卻是事物本身的內在融貫性。這顯出了對於強烈的系統表達來說，實在（reality），特別是神聖，實在是十分難以捉摸、奧祕的。因此根頓表明在基督教教導的特殊內容這一大前提底下，我們可以肯定矛盾律的相對有效性，但這是一個弱義的系統性。內容必定是決定性的，而不是系統性的。[35] 如果倒轉過來，理論的融貫性主導一切，那麼我們最好把基督教教義從系統神學脫離出來，因為教導的內容是關鍵的、重要的。[36]

由此，根頓凸出系統工作的兩個面向。首先，從開始時神學已經關注內在和外在對信仰的挑戰。因為教會的牆壁並非密不透水的，而從外而來的挑戰也不是一定跟基督教的過去無關，就好像來勢洶洶的後現代主義就是來自充滿缺陷的創造論。這涉及了基督教的教導其真理與表裏一致（integrity）必然包括世界的面向。[37] 其次，基督教也要否定如下的講法：最好的神學是系統的神學。根頓引用舒維堡（Christoph Schwöbel）的講法：系統神學最好理解為：由特殊的子民在特殊的處境場合中從事特殊的活動。由此，系統神學這詞語之中的「神學」是先行的，先於「系統」，而這指向了從事神學的教會或特殊成員所具有的任務。這表明了對融貫性的量度，在於由歷史傳統傳遞下來的基督教教導的內容。因此，雖然普遍的融貫性重要，但是也要置於終末取向的努力底下，使語言符應實在、上帝的實在。[38] 但是根頓提醒這不是樸素的真理符應論，以為語言就簡單直接地符應實在、字詞與世界有著樸素的符應關係。因為聖經的話語並非把客觀的實在牢牢地固定在那裏，也不是由古代心靈以神話解釋而把永恆的事情投射出來。根頓認為聖經的話語，是創造主與其揀選的子民之間那活潑的關係的作用，聖經書卷是人與上帝打交道的過程所產生出來的，就好像以色列與使徒教會活出又活在那些決定他們信仰的歷史事件之中。[39]

五、

那麼，系統神學是甚麼？根頓最後作出總結。首先，系統神學在世界之中成形，是一個學科，關心的是與神聖的經世行動的實在及涵義打交道，這些經世行動被聖經記錄下來：創造、復和與救贖。系統神學藉著住在聖經的話語與傳統的著作之中，整合經世活動的眾多不同元素而沒有剝奪其奧祕或是多面向，並以經世行動為基礎而確立上帝的教義。信仰規條及眾多信經可以理解為經世活動及其涵義的沉積撮要，具有相對而非絕對的權威。因此神學就在聖經、信經、生活和思想的傳統的層級結構之間的活動。[40]

其次，神學活動同時是個人與羣體的。它出自某一特殊心靈的言說或寫作，但卻透過某一特殊的羣體來傳遞，並且這是討論對話過程的結果，同時跟教會的和非教會的思想和文化傳統打交道。所以十分清楚，系統神學有別於教會的信經及信條，是某一心靈或某一撮心靈的產物，但也是跟無數人以不同方式對話傾談的成果。系統神學這種活動表現了一個人在羣體之中學習得到的技能，這羣體就是特殊的羣體：教會，其文化的生活是由其跟基督教信仰的關係所標記的，她的思考是根據基督教的福音的秩序來進行的，也對應其自身所處的景況，而不是按照系統建造的方式來思考。[41]

最後，系統神學的統一性，乃是一種整合的統一性與多樣的統一性，更似藝術與道德而非幾何。這樣的統一性跟想像有關，其所尋求的統一性並非僅是投射或強加的，同時是賜予的與主動創造的，或在賜予的與心靈及想像作出統一回應這兩者之間的協作。因此，想像是敞開的，即使圓滿也未完成/完全（uncompletedness），當然這是相對的圓滿而非絕對的圓滿。系統神學所想像的對象是教會一直傳流下來的「事實」：上帝跟其受造物的歷史，這是聖經具體的表達，以及在教會崇拜和生活所見到的回應。系統神學，是有限的和犯罪的子民他們的一種行動形式，系統神學這樣的成就是聖靈的禮物，所生產出來的是對真理的期盼，期盼這真理會在耶穌基督的顯現之中完全被認識。系統神學的確生產出這樣的期盼，其悠長而豐富的歷史可以不斷就此作出見證。[42] 因此，基督教神學乃是終末性的，期盼有天可以完全認識在耶穌基督所顯現的真理。

註釋

1. Colin Gunton, "A Rose by Any Other Name? From 'Christian Doctrine' to 'Systematic Theology'," in *Intellect and Action : Elucidations on Christian Theology and the Life of Faith by Colin Gunton* (Edinburgh: T & T Clark, 2000), Chapter 2.

2. Gunton, *Intellect and Action*, 20～21.
3. Gunton, *Intellect and Action*, 20.
4. Gunton, *Intellect and Action*, 21.
5. Gunton, *Intellect and Action*, 21.
6. Gunton, *Intellect and Action*, 22～23.
7. Gunton, *Intellect and Action*, 23.
8. Gunton, *Intellect and Action*, 23～24.
9. Gunton, *Intellect and Action*, 24.
10. Gunton, *Intellect and Action*, 24.
11. Gunton, *Intellect and Action*, 25～26.
12. Gunton, *Intellect and Action*, 26.
13. Gunton, *Intellect and Action*, 26.
14. Gunton, *Intellect and Action*, 27.
15. Gunton, *Intellect and Action*, 28.
16. Gunton, *Intellect and Action*, 28～29.
17. Gunton, *Intellect and Action*, 28～29.
18. Gunton, *Intellect and Action*, 29.
19. Gunton, *Intellect and Action*, 29.
20. Gunton, *Intellect and Action*, 30.
21. Gunton, *Intellect and Action*, 30～31.
22. Gunton, *Intellect and Action*, 31.
23. Gunton, *Intellect and Action*, 32.
24. Gunton, *Intellect and Action*, 32～33.
25. Gunton, *Intellect and Action*, 33.
26. Gunton, *Intellect and Action*, 33～34.
27. Gunton, *Intellect and Action*, 34～35.
28. Gunton, *Intellect and Action*, 34～35.
29. Gunton, *Intellect and Action*, 35～36.
30. Gunton, *Intellect and Action*, 36～37.
31. Gunton, *Intellect and Action*, 37.
32. Gunton, *Intellect and Action*, 38.
33. Gunton, *Intellect and Action*, 38～39.
34. Gunton, *Intellect and Action*, 39.
35. Gunton, *Intellect and Action*, 39～40.

36. Gunton, *Intellect and Action*, 40～41.
37. Gunton, *Intellect and Action*, 41.
38. Gunton, *Intellect and Action*, 42.
39. Gunton, *Intellect and Action*, 42～43.
40. Gunton, *Intellect and Action*, 43.
41. Gunton, *Intellect and Action*, 44.
42. Gunton, *Intellect and Action*, 45.

延伸閱讀：
講課大綱——歷史神學與系統神學

講課之文本：Colin Gunton, "Historical and Systematic Theology," in *The Cambridge Companion to Christian Doctrine*, ed. Colin Gunton (Cambridge: Cambridge University Press, 1997)；根頓：〈歷史神學與系統神學〉，載《劍橋基督教教義手冊》，根頓編，石彩燕譯（香港：天道書樓，2006），頁 23～40。

一、引言

從兩個雖有分別但不分離的角度，了解、認識神學：歷史的與系統的。

1. 歷史神學：涉及神學在不同歷史與文化處境中的情況；
2. 系統神學：說明教會所宣稱的福音真理的意義與含意；
3. 不可分離：如初期基督教神學的**發展歷史**，需要：
   - 認識上帝觀與基督位格理論之間的**系統性關連**；
   - 認識希臘哲學及宗教——初期基督教思想的背景/場景——「歷史中的文化」。

二、歷史神學

學習歷史神學的態度：

1. 沒有人是完全客觀的，關鍵只在於「對話」，然後擴闊和深化，以及修訂；
2. 前人是活的聲音、對話的伴伙。

2.1. 神學的開始：從聖經到教父

2.1.1. 三個不同時期，各有不同的神學責任

- 早期：建立教義。
- 中期：鞏固、闡釋教義。
- 現代：重建及再解釋。

2.1.2. 早期從聖經（包含了教義的敍事撮要和認信/信經式撮要）開始，經歷「信仰規條/信仰準則」（rules of faith）（此為信仰告白、綱領），然後因為異端的挑戰及教

外的挑戰而在頭兩個世紀出現系統神學，回應兩大挑戰：上帝觀及耶穌基督的本性。

2.2.「信仰年代」：學派的年代

環境：

- 基督教社會：政教緊密結合。
- 信經與哲學結合：「基督教哲學」時代——理性與信仰結合。
- 以信經為對象，透過理性/合理方法闡釋或展示其為普遍接受的真理，例如：安瑟倫（Anselm）、亞伯拉德（Peter Abelard）、亞奎那（Thomas Aquinas）。

2.3. 重建與動盪：宗教改革以後

2.3.1. 宗教改革之重要性：

- 恢復神學向度
- 神學分裂之始

2.3.2. 特別之處：

- 扭轉過去神學著作的抽象臆測、與信仰生活無干。
- 著作直接與聖經掛鈎，闡釋聖經，教導聖經。
- 創意洋溢：撰寫信經式信條（教導信仰及答辯），運用聖經審視教義之傳統、理性主義及啟蒙運動等現代性氛圍，挑起了此後連串的教義重建與回應。

三、系統神學

3.1. 複雜之處

系統：

- 個別信仰內容（教義）彼此之關係：愛任紐（Irenaeus）。
- 按主題緊密組織而為一循環系統：史賓諾沙（Baruch Spinoza）。
- 前者為融貫性（coherence）、歸納系統；後者為一致性（consistency）、演繹系統。

3.2. 內在融貫性

- 各教義之間的融貫性。
- 理論與實踐之間的融貫性，如神學與倫理、神學與敬拜。

3.3. 外在融貫性

- 與信仰的專有資源之間的融貫性：聖經和傳統。
- 與人類文化——尤以哲學與科學為主——的真理宣稱：此尤涉及「理性」：其為技術性的還是存有論上／本體上，可認識實在、本相嗎？

3.4. 做神學的方法

神學與資料來源（聖經與傳統）之關係：

- 信經（教義）內不同項目彼此間的關係。

- 神學內容因應外在世界對真理的看法而有的反應。
- 方法論的問題：神學的內容與神學的方法有何關係。

3.5. 神學的類型：歷史中的例子

- 神學與文化：愛任紐和俄利根
- 信心與理性：安瑟倫與亞奎那
- 內容與方法：士來馬赫（Friedrich Schleiermacher）與巴特（Karl Barth）

3.

論知識

神學知識，哪一種的知識？

一、

基督教的知識是一種怎樣的知識？甚至這種知識可以稱得上是知識嗎？若果這是一種知識，那麼它的特性是怎樣的？英國神學家根頓（Colin Gunton）的文章〈「我知道我的救贖主活著」——對基督教知識宣稱的考量〉（"'I Know That My Redeemer Lives' A Consideration of Christian Knowledge Claims"）對上面那些問題作出了疏解，有助我們全面及深入地思考基督教的知識究竟是一種怎樣的知識。

根頓首先指出我們得面對內在的困難及外在的困難。「知道」這個詞語在哲學上並沒有統一的意思，在歷史上出現了許多不同的知識論為要解決不同的知識難題，這涉及的不只是一個難題而是很多不同的難題。根頓為這種情況提供了一個神學解釋：人與上帝、他人及世界的關係是多個層面的，所以在不同處境之中就出現不同類型的知識宣稱，它們都有其實際的用途。[1]這是哲學上的困難。其次的就是神學上的困難，屬於內在的，有兩大難題：諾斯底主義（Gnosticism）和上帝的不可知。

諾斯底主義講的拯救是擁有某些於別人來說是隱藏的知識，這些知識是由祕密的傳統或特權的傳統所傳遞的優越知識，但是這跟基督教所宣稱特別是揀選論裏所講的：某些人比其他人更知道上帝恩典的奧祕，有甚麼分別？根頓指出，若果哥林多前書針對的是某種諾斯底原型的問題，那麼問題就在於缺乏終末向度了，而後來極力反對諾斯底主義的教父愛任紐（Irenaeus），他的對頭諾斯底主義就宣稱無須根據傳遞的公開教導而可以得到一般人得不到的光照，擁有高人一等的得救知識。順著這一思路，根頓就認為：改革者控告教宗在教會之中的宣稱，是過早實現的終末論。愛任紐反對的核心在於拯救不在於擁有某種知識，而在於公開宣講的信息：上帝永恆的兒子在那拿撒勒人耶穌身上的成肉身，即拯救在於福音的客觀內容，而不是我們對它的把握。[2]這就把基督教知識建基於道成肉身的客觀、具有終末向度的事件上面。

神學上除了諾斯底主義的問題之外，還有上帝屬性的不可知這問題。這兩個問題都指向了人類對上帝的認識的界限。過分誇大人對上帝的屬性是不可知的，會造成反效果，就是上帝不可以透過世界甚至啟示而認識，那麼對上帝的認識不過是投射出來的，或只是幻象，如費爾巴哈（Ludwig Feuerbach）、馬克思（Karl Marx）、佛洛依德（Sigmund Freud）等。無知很容易引致不可知論，根頓在此再次指出道成肉身是解毒劑：如果耶穌基督是父上帝的啟示，那麼人對啟示的宣稱，就蘊含相應的知識宣稱，即「承認這領受啟示的人」他們的知識宣稱。這就涉及了主體的一面了，即人對啟示的承認。這就引致另一個問題：這樣的知識有甚麼地位？還有就是，如何分別諾斯底與上帝不可知的教義？。[3]

除了上述的內在困難之外，還有外在困難，這涉及文化的向度。根頓再次回到哥林多前書來指出猶太人要神蹟（即記號）、希臘人要智慧（林前一 22），從而表明現代人要確定性，後現代人則否定確定性。當代神學免不了要介入其中的論辯，而根頓再沒援引保羅表明基督教今天的論敵同樣犯了虛假終末論的錯謬。但是根頓提問：信仰期望甚麼的確定性——保證（assurance）？這裏面隱含著人對拯救的懷疑、試探，因而問題在於如何避免對自己的確定性過度信靠。即使後現代對知識懷疑，但背後也藏有對權力和主宰的欲求意志，而啟蒙運動對宣稱可以藉理性和科學解除傳統形式的知識所帶來了懷疑和不確定，不過卻背負諾斯底主義的印記，[4] 根頓所指向的正是過早實現的終末論：明日的知識今天已經擁有。

二、

那麼，基督教的知識，即對上帝的認識，是怎樣獲取的？根頓指出了教導，他根據的是聖經申命記六章 4 及 6 節。教導的方式可以多方多面，一方面是讓人認識上帝，另一方面則由此認識而認識自己，即確定自己的身分。先知的教導如是，耶穌的教導如是，使徒的教導亦如是，都是關乎上帝的主權、恩典、律法等實實在在的事情，總的來說就是上帝和拯救的知識。由教導而有傳統，這傳統讓人認識的，就是拯救的根源與拯救的內容。[5] 這種被賜予的拯救知識，跟其他同樣是啟示的知識有甚麼分別？根頓指出，只因為前者是出於上帝因而對認識者有保證，正如保羅把他在大馬色路上蒙主光照教導啟示的知識，傳遞開去。但是根頓指出這傳遞並不能止於寫下來讓人閱讀，還進一步涉及解釋所寫下的。他引述使徒行傳八章 26 至 35 節，衣索匹亞的太監讀以賽亞書卻不明白，直至遇見腓利聽他的解釋才明白。這表明了由有教導權威的人進行教導的重要性。聖經的確客觀地是上帝的話語，但需要有教導權威的人教導，才對信徒有益。[6]

如果對上帝的認識是出於上帝自己的啟示，那麼就包含了上帝不可知的一面，這是需要同時教導的，一方面彼得認信耶穌是永生上帝的兒子，但耶穌馬上對他表示：這不是出於血氣的而是出於父所啟示的（太十六 17），另一方面約翰寫道：「只有在父懷中那獨一的兒子，把上帝表明出來。」（約一 18，《新漢語譯本》）這就隱含了上帝的不可知了。上帝的可知與不可知是一個基督論的問題，即是在基督裏既揭示上帝又隱藏上帝，歌羅西書二章 2 至 3 節清楚表示：「……並藉著悟性得到豐豐足足的信心，好明白上帝的奧祕，這奧祕就是基督。在他裏面蘊藏著一切寶貴的智慧和知識。」（《新漢語譯本》）基督既揭示又隱藏上帝，因此我們既認識上帝又不認識上帝。[7] 對於這種知識，根頓提醒我們既可以拆毀又可以建立，就好像保羅與哥林多人討論「偶像並不存在」這一類知識，但因此以為可以分用異教節慶的食物，卻冒險進入了魔鬼的領域，跟亂倫和同性戀沒有分別。因此，根頓認為需要把我們這些知識，放在層級之中去安排得妥當，並且需要承認我們這些知識雖然重要，但卻不是在層級的頂端，就好像偶像並不存在的知識。[8]

上帝的知識是可以教導的，但也有界限以及層級。除了這種被教導的知識，根頓引用耶利米書三十一章 31 節及其後，指出還有另外一種知識：心的知識，對上帝的恰當回應，不是二手的知識，而是直接的位格認識（direct personal acquaintance），像以色列人對耶和華的認識（耶三十一 34）。約伯的認信（伯四十二 5～6），是一種關係的知識，像約翰福音裏所講的，是以耶穌基督為中介而跟父上帝建立關係，由聖靈引領而進入真理之中（約十六 13），這真理不是命題式而是耶穌自己：因著聖靈而跟耶穌建立關係因而認識真理。這就是位格知識（personal knowledge）或是寓居式知識（knowledge as indwelling）。[9] 這種位格知識是出於位格關係，在福音書之中父與子的互相內住的關係就延展至教會生活中人的層面，保羅的用語例如「在基督裏」肯定有同樣的教會論向度。[10]

這種位格知識有兩個向度：關係的與終末的。因為聖靈透過子把人與上帝連結起來，所以這種知識是由聖靈傳遞給人的，是一份禮物，不是屬於自己的，雖然當中有命題式知識在內，但並非核心而是邊緣的。認識是在基督裏與上帝結連而有的結果。如果這是父上帝在子裏透過靈而賜下的禮物，那麼它的特性肯定是恩典及禮物，是出於上帝與人的關係。[11]

終末的向度則在於保羅所講的：跟認識相比，被認識更重要。無疑，認識自己被認出，是一種知識，但此中的重點在於維持一種終末的界限。關係的方式是箇中條件，使得那些現在**被認識的**，**將來**會認識。即是我們現在被上帝認識，所以將來我們會認識上帝，這當中涉及了上帝跟我們的關係，但卻是一種帶有時間在內的關係。因此，我們現在所知的只是部分（林前十三章）。要到終末我們才完全認識上帝，這跟聖靈分不開。聖靈現在也工作，讓我們認識上帝，但只是預付而已（林後一22），部分而已，並不是將來的全部。[12]

三、

最後，根頓以五點來整合基督教知識是一種怎樣的知識，他的整合是一種神學的整合。

- 這是一種信仰知識
- 這種知識具有智性元素在內
- 這種知識在本質上是偶發的
- 這種偶發的、中介形式的知識自身也是獨特的
- 這種知識也有教會的向度

1. 這是一種信仰知識

根頓清楚明白地表明基督教的知識必然是信仰知識（faith-knowledge），是在信仰的領域之內的，人不能跨越此信仰領域。因為這是一種位格知識，是被動的，不由自己控制的，具體來說，人信仰/信靠上帝而跟上帝這知識賜予者連結，才可以認識上帝。這完全對應上帝與人的關係：創造主與受造物的關係，因此，信仰/信靠上帝更多於對信念的肯定；這是信靠上帝，是人以其整個生命/生活回應上帝的宣告，是崇拜之中必要的表達。[13]

根頓表示相信是一種知識，因為相信是人與上帝的關係的工具，把人跟上帝連結起來而認識祂。希伯來書十一章 1 節中的相信就帶有工具與期盼的性質。基督徒這種關係可以被稱為知識——在與上帝關連中認識祂，是終末聖靈的禮物。[14]「相信，所慶祝的客觀實在是我們盼望的，所顯明的是不曾看見的事件」，根頓借用聖經學者對希伯來書十一章 1 節這樣的翻譯，不正告訴我們相信是一種知識嗎？但是上述所講的知識之所以是禮物是期盼，在於人的限制：軟弱、易錯，除此之外，還有

另一邊：上帝的不可知。[15]

上帝可以讓人認識祂，但亦可以透過這樣的被認識而設下界限。具體來說，上帝透過揀選以色列及道成肉身來被人認識，正是設下被認識的界限，祂只在與受造物互動之中被我們認識，祂成為人顯出祂的確可以被認識，但是人的智力卻無法越過道成肉身所設定的可能性，道成肉身就同時決定了實在與人類對上帝認識的界限，在這道成肉身之外，人是無知的。所以，對基督教來說，置定上帝知識的界限是基督論，而不是哲學。基督的道成肉身是具有終末界限的，因為祂全然臨在（*parousia*）帶來新天新地的應許，將出現普遍的與不可見的上帝的知識，但依然是以基督為中介的知識。[16] 這樣的知識是信仰知識，這樣的信仰知識是以基督為中介的，並帶有終末界限。

2. 這種知識具有智性元素在內

根頓再一次提醒我們這種知識的界限：（1）位格的界限——在於人的軟弱和罪；（2）神學的界限——在於上帝的不可知；（3）終末的。我們只知道部分，以及我們被認識。但是，我們從聖經可以得知，這種知識必然包括智性元素在內。當我們把世界看為受造物，就是一種知識。根頓稱這為我們的神學責任，而這涉及了兩方面，一方面是事物本身，另一方面是對人類就世界的知識方面而有的含意。[17]

首先關乎所知事物其內在的意義和融貫性。這指到我們相信事物的真理在一定程度上可以被深入闡述，正如「上帝啟示其自己」而有的神學合理性（rationality），不會因為我們的渺小和限制而受阻。上帝的啟示不單讓祂自己被認識，更使得人的智性能夠掌握這種知識。智力的界限可見於異端，他們解決難題所得的答案並不成熟，或是他們所知道的其實並不如所宣稱的。現代最危險的是認為自己有能力把上帝系統化，但是因著上帝的不可知，上帝如何可能被系統化？這是神學知識的界限，但也不能因此否定道成肉身，這是人可以知道的。[18]

其次關乎這我們對世界的認識有何意義。根頓認為對上帝的認識，可以指引我們對世界以及在其中生活的人類的認識。這些認識不一定跟科學家衝突，只要清楚人類的神學知識是有界限的。沒有啟示——上帝透過祂雙手即子與靈啟示祂自己，我們就不認識人的景況、世界是受造的，以及整體受造物的意義及命途。因為上帝啟示自己，所以我們知道世界是被造的、被更新的和被救贖的。[19]

3. 這種知識在本質上是偶發的

上面已經講到知識在於道成肉身，其實是表達了知識的中介性，並且這中介的道成肉身事件是偶發的。近來的知識論比較重視可錯性，即所有人的知識都是有限的和可錯的，這無疑是跟現代主義那種過度強調人的能力與某種形式的知識具有優先性，打對台戲。根頓批評啟蒙運動的問題是過早實現的終末論，就是今天已經知道明天的事情，這正正從反面提醒神學不過是 *theologia viatorum*（神學旅客），我們還沒有到達目的地。信仰知識是被賜給人的知識，而人是具體的、在時空中有限的，所以只能慢慢地摸索而獲取，而不是透過邏輯快速地揭開自己所不知的。一切都在乎時間。根頓由此而表示：心的知識有別於智性（理性主義）和經驗（士來馬赫〔Friedrich Schleiermacher〕）的知識，關乎整個具體的人，包括智性、意志、情緒和想像在內，這些都影響我們與上帝的交往。因此，人對上帝的認識並非直接而不需要時間的，更何況這不是由人出發的而是上帝賜予的，更需要時間，所以是一趟旅程，住在其中逐漸把握。最後根頓引用波蘭尼（Michael Polanyi，或譯博蘭尼）的說話：「即使我知道它可能是虛假的，但我會把我相信為真的，緊緊握在手中。」[20] 這是信仰知識的特性：偶發的，不是必然的。我們只有偶發的知識，沒有必然的知識。

4. 這種偶發的、中介形式的知識自身也是獨特的

基督教知識不單就人與實在關係的形式來說，是獨特的，並且就其內容來說，也是獨特的。就內容來說，基督教知識是經驗科學等不認識的；基督教知識是關乎實在的，是經驗科學無法掌握的，那是關乎萬有的上帝，決定萬有去向的事情，所以神學要不是一門普遍與奠基性學科，就是假象。基督教知識其內容的獨特性，可以見於道成肉身的事件，一方面這事件是透過聖靈而成就，另一方面這事件被我們認識也是透過同一聖靈而成就，這就表示信仰是聖靈的禮物，不在於人的意志或歷史研究。只有聖靈把我們引向真理本身，這種認知方式就不在於認知本身的內在運作是怎樣的，而是藉著認信來知道、認識。[21]

5. 這種知識也有教會的向度

基督徒不會比教會認識更多，但是教會的認識也是有限的和可錯的。即使這樣，教會大部分時間都保留著使徒的教導。教會作為一個跨時空的羣體，或多或少都帶著信心與合一地認信。這樣的講法需要以個人知識補充，好帶出參與的向度。根頓這樣強調其實帶出了這不是資料傳遞：基督徒「在基督裏」涉及了一種個人/位格知識，在參與教會的崇拜及生活裏才可實現這種對上帝的個人/位格知識。由此而出現一種動態過程，意即這種知識不能約化為命題形式，但它卻產生真正的命題。這種知識是一個羣體它以那位在缺席中臨在的耶穌基督為中心，而有序地生活所生發出來的。這種知識其最終的確定性是聖靈所賜下的期盼：期盼人生命各種層面的美好。[22]

四、

講到教會羣體的認識，自然涉及教會的權威教導與透過傳統來教導。根頓引述加爾文（John Calvin）的講法：我們並不信靠教會猶如我們信靠上帝，更恰當的說法是我們「相信教會」（believe the Church）。但即或這樣講述亦在以下兩方面冒犯了這個世代，是政治不正確的。一方面是現代的個人主義，另一方面是容忍。前者不認同個體應降服於機構的教會，可能除了國家之外。後者在於福音對真理的律令性宣稱，排斥或不容忍另外一些講法。事實上，即使是相對主義也是一種立場，而出現排斥或不容忍另外一些立場；並且一切意識形態和神學都以某種機構或羣體的方式表現出來。換句話說，排斥與機構化都不能避免。但是根頓提醒我們，基督教的排斥主義(exclusivism)受到它自身所意識的終末界限所限制，一切的知識宣稱都是暫時的，並且受其所處的歷史位置的限制，而不得不作出一種在容忍與不容忍之間的平衡。[23]

註釋

1. Colin Gunton, *Intellect and Action: Elucidations on Christian Theology and the Life of Faith* (Edinburgh:T & T Clark, 2000), 46～47.
2. Gunton, *Intellect and Action*, 47～48.
3. Gunton, *Intellect and Action*, 48.
4. Gunton, *Intellect and Action*, 48～49.
5. Gunton, *Intellect and Action*, 50～51.
6. Gunton, *Intellect and Action*, 51.
7. Gunton, *Intellect and Action*, 51～52.
8. Gunton, *Intellect and Action*, 51～52.
9. Gunton, *Intellect and Action*, 52～53.
10. Gunton, *Intellect and Action*, 53.
11. Gunton, *Intellect and Action*, 53～54.
12. Gunton, *Intellect and Action*, 54.
13. Gunton, *Intellect and Action*, 55～56.
14. Gunton, *Intellect and Action*, 56.
15. Gunton, *Intellect and Action*, 56.
16. Gunton, *Intellect and Action*, 56～57.

17. Gunton, *Intellect and Action*, 57.
18. Gunton, *Intellect and Action*, 58.
19. Gunton, *Intellect and Action*, 58～59.
20. Gunton, *Intellect and Action*, 60～61.
21. Gunton, *Intellect and Action*, 61～62.
22. Gunton, *Intellect and Action*, 62～64.
23. Gunton, *Intellect and Action*, 64.

4.

論中介

聖靈式神學知識論*

一、

當代英國神學家根頓(Colin Gunton)在思考和解釋基督教的傳統教義一事上，為我們展示了一種繼往開來的嘗試，以及一種兼容並蓄的能力、敞開批判的精神。而尤為值得注意的是，根頓對神學知識的探討和開發，既糅合神學與哲學的洞見，亦對應現代與後現代的思想，當中實在對做神學及神學知

---

* 本文曾於二〇〇七年六月十八日在崇基學院神學院舉行的第九屆香港神學人團契學術會議中宣讀，並蒙趙崇明博士指正，筆者在相關的地方稍作增訂，而一切責任當由筆者承擔。本文原為鄧紹光：〈根頓的聖靈式神學知識論〉，《漢語基督教學術論評》第五期(2008年6月)，頁117～136。現稍經增修，蒙允轉載。

識的本性有許多指引性的洞見。在這裏，我們特別感興趣從聖靈的角度入手，來整理根頓對做神學及神學知識的看法。我們認為在根頓三十多年的神學思想歷程之中，涵有一條邁向聖靈式知識論的道路，值得我們發掘並予以進一步開展。

聖靈論一直是根頓關心的神學課題。舉個例子，根頓在他那本《通過諸神學家來做神學》(*Theology through the Theologians: Selected Essays 1972 ～ 1995*)文集，[1] 從最早期於一九七二年出版的文章〈基督教教義的發展：卡爾．巴特對神學任務的了解〉(“The Development of Christian Doctrine: Karl Barth's Understanding of the Theological Task”)，就已經涉及聖靈的問題。事實上，整本文集許多文章或多或少地都論及聖靈，雖然我們不能以聖靈論為主題來統攝所有文章，[2] 但是卻不能否認根頓對聖靈論的關心。從根頓一生的神學思考和著作來看，聖靈論涉及所有的教義範疇，包括三一論、創造論、基督論、教會論、人性論、終末論。根頓認為聖靈論總是西方神學的弱點，[3] 一直以來都沒有發展得很理想。從這本文集中，我們可以看到根頓在教義的每一範疇都曾著墨於聖靈，而第七章更就以聖靈為主題來寫成：〈上帝聖靈：奧古斯丁及其後繼者〉(“God the Holy Spirit: Augustine and His Successors”)。當然，根頓在著作如《三一式神學的應許》(*The Promise of Trinitarian Theology*)、[4]《一、三與多：上帝、創造與現代性的文化》(*The One, The Three and the Many: God, Creation and the Culture of Modernity*)、[5]《如此我信：基督教教義導引》（*The Christian Faith: An Introduction to Christian Doctrine*）、[6]《父、子、聖靈：朝向一圓滿的三一式神學》（*Father, Son and Holy Spirit: Toward a Fully Trinitarian Theology*）等，[7] 都花上不少篇幅來討論聖靈。尤其值得注意的是，根頓貫徹地開展和深化聖靈在內契三一及經世三一各個層面的身分及工作，而並非抽離地單單只就聖靈而論聖靈。

如前所述，這篇文章感興趣的，是檢視根頓如何看待聖靈在做神學或建構神學知識之中所扮演的角色，所以並不準備全面介紹和疏解根頓的聖靈觀。[8] 然而，我們不能忽略的是，根頓的聖靈式的知識論並非只限於此，在面對啟蒙精神及現代性文化的知識論，他致力發展出一種有別於非位格式（non-personal）、直接性的知識論，倡言聖靈中介式的知識論。[9] 這方面盼望日後能另行撰文討論。根頓這方面的討論尤可見於《啟蒙與異化：朝向三一神學的論述》（*Enlightenment and Alienation: An Essay Towards a Trinitarian Theology*）[10] 和《一、三與多》。

二、

正如上文所述，根頓早在一九七二年出版的文章〈基督教教義的發展〉已經談到聖靈在神學發展中的重要性，這可見於這篇文章的第三節「聖靈論的考慮」（Pneumatological considerations）。根頓並不喜歡使用「發展」這詞語來講述這一議題，他提出「豐富」（enrichment）來代替「發展」。[11] 這中間有兩個原因，一方面教義的發展並非自然而然地從傳統建立起來的，[12] 根頓援引初期教會教父愛任紐（Irenaeus）的看法：傳統不能改變，或是成長或是發展，教會的主教和教師並非要發展傳統，而只是傳遞傳統。[13] 這是針對傳統跟發展不必然是彼此相屬的觀念，有些教義的發展是以傳統之名而開展但卻遠離傳統，與傳統相違。[14] 但另一方面，我們也不能單單閱讀過去就能讀出過去發生的事情的意義，[15] 這涉及真理的將來向度。在傳遞傳統的過程中如何可以同時讓真理也可以在將來揭示、呈現。根頓在這裏引用了聖經學者華生（Francis Watson）的說話，在這裏讓我們看看華生的原來文字：

> 事實上，在如下兩者之間達致一正確的平衡是關鍵地重要的：確定真理的顯現是倚於將來的，以及確定真理的顯現是倚於過去的。倚於將來的真理是對那已經在過去發生了的真正的掌握；因而啟示不能挽回地跟人在世的存在所具有的歷史性和特殊性聯結起來，以避免陷進諾斯底的夢想（Gnostic fantasy）之中。相反地，過去曾經發生的事情及意義，並不單藉著閱讀過去、由一權威的傳統傳遞就可得出的。[16]

按照根頓的看法，這中間的關鍵是進入真理，從而得出更豐富的神學知識。[17] 在這裏值得注意的是，華生是在討論約翰福音有關保惠師聖靈與真理的關係而達致這一結論的。無獨有偶，根頓在其文章結論之前的第三節「聖靈論的考慮」，也同樣特別根據約翰福音來討論聖靈與知識的關係。根頓引用的約翰福音十六章 13 節，強調聖靈使我們期盼那將要來的，而不是僅只學習那過去的。[18] 他並且引用約翰福音十四章 12 節及十六章 7 節，進一步指出基督徒一方面從過去——「信我」——獲取方向，但另一方面卻不能停留於此，而聖靈就因著耶穌的離去而臨在，讓他們能夠期盼「將來的事」，並因而要做比耶穌所做的「更大的事」。[19] 根頓沒有繼續討論聖靈的工作，他沒有解釋聖靈如何可以讓基督徒從過去獲取方向，然後又離開過去期盼將來。華生在這方面為我們提供了較全面的圖畫，[20] 可補根頓的不足。

華生首先引用約翰福音十六章 12 至 13 節來表達真理的靈來到，就會帶領門徒進入一切真理之中，然後指出若真理只顯現於起初、開頭的一刻，那麼第一代的門徒羣體就較一切後來者擁有絕對的優勢了。華生斷言，根據耶穌的說話，只有在祂離開後，關於祂的真理才會顯明，因此耶穌說若祂不離開保惠師就不會來（約十六 7）。華生這樣引用約翰福音十六章 7 節，目的是表明只有聖靈臨到，真理才會顯明，但這真理是甚麼呢？華生引用約翰福音十六章 14 節來支持他的說法，這真理就是關乎耶穌的真理，因為經文這樣說：「他（引按：指聖靈）要榮耀我，因為他要將受於我的告訴你們。」華生最後引用約翰福音十四章 26 節「〔⋯⋯〕要叫你們想起我對你們所說的一切話」，指出聖靈帶領門徒羣體所進入的真理，並非額外附加於耶穌成肉身的存在所涵有的真理之上的。華生的意思是，只有聖靈的臨到和引領，才能在歷史中把耶穌成肉身的存在所蘊涵的真理，逐漸顯明出來，離開成肉身的耶穌，門徒這羣體並不認識真理；但離開聖靈的臨在和引領，門徒這羣體也不認識真理。華生的解釋其實是跟根頓的說法相吻合的，可以幫助我們明白，聖靈藉著叫門徒這羣體想起耶穌所說的一切話並其所行的一切事，而明白真理。「想起」就不只是再次在腦海浮現，而是豁然了解耶穌所說的一切話的意義，真理的意義頓然朗現。

然而，對於後世的基督徒來說，約翰福音十四章 26 節「〔……〕要叫你們想起我對你們所說的一切話」，究竟是甚麼意思呢？這裏的問題是，只有第一代的門徒才聽過耶穌所說的一切話，那麼後世的基督徒又如何？這就涉及信仰羣體及其信仰傳遞了，首先是聖經的寫成，然後是聖經的解釋。根頓和華生都沒有在上述所引的文章內討論這一問題，因為文章原來的脈絡是討論傳統的，他們要想指出的是，聖靈使得真理不囿於傳統的過去而可於將來開顯。我們在下一節就聖靈對聖經的寫成與傳統的塑造所起的作用作深入的探討。但在這裏卻稍為補充，根頓認為對上帝的認識，只能是在恩典中期盼，而不可能在歷史中完成，即或是最佳的期盼仍然是暫時的、要受審判的。[21] 這表明了聖靈式神學知識的終末性格。當然，這不免使人想到根頓的聖靈乃終成因（eschatological perfecting cause）的說法。[22] 如果從這一角度來了解神學知識的終末性格，那麼聖靈最終不單使得一切的受造物都在基督裏圓滿地成其所是，並且也在人與上帝之間的位格的關係（personal relation）與位格性知識（personal knowledge）一事上圓滿地成其所是。即是說，聖靈不單發動人與上帝之間的位格的關係與位格性知識，並且也終末地圓滿成就這關係與知識。下面我們即扣緊人與上帝之間的位格的關係與位格性知識來討論聖靈在當中的工作。

三、

根頓後來在一九九五年出版的《簡要啟示神學》（*A Brief Theology of Revelation*）論到聖經及傳統時，這樣寫道：

> 〔……〕聖經也可以被了解為特殊啟示的中介（medium of special revelation）；〔……〕一種特殊的啟示（a particular revelation），沒有了這種特殊的啟示我們就不認識那些關於拯救的事情。聖經是啟示的，意思是因為它有分於那些我們稱之為啟示的事情——人與事。〔……〕這樣意義的啟示，乃是使盲的眼睛可以張開，得以看見在基督身上成就的拯救。〔……〕那是藉著耳朵而打開眼睛。這也是新約使用啟示一語的意義，就如保羅在加拉太書一章 12 節說道：「因為我不是從人領受的，也不是人教導我的，乃是從耶穌基督啟示（δι’ ἀποκαλύψεως Ἰησοῦ Χριστοῦ）來的。」[23]

> 〔……〕對保羅來說，耶穌很清楚是一個活的及位格臨在的實在，祂在大馬色路上讓祂自己被認識。但另一方面，我們必須意識「啟示」一字的多重意義，保羅領受福音，是透過人的媒介這中介的，而非直接的或即時的。而這是我們大多數人——如果不是所有人——的情況。無論耶穌**現在**在那裏——〔……〕——我們跟祂之間都沒有直接、非中介的關係，至少在如下的意義是真確的：那些把祂的實在進行溝通的字詞，是牢牢地駐足於過去。這意味著因為文本是由一特殊時代的觀念所打造的，所以它們是相對於一特殊的歷史處境的。這意味著對啟示的特殊事情（the revelatory particulars）的解釋是交託給一羣特殊的人，他們把他們領受的傳遞下去，成了我們所講的（聖經的）傳統。如我們所見，傳統在變成任何事物之先，乃是一種位格關係的形式（a form of personal relation），而我們需要一種解釋的傳統作為中介，如果我們想要領受啟示之所是。[24]

這兩段引述的文字，顯明根頓對神學知識的兩個重要的看法。首先，一切的神學知識都是中介性的。其次，一切的神學知識都是以位格關係的形式出現的。然而，神學知識還有另一重要的特性，在這兩段文字沒有提及的，但卻在《簡要啟示神學》其他篇幅中論到的，就是聖靈式的。我們基本上可稱根頓的神學知識論為聖靈式—位格性—中介性的。一方面，對於根頓來說，聖經和傳統都是上帝啟示的中介，來跟耶穌建立位格的關係，從而獲得相應的位格性知識；另一方面，這一位格性知識的獲取，卻是透過聖靈的中介性行動方才得以可能。下面我們即就這些重要觀點進行探討。

首先，讓我們從根頓討論巴特的啟示觀入手，這可見於他在前述文集中的第四章〈上帝的知識：「無別的根基」——一個英國人對《教會教義學》第五章的閱讀〉（“The Knowledge of God: ‘No Other Foundation’— One Englishman’s Reading of *Church Dogmatics* Chapter V”）。根頓毫不諱言地指出巴特的神學知識論甚少真正的聖靈論和教會論的內容，這是一個嚴重的弱點。[25] 雖然如此，根頓卻指出巴特強烈地意識到要走出啟蒙運動以來的知識論，即靜態的、命題式的、個體的和基礎主義的觀念，轉而尋求動態的、位格的和社羣的知識觀念。[26] 根頓這樣說：「巴特思想中有趣的特色是那些超越奧古斯丁的新柏拉圖主義（Augustine’s Neoplatonism）的遺物的東西。首先，是如下的宣稱：知識形式相應於那在當中知識成形的位格關係。〔……〕巴特正確在看見我們有關上帝的知識的外形必須相應於我們站於其中的約的關係。〔……〕因而，上帝的知識能夠成為真實的（actual），只因為藉著贖罪而實現（is realized）和恢復跟上帝的團契相交。」[27] 只是巴特過度強調啟示於上帝的知識之中的重要性，而較少重視和好所扮演的角色，但這並不能否定如下的看法：「知識必須在真實的關係（actual relationship）中成形。」[28] 那麼，真實的關係如何可能建立，以致對上帝的知識得以成形？

根頓毫不含糊地表示，人特別是罪人其與上帝的關係，在基督教神學來說，乃是聖靈自由的禮物（free gift）：「如果知識乃是與上帝真實關係的一個面向，那麼，知識也必定是靈的禮物，如保羅和約翰兩人的神學所豐富地展示的那樣。」[29] 這表明了人與上帝的關係與知識都不是人單方面可以獲取的，必須透過聖靈這中介方才可能。特別當這種知識乃是罪人跟上帝和好的體會，那就更不是人自己可以成就的，而是出於聖靈自由的賜予。這裏表明人與上帝之間的和好關係及其體會，即位格的關係與位格性知識，不是人因其自身而必然可以達致的，反之，這是透過中介的聖靈所賜予的，人之主體性於此無任何積極主動之作用或貢獻。因此，這種位格的關係與位格性知識不是直接的、非中介的，而是間接的、中介的。就人與基督之和好，以及人於此的知識，根頓引述巴特：「因著聖靈的工作，在耶穌基督裏永恆臨在的復和已經在我們之中以如下的時間形式出現：信的形式，這信相信這真理。」[30] 對根頓來說，巴特所講的信是特殊的關係，成就一種特殊的位格知識：信的知識，[31] 但這種正面的位格關係和位格知識，卻是由聖靈使之實現的。那麼，跟著的問題是，聖靈是怎樣工作的？聖靈怎樣使得位格關係與位格知識得以實現的？正如上文所述，根頓的神學知識論乃是一種中介式的知識論，這不單指到在基督裏已經成就的和好要透過聖靈這中介來在歷史中實現出來，亦同時進一步表明聖靈於此中的工作也是中介性的，而非直接性的，這意味著聖靈是透過聖經和教會傳統而在我們中間，把基督已經成就的和好落實於特殊的時間與空間之中。

在這裏必須立即補充一點，就是根頓並不以為聖靈的功能是填補那不可跨越的知識論鴻溝，他只承認沒有了聖靈，位格的鴻溝（personal gulf）是不能跨越過去的。[32] 這是因為位格知識乃在於位格關係，離開位格關係別無位格知識，在位格關係之中並不存在任何知識論鴻溝。知識論鴻溝的說法是出自實在論（realism）和客觀主義（objectivism）的。即使是位格的鴻溝，根頓亦認為早已在基督裏跨越了。聖靈的工作只是把已經被給出的賜予我們，那就是上帝自己；上帝早在基督裏對人類的永恆揀選中已經給出祂自己了。[33] 因此，聖靈是把基督的和好落實於特殊的時空之中，祂把上帝在基督裏賜予我們的位格關係賜給我們，以致我們可以認識上帝，在位格的關係之中獲取位格的知識。當然，這裏所講的獲取，乃是一種在位格關係中對上帝的體會，而非一種認知主體抽離地對被認知的客體所作單向的非位格性的掌握。

四、

如果聖靈的工作是把位格關係和相應的位格知識作為禮物賜給我們，並且，這種賜給又是中介性的，意即通過聖經和傳統來賜給我們，那麼，這種中介性的賜給是一種怎樣的活動呢？根頓在《簡要啟示神學》一書中的第四講及第五講就處理這一問題。他在此書的第四講清楚表明這一講要討論的核心問題：「在甚麼的意義下聖經因著其作者的獨特感動（unique inspiration）而為啟示的中介？這樣的感動其可能的意義是甚麼？」[34] 這就表示聖經並不就是啟示，而是某種意義的中介。對根頓來說，聖經之被感動（inspired）而寫成，即為聖靈的工作，因為它揭示了他處找不到的真理，[35] 但聖經包含上帝的啟示的諸肯斷（affirmations of the revelation of God）並非其原初目的，[36] 聖經的獨特性與權威，遠不在於獨特資料的提供者這一身分，而更在於其為拯救知識的承載者（the bearer of saving knowledge）、道的器皿。[37] 這就涉及基督論與拯救論了。[38] 循此，根頓追問：「如果現在的耶穌是已升天的基督，祂坐在父的右手也為祂的子民代求，那麼，祂可如何被傳遞（how is he mediated）——作為即時的並且以不同向度而為缺席和在場的——給我們？換另一個說法，如果已升天的基督是現在拯救的中介，那麼這拯救如何被傳遞？我們可能說有許多途徑，但當中重要的是聖經。但是，以甚麼方式呢？難道聖經只是指認（identify）嗎？清楚地，啟示涉及所指認者的性格與行動，但這些性格與行動作為知識，以何種方式跟拯救關連起來？」[39] 根頓於此把聖靈的感動視為啟示的中介：啟示是聖經要告訴我們的，而聖靈的感動則是使得我們知道啟示的途徑。[40] 由於聖經不單是傳遞知識，而更在於傳遞拯救的知識，因此前者的中介性是由後者的中介性來決定的或衍生出來的，那麼，如果聖靈作為這一拯救知識的中介者，祂是如何活動的？

這個問題可分兩個層面來討論，一個是聖經的寫成，另一個是對聖經的閱讀，後者進一步涉及傳統這一中介。首先，就聖經的寫成，根頓指出聖靈感動的工作使得作者能夠寫出他們要寫的，又讓他們的字詞能夠成為啟示所不可廢去的中介者。[41] 聖靈的感動的工作其特性包括了兩方面，其一為聖靈是賜予相交（communion）、羣體（community）的聖靈，其二為聖靈的隱匿，祂要透過基督把我們帶到父上帝那裏。由聖靈為賜予相交和羣體（包括與上帝的相交及與人的相交）而可說聖靈為教會的聖靈。聖靈透過教會而產生了聖經，根頓根據約翰福音十六章 13 節，表示聖經是被感動而寫下的，可以從保惠師要把門徒的羣體帶領進入一切的真理這一事實而推衍出來。[42] 無疑，這強調了聖靈的工作並非個人的，而係羣體性的，而且這是一種相交的位格關係。但根頓繼而指出，聖靈這一感動的相交動作，目的卻不在其自己，而在於引導門徒羣體離開聖靈朝向耶穌這完成聖父旨意的一位。[43] 這是貫徹約翰福音的教導，但這就進一步顯出聖靈的中介性，祂的工作是建立一使徒統緒（apostolicity），使得使徒羣體在特殊的時間中形構那獨特的構成性事件（particular configuration of events），而這事件對世界的拯救有獨特的意義。[44] 根頓並不以為使徒羣體跟其所記錄的事情只有外在的關係，以「見證」這一隱喻來說明使徒羣體對聖經的寫成，在於指出聖靈把作者的人言轉成上帝的話語。[45] 具體來說，即聖靈使使徒羣體環繞著及朝向著已成肉身的基督來組成及寫作，這個羣體的成形及這個羣體的文件的寫成，在聖靈的工作底下是不能分割開來的。[46] 這個羣體的建立，跟這個羣體的文件的寫成，是互為內在的，但這種互為內在乃是聖靈的工作。聖靈以中介的身分使得使徒羣體認識上帝的啟示並因而被建立起來，這種認識當屬位格的認識，即使徒因著聖靈的感動而與基督建立起位格的關係以致位格地認識祂，形成了使徒羣體。與此同時，這個羣體也把這種位格的認識寫下來、表達出來，在使徒羣體之中流傳閱讀，參與塑造這一羣體的工作。然而，根頓指出，在這個寫作的過程中，聖靈仍然參與工作，使得這個羣體所領受的知識和所表達的文字之間，具有一種內在的關係，從而使得人言成為上帝的話語。他引用了保羅哥林多前書二章 13 節來說明聖靈這工作：「並且我們講說這些事，不是用人智慧所指教的言語，乃是用聖靈所指教的言語，將屬靈的事講與屬靈的人。」[47]

根頓進一步說：難道聖靈感動的工作不就是既使得作者寫下他們所寫下的，並且使得他們的字詞成為啟示所不可廢去的中介者？[48] 這表明了使徒以後聖經的必須性，教會從此必須透過聖經來領受上帝的啟示。初期教會對以後教會於領受上帝的啟示這一事上，其重要性、不可替代性、獨特性乃在其使徒性（apostolicity）。[49] 是時使徒的功能乃是向那些尚不是拯救的中介者實踐拯救的中介者的角色，[50] 傳遞啟示且比啟示更多的：「但記這些事要叫你們信耶穌是基督，是上帝的兒子，並且叫你們信了他，就可以因他的名得生命。」（約二十 31）[51] 使徒所傳遞的不單是啟示且是拯救的知識，這種傳遞以聖經為中介，因為聖靈使聖經成了上帝的話語。根頓在註腳中引述了蘇格蘭神學家科士富（Peter Forsyth）的說話來印證他的看法：「……聖靈**在**使徒的話語**中**（in the apostolic word），不單是**與**他們的話語**同在**（with it）及**在**我們**中間**（in us）。」[52] 聖靈工作的兩種特性：賜下團契相交及隱匿自己彰顯基督，是信仰羣體得以確立並同時寫下聖經見證基督以傳遞救恩知識的究極原因。

然而，根頓亦意識到聖經乃是在一特殊的時代以其特殊的概念來寫成，因而聖經是相對於一特殊的歷史處境而言的，需要被解釋，因為：[53]「上帝以文化的諸種特殊性來說話，這意味著對啟示的特殊事情（the revelatory particular）的解釋是交託給一羣特殊的人，他們把他們領受的傳遞下去，成了我們所講的傳統。」[54] 但傳統如何可以成為上帝啟示的中介，把上帝的啟示（及拯救的知識）傳遞下去呢？依據根頓的看法，這裏涉及兩種真理的關係，一方面是對耶穌基督這真理（Jesus Christ the Truth）的啟示，另一方面是表達基督教信仰的命題，也就是信仰的真理（the truth of the faith），[55] 後者包括了聖經與傳統在內。「啟示與傳統的關係」就是「作為傳統基礎的啟示」跟「在時間中以不同方式傳送啟示的字詞」，這兩者之間的關係。[56] 因此，根頓進一步確立，命題式的信仰真理是次要的（secondary），但卻要跟其所要以字詞形構的基督這真理，具有一內在的關係，[57] 只有滿足這兩個條件，傳統才可以說是上帝啟示的中介。在這裏，根頓對聖經與傳統作出了分別，雖然兩者跟上帝的神聖啟示有著內在與開放的關係，但聖經卻是上帝神聖行動的一部分，而繼後的傳統卻是次要的或後起的，其運作要靠賴先知和使徒的話語，才可以跟神聖的啟示有著內在與開放的關係，即是說兩者跟啟示的關係並不能完全等同起來，傳統只有與聖經（先知和使徒的話語）對應起來，以之為中介，方才可以跟神聖啟示具有內在與開放的關係，這種關係可以被稱為中介式的內在與開放的關係，這種知識可以被稱為中介式的內在與開放的知識。[58]

那麼，聖靈在這當中的中介性角色又如何？根頓這樣說：「任何給定時間的（命題式的信仰真理）同時要倚靠聖靈的恩賜，祂在字詞中把啟示恰當地傳遞給不同的歷史處境〔……〕」[59] 我們在這裏進一步看見，聖經是聖靈使用人類獨特時空中的字詞和概念為中介所寫成的。聖靈傳遞上帝的啟示並非非歷史的。在這裏要補充的是，對根頓來說，啟示的拯救知識是隱喻式的，其首要強調的乃是這種知識的形式乃是隱喻的，而人必須透過這種語言來接收和表達拯救的知識，方才恰當。這樣一來，在解釋和傳遞聖經所具有的隱喻式的拯救知識這一過程之中，我們需要認識到隱喻所承載或指向的真理或知識，並非全然朗現的，而是充滿新的可能。因著隱喻的這一性格，我們必須謙卑地承認後來的一切解釋和傳遞都是偶然的和可錯的，這就進一步顯出神學知識的終末性格，即只有終末時我們的神學知識才會藉著聖靈而圓滿成就。[60]

依據根頓的看法，聖經與繼後的傳統（對聖經的解釋）都倚靠聖靈的感動，從而傳遞上帝的啟示，引領讀者進入位格的關係及位格的知識之中，也就是進入基督這真理之中。這是因為聖經與繼後的傳統跟啟示都具有內在的關係；由於聖靈的工作，聖經與繼後的傳統都是向啟示敞開的，但是後來的傳統其所具有的敞開性乃屬次要性格，是依據於先知和使徒的話語而來的。[61] 很明顯，繼後的傳統因為是在聖靈的感動下來解釋聖經，或是在閱讀聖經中被聖靈感動而解釋聖經，從而一方面與上帝的啟示關連起來，另一方面則在聖靈的感動底下以其特殊時代文化中的語言和概念，來形構其通過聖經對上帝的啟示的了解，進而傳遞下去。這進一步表明聖靈在傳統的中介性工作也是中介性的，即祂並非離開聖經而工作的。傳統跟啟示並非直接地內在關連，但聖經跟啟示倒是直接地內在關連，傳統是透過聖經而與啟示具有內在的關連性。這當中種種的關連性，又是以聖靈為中介。

根頓在這裏十分重視傳統，乃在於他重視過去，即在聖經與聖經以後的時代存在著歷史的距離，使得我們不可能一下子跳躍過去。由於這一距離，解釋性的傳遞成了必須的中介性活動。是以，沒有傳統中的先輩，我們不可能恰當地接收先知和使徒所傳遞給我們的，[62]「藉著活在他們傳遞給我們的話語之中，透過這些話語，我們變成能夠接收他們所傳遞的」。[63] 根頓並不以為我們可以直接回到聖經時代從事直接的歷史查究，他認為所有理性主義（rationalism）的主要錯誤乃在於忽略聖靈上帝在我們知性事業中的位置，[64] 他說：「在這脈絡中，聖靈乃是那透過及在時間中（through and in time）工作的一位，這意即雖然我們可以並必須批判地對待傳統，因為傳統是墮落和有罪的人的行動，但我們不可以把這上帝自己選定的工作置諸不理。」[65] 換句話說，聖靈會透過及在時間中參與塑造及更新傳統，使得傳統能把聖經所啟示的傳遞下去。聖靈之所以塑造及更新傳統的工作，一個十分重要的原因，乃在於聖靈也同時為終末圓滿成就一切的原因。是以，在終末圓滿之前，一切都是敞開的，都是在聖靈的引領底下不斷被更新而邁向圓滿的終末。

聖靈在這裏的工作就是通過聖經而把傳統與啟示關連起來，一方面使得傳統的形成和更新是在聖經及其所傳遞的啟示底下來進行，另一方面也使得聖經及其所傳遞的啟示可以以某一時代的文化及概念形構出來，從而向這一時代傳遞。聖靈在這兩方面的感動的作為，實是一個銅幣的兩面，是來回重複的，並且是位格性的，意即聖靈在這過程中同時是相交、團契，建立信仰羣體，引領信仰羣體認識基督的拯救工作，使得信仰羣體在位格的關係中獲得位格的知識。

五、

無疑，根頓的神學知識論乃一中介式的神學知識論，這樣的講法，按照我們上述的討論，至少包含如下兩層互有關連的意思在內。

首先，這種中介式的神學知識論是以聖靈為中介的。當巴特的啟示觀是以基督為中心的三一式的啟示觀，那麼根頓就批評他沒有賦予恰當的地位及功能給聖靈。巴特相應於宗教改革時期的觀點，視聖靈為「啟示事件的主觀面」(the“subjective side in the event of revelation”)、是「上帝在其自由之中臨到創造物身上」，而為「內在的話語」(the internal word)：上帝對信徒內在地印證那聖經外在的話語(the external word of scripture)，[66] 這就把上帝啟示的歷史性取消，但根頓強調的是：「聖靈乃是啟示的歷史性的施為者(the agent of the historicity of revelation)。」[67] 巴特的啟示觀也把聖靈在啟示中的角色約化為啟示的主觀面，成為基督啟示的客觀面的反面，低貶了聖靈的中介性作用，並且沒有把在啟示事件中基督與聖靈的差異性清楚顯明出來，使得基督與聖靈很容易被視為一個銅幣的兩面：一為客觀性，另一為主觀性。是以，根頓特別強調聖靈作為啟示的中介，乃是跟基督有別的他者，這就是為甚麼強調聖靈乃是三位一體中的自我冥化的位格(the self-effacing person of the Trinity)：祂的功能是指離自己朝向耶穌，[68] 亦是在這個意思底下根頓表示：「我們離開了聖靈的工作就不曉得(耶穌所作的是父的心意)，沒有啟示是沒有感動的(no revelation without inspiration)。」[69]

其次，聖靈的感動工作亦是中介性的。根頓正視啟示的歷史性的問題，其實也是認真看待人在接收及傳遞啟示時其特殊的文化所起的作用。聖經及對聖經解釋的傳統一方面是聖靈工作的成果，但另一方面又是聖靈繼續工作的中介。根頓這一觀點跟布特曼(Rudolf Bultmann)及巴特分別開來。事實上，現代神學很多人都重視即時性(immediacy)卻忽略或低貶傳統，在根本上這是繞過了啟示的歷史性，以聖經為某些即時的啟示經歷的引發媒介而非教導的中介。[70] 但根頓認為：「傳統是必然的，因為現在的耶穌，是那位在我們過去某一特定時間之中生活過的某一生命，死在十字架及後為了我的義的緣故而從死人中復活，作為既缺席又在場的主，為聖經及其解釋者的傳統以各種不同方式傳遞著。」[71] 由啟示的歷史性而可以涉及啟示的終末性。根頓表示啟示是一個終末的觀念，「那是我們尚在等候的時間終結，我們將認識又被認識」，[72] 這就是說啟示並非即時完全成就及朗現於當下的，我們與上帝之間的位格性認識是終末的。[73] 然而，聖靈卻在時間之中把上帝的啟示傳遞給我們，透過聖經和傳統，讓我們在不同的時代都能認識上帝拯救的知識、建立位格性的關係。[74] 在這一過程中，如果聖靈自我冥化，那麼聖經和傳統同樣需要自我冥化，讓耶穌基督臨在而使位格性關係及知識得以可能。在時間中，聖靈繼續透過聖經和傳統而把我們與上帝的啟示連接起來，成就我們時代的神學知識。

無論如何，根頓的神學知識論把宗教改革在實踐中已經運用但卻沒有充分展示的元素——聖靈及傳統——明確表明出來。根頓不單只是表明聖靈及傳統為建構神學知識不可或缺的元素，更以中介的觀念把兩者聯結起來，確定兩者在建構神學知識的過程中所起的作用。這對進一步發展更為完備的神學知識論，起著不可忽略的貢獻。

註釋

1. Colin Gunton, *Theology Through the Theologians: Selected Essays 1972 ～ 1995* (Edinburgh: T & T Clark, 1996).
2. Gunton, *Theology Through the Theologians*, x.
3. Gunton, *Theology Through the Theologians*, 218。根頓所講的西方神學是相對於操希臘語的東方神學（eastern theology）而言的。
4. Colin Gunton, *The Promise of Trinitarian Theology* (Edinburgh: T & T Clark, 1991).
5. Colin Gunton, *The One, The Three and the Many: God, Creation and the Culture of Modernity* (Cambridge: Cambridge University Press, 1993).
6. Colin Gunton, *The Christian Faith: An Introduction to Christian Doctrine* (Oxford: Blackwell, 2002).
7. Colin Gunton, *Father, Son and Holy Spirit: Toward a Fully Trinitarian Theology* (London / New York: T & T Clark, 2003).
8. 有興趣的讀者可參趙崇明：〈外在超越之路——根頓的三一終末聖靈論〉，載《聖靈：華人宗教及文化處境下的反思》，鄧紹光主編（香港：信義宗神學院，2002），頁 75 ～ 98；〈終成與自由——牟宗三論目的因與根頓三一終末聖靈論中論終成因的比較〉，載《三一．創造．文化：根頓神學的詮釋》，趙崇明主編（香港：基道，2006），頁 229 ～ 257。余芷玲：〈關係與行動：哥連．根頓三一神學中的位格觀念〉（神學碩士論文，香港浸信會神學院，2006）。
9. 趙崇明：〈根頓（Colin Gunton）對現代和後現代知識論及語言觀的神學回應〉，載《後現代文化與基督教》，關啟文、張國棟編（香港：FES Press，2002），頁 213 ～ 238。筆者曾點到即止地論及根頓的聖靈式知識論，見其〈根頓三一神學與中國儒道佛哲學的相似與差異〉，載《三一．創造．文化》，頁 138 ～ 141。
10. Colin Gunton, *Enlightenment and Alienation: An Essay Towards a Trinitarian Theology* (Grand Rapids: Eerdmans, 1985).
11. Gunton, *Theology Through the Theologians*, 48.
12. Gunton, *Theology Through the Theologians*, 48.
13. Gunton, *Theology Through the Theologians*, 47.
14. Gunton, *Theology Through the Theologians*, 47.
15. 根頓引用華生（Francis Watson）來表明這一點，見根頓的 *Theology Through the Theologians*, 48，引自 Francis Watson, *Text, Church and World: Biblical Interpretation in Theological Perspective* (Edinburgh: T & T Clark, 1994), 260 ～ 261。因此，根頓這篇原出版於一九七二年的文章，是經過修訂的，按根頓自述，主要在引言及結論部分有

所增寫，見 *Theology Through the Theologians*, 24, n.1。

16. Watson, *Text, Church and World*, 260～261.
17. Gunton, *Theology Through the Theologians*, 48.
18. Gunton, *Theology Through the Theologians*, 43.
19. Gunton, *Theology Through the Theologians*, 44.
20. Watson, *Text, Church and World*, 260.
21. Gunton, *Theology Through the Theologians*, 44.
22. Gunton, "The Perfecting Cause: 'And in the Holy Spirit'," Part 3 in *The Christian Faith*, 117～172.
23. Colin Gunton, *A Brief Theology of Revelation: The 1993 Warfield Lectures* (Edinburgh: T & T Clark, 1995), 108.
24. Gunton, *A Brief Theology of Revelation*, 108～109.
25. Gunton, *Theology Through the Theologians*, 68.
26. Gunton, *Theology Through the Theologians*, 67.
27. Gunton, *Theology Through the Theologians*, 61.
28. Gunton, *Theology Through the Theologians*, 61.
29. Gunton, *Theology Through the Theologians*, 61.
30. Gunton, *Theology Through the Theologians*, 61～62.
31. Gunton, *Theology Through the Theologians*, 62.
32. Gunton, *Theology Through the Theologians*, 66.
33. Gunton, *Theology Through the Theologians*, 66.
34. Gunton, *A Brief Theology of Revelation*, 67.
35. Gunton, *A Brief Theology of Revelation*, 72.
36. Gunton, *A Brief Theology of Revelation*, 73.
37. Gunton, *A Brief Theology of Revelation*, 73.
38. Gunton, *A Brief Theology of Revelation*, 73.
39. Gunton, *A Brief Theology of Revelation*, 74.
40. Gunton, *A Brief Theology of Revelation*, 66.
41. Gunton, *A Brief Theology of Revelation*, 78.
42. Gunton, *A Brief Theology of Revelation*, 75.
43. Gunton, *A Brief Theology of Revelation*, 76.
44. Gunton, *A Brief Theology of Revelation*, 76.
45. Gunton, *A Brief Theology of Revelation*, 76～77.
46. Gunton, *A Brief Theology of Revelation*, 77.

47. Gunton, *A Brief Theology of Revelation*, 77.
48. Gunton, *A Brief Theology of Revelation*, 78.
49. Gunton, *A Brief Theology of Revelation*, 78.
50. Gunton, *A Brief Theology of Revelation*, 78.
51. Gunton, *A Brief Theology of Revelation*, 78.
52. Gunton, *A Brief Theology of Revelation*, 78, n.22.
53. Gunton, *A Brief Theology of Revelation*, 109.
54. Gunton, *A Brief Theology of Revelation*, 109.
55. Gunton, *A Brief Theology of Revelation*, 99.
56. Gunton, *A Brief Theology of Revelation*, 99.
57. Gunton, *A Brief Theology of Revelation*, 101.
58. Gunton, *A Brief Theology of Revelation*, 101.
59. Gunton, *A Brief Theology of Revelation*, 101.
60. 關於根頓對拯救知識的隱喻性格的討論，參趙崇明：〈隱喻與拯救——救贖論的文化意涵〉，載《三一・創造・文化》，頁 191～201。
61. Gunton, *A Brief Theology of Revelation*, 101.
62. Gunton, *A Brief Theology of Revelation*, 101.
63. Gunton, *A Brief Theology of Revelation*, 101.
64. Gunton, *A Brief Theology of Revelation*, 102.
65. Gunton, *A Brief Theology of Revelation*, 102～103.
66. Gunton, *A Brief Theology of Revelation*, 119.
67. Gunton, *A Brief Theology of Revelation*, 119.
68. Gunton, *A Brief Theology of Revelation*, 121.
69. Gunton, *A Brief Theology of Revelation*, 121.
70. Gunton, *A Brief Theology of Revelation*, 102.
71. Gunton, *A Brief Theology of Revelation*, 103.
72. Gunton, *A Brief Theology of Revelation*, 120
73. 有關根頓對神學知識的終末特性的討論，參鄧紹光：〈神學如何可能？——在傳統與終末輾轉而生〉，載《三一・創造・文化》，頁 61～69。
74. Gunton, *A Brief Theology of Revelation*, 120.

5.

論首出

神學，怎麼可能？*

神學的本性是甚麼？神學的目的是甚麼？我們可以因為在神學的前面添加上任何的修飾詞，例如「公共」、「政治」、「文化」、「生態」等，就讓神學的本性及目的由這些修飾詞所決定、規限了嗎？抑或神學的本性及目的是由神學的對象所決定、規限？有關神學的本性與目的之討論，當代英國神學家韋伯斯特（John Webster, 1955～2016）有重要的貢獻。自上世紀九十年代開始，他即從事教義學的研究，文章先後結集出版，有《道與教

---

* 本文原為筆者於《山道期刊》的一篇文章中的第三節「（公共）神學，怎麼可能？韋伯斯特的觀點」，原文為：鄧紹光：〈公共神學，甚麼樣的神學？一些根本的反思〉，《山道期刊》第三十一期（2013 年 7 月），頁 5～30。承蒙香港浸信會神學院授權轉載。現稍經修訂。

會：基督教教義學論文》(*Word and Church: Essays in Christian Dogmatics*)、[1]《認信上帝：基督教教義學論文 II》(*Confessing God: Essays in Christian Dogmatics II*)、[2]《聖經：一個教義式的勾畫》(*Holy Scripture: A Dogmatic Sketch*)，[3] 以及《道之領域：聖經與神學的理性》(*The Domain of the Word: Scripture and Theological Reason*)。[4] 韋伯斯特被譽為古典意義的教義神學家，意即他尋求上帝的面。[5] 這就是說，一切都回到上帝那裏。神學若為對上帝的認識，就必須從上帝自身開始；面對「神學，如何可能？」這一問題，這就是答案。只有上帝自己，才能使得我們對祂的認識成為可能；只有回到上帝那裏，才可以保證我們對祂的認識是恰當的，才可以恰當地確定神學的本性及目的。是以，韋伯斯特提出「神學的神學」，致力從三一上帝自身來疏解「神學，如何可能？」，以及神學的本性及目的這些問題，並由此而進一步認識上帝及那與上帝相關的一切。同樣，公共神學、政治神學、文化神學或生態神學也得回答「(公共、政治、文化、生態)神學，如何可能？」這一不可逃避的根本問題。

韋伯斯特在討論系統神學(以及任何神學研究的分部)是甚麼時指出：若要了解系統神學是甚麼，乃在於對神學的本性與目的有所掌握，而這又在於對理性的受造物的本性與目的之了解，但這種了解最終在於對上帝及其工作的了解。[6] 在韋伯斯特的眼裏，系統神學以及一切其他神學，包括公共神學、政治神學、文化神學或生態神學，其本性與目的只能由其認識的對象來作終極的規定，只能由所認信的神學教義的內容(三一、創造、墮落、復和、重生，以及其餘）來作終極的規定。[7] 基督教的一切神學（如系統神學、公共神學、政治神學、文化神學或生態神學）的序言（prolegomena），都是教義學的延伸與應用。[8] 這樣的說法，更表明基督教所認信的教義並不只是為系統神學以及一切其他神學提供材料，更是規範系統神學以及一切其他神學的思考。這是因為系統神學的序言是顯明此後討論的內容（what）、方法（how）與原因（why），[9] 但按照韋伯斯特對教義學與系統神學等之間的關係的看法，序言作為系統神學等的開端，並不能離開教義學而自己證立其對上帝言說的可能性，否則，這是一種對系統神學的可能性作出「先於教義的」探求（"pre-dogmatic" inquiry）。[10] 反之，教義的內容是使系統神學的序言得以思考此後之一切思考得以可能的條件，也同時規限系統神學思考的界限、內容與方式。

韋伯斯特這樣的講法，不單是對系統神學的限制，同時也是對一切神學研究的分部的限制，包括公共神學、政治神學、文化神學或生態神學。如果從這個角度來看，那麼任何公共神學、政治神學、文化神學或生態神學都只能夠是衍生的。公共神學、政治神學、文化神學或生態神學作為一種神學，跟系統神學同樣需要回答其之所以可能思考的條件是甚麼，其思考的界限、內容與方式是由甚麼來規限的。當公共神學、政治神學、文化神學或生態神學以護教神學的名義來為自己證立，它同樣難以避免如何可能及由甚麼來規限的提問。如果護教神學無須理會教義的內容而不受其規範，並反過來視教義之內容為要被證立的對象，那就陷入了如下的錯誤立場：護教神學乃教義學的序言。但是，韋伯斯特卻引述如下的講法：「教義學並不等待引言。」[11] 教義學的內容、教義，並不需要任何證立，因為其所涉及的是三一上帝自己，以及在三一上帝裏的一切事物。故此，系統神學、公共神學、政治神學、文化神學或生態神學，以及護教神學等一切神學研究分部的序言，都是教義學的引申及應用。

我們上述的討論，主要在於幫助弄清楚教義神學與公共神學、政治神學、文化神學或生態神學之間的關係。這種關係在於前者是首要的和優先的，後者則是次要的和衍生的。當然，這樣對兩者關係的了解，又建基於對神學的了解，然後才來對公共神學、政治神學、文化神學或生態神學作出定位。神學，首先並不由公共、政治、文化或生態論述場域的問題所決定，亦不由公共、政治、文化或生態的生活領域所隱含的終極問題（以及相應的形而上的—道德的原則）所決定，否則不單影響神學之目的，也影響神學的資源（sources）、論證的方式，甚至材料內容。[12] 韋伯斯特提醒我們，這涉及神學的存有論確信（ontological conviction）與認知的確信（noetic conviction）。他引用十七世紀改革宗神學家沃爾萊比施（Johannes Wollebius）的命題並予以闡釋：「神學的本性的原則乃是上帝；認識上帝的原則乃在於上帝的話語。」（The principle of the being of theology is God; the principle by which it is known in the Word of God.）[13] 沃爾萊比施講的這兩項原則，即韋伯斯特的教義學內容，是認信的對象而非證立的對象，因此韋伯斯特稱沃爾萊比施的兩項原則為首出的確信（principle conviction），[14] 而非衍生的。這首出的確信對做神學有決定性的影響。韋伯斯特進一步解釋第一項原則就是那被稱為「神學研究的對象具有古典的優先性」（the classical priority of the object of theological study），[15] 研究的對象既具有優先性，這就使得那些由詢問者之主體的條件所設定的提問方法存在疑問，[16] 因為上帝的存有並非神學提問的假設而是實在（reality），這實在主動構成並限制神學活動的場域。[17] 再者，神學之論述場域與神學家在這場域之中的活動——包括其文本、其解釋方式、評審標準、說服的修辭及方式——將由對上帝的言說（talk of God）所描繪。[18] 這裏對上帝的言說，指的是教義學對上帝及其行動（即內契三一與經世三一）認信的內容。神學——無論是系統神學、公共神學、政治神學、文化神學或生態神學，都不能離開對上帝的言說的規限而進行。否則，它就會淪為人性論／人類學及知識論底下的學科，而為一種自由科學，[19] 免於教義神學的介入。教義的規限使得任何種類的、分部的神學討論，都由其對象及對象的行動劃下活動的範圍及規定活動的方式，而不可以隨意逾越、增減或更改，這就進一步涉及第二項確信，即認識上帝的原則乃在於上帝的話語。

韋伯斯特解釋，這並不是說神學是由聖經的或啟示的教義所指引，而是更基本、先在的：神學家對「對象」的注視，是由那不可剝奪的**主體**（subject）所引導。[20] 神學的對象不是別的，而是上帝在耶穌基督裏透過聖靈的能力而終末地自我臨在，因此神學必須朝向這一主動的臨在，而其提問則同時在內容上及形式上由這臨在所決定、帶出及修正。[21] 這一原則是要確保神學之活動恆常以上帝的工作和話語為指涉，而避免落入失序的景況。[22] 神學知識只有跟上帝的工作與話語扣上關係，才得以可能而成為實在的，而為對上帝的真正知識。這確信是以第一項確信為條件的；這也就是說，神學作為對上帝的認識，首先由上帝自身及其行動所規定，這種規定是主題內容的規定。是以，神學是由其認識的對象自己規定自己為我們認識的對象，而不是由認識者來決定。這種規定屬於存有論確信，即所認識的對象的存有（being）、本性只由對象自身來決定，因此，神學作為對上帝的認識，其存有、本性也是由上帝所決定。由此而進一步涉及神學的第二項確信：認知的確信，即認識神學的原則乃在於上帝的話語。神學知識的獲取並非純粹是認知者的活動，反之，只有認識的對象介入這一認識的過程，才足以保證認知者不會落入自己玄思猜想的局面，上帝的話語「不致為人類認知者之心理學的與形而上學的語言所取代」。[23] 上帝的話語就是上帝的介入，神學作為對上帝的認識，也就不能離開上帝的話語來進行；只有這樣，神學活動才是可能的及實在的，而神學的存有、本性及目的方為我們所認識。我們由上帝的話語的介入、引導而認識上帝。這種介入、引導包括內容上的賜予，以及理性上的條理。因此，無論系統神學、公共神學、政治神學、文化神學或生態神學，都不能由其修飾詞「系統」、「公共」、「政治」、「文化」、「生態」等來決定神學的認識對象，以及認識神學對象的方法。就公共神學來說，即不能讓公共生活領域來規限上帝的本性、存有，以及讓公共論述場域來規限我們對上帝的本性、存有的認識。反之，公共生活領域與公共論述場域的本性、存有，都由神學的對象上帝以其本性與作為來決定，並由此而讓我們認識。公共生活領域涉及經世三一與人類生活的關係，公共論述場域涉及經世三一與人類思想、理性的關係；公共生活領域與公共論述場域的本性和意義，都由教義所認信的對象上帝及其作為作終極的決定。簡單來說，神學規定公共，意即對上帝的認識決定對公共的認識，這是因為認識的教義內容規定公共，意即上帝及其作為決定公共的存有、本性。

韋伯斯特並且進一步討論聖經與理性在神學活動之中的作用。他仍然在兩項確信/原則底下來展開討論，指出「聖三一乃基督教神學的存有論原則」（the Holy Trinity is the ontological principle of Christian theology），而基督教神學的外在或客觀的認知原則，乃是透過先知與使徒的大使工作而臨在的上帝話語（its external or objective cognitive principle is the Word of God presented through the embassy of the prophet and apostles）；至於基督教神學的內在或主體的認知原則，乃是聖徒那被救贖的智思（its internal or subjective cognitive principle is the redeemed intelligence of the saints）。[24] 聖三一是神學的存有論原則；至於認知原則方面，則進一步分為外在的與內在的，前者指的是聖經，後者指的是被臨在聖經中的上帝話語所拯救的理性。從韋伯斯特這分析來審視，在建構公共、政治、文化、生態等神學時，對聖經及理性所採取的立場很明顯是需要注意的。一方面聖經並非只是材料，為人類理性評審、分析，反之，韋伯斯特指出：上帝是神學的生效因，而聖經則為其工具因（God as the efficient cause of theology, Scripture as its instrumental cause）。[25] 上帝透過聖經而與人類溝通。人類認識上帝及其作為（包括在上帝手裏的一切事物），均不可以離開這一上帝透過聖經與人溝通的領域。故此，另一方面，神學理性絕不是自然、自主的，可以離開這一領域或超然高於這一領域而對聖經作出審視和分析。對韋伯斯特來說，神學乃是受造物的神學（creaturely theology），其可能性與真實性（actuality）只在於上帝認識祂自己及一切事物，[26] 因著上帝那愛的溝通行動，而使得一真正的受造物的認知歷史出現，就是上帝藉著子和靈而在時間中行動，[27] 與人溝通，以致我們可以理性地在上帝這溝通的行動中認識祂。上帝的溝通式啟示乃是屈尊的行動（revelation is an act of accommodation），這屈尊的形式就是聖經。[28] 因此，神學的理性就得跟隨上帝的話語——聖經，來認識上帝及其一切作為，而為釋經的理性。聖經作為神學的外在、客觀的認知原則，規範著內容、主體的認知原則——理性。神學由此即為「釋經神學」（exegetical theology），[29] 而可以認識神學的主題內容及評估任何的神學言說，無論是系統神學或公共、政治、文化、生態等神學。韋伯斯特就這一點如此寫道：「聖經乃神學的認知原則，其意思為：聖經是神學被引導朝向的場所，在其中找到其主題內容，以及評審對這主題內容的再現的規範。」[30] 如此一來，公共、政治、文化、生態等神學並不能只把聖經作為材料而受到理性所評審，反之，公共、政治、文化、生態等神學之理性運作必須受到聖經所指引與規範，並且首先在其中被聖經所指向、朝向之上帝的話語所殺死與復活，[31] 而為被拯救過來的理性，才可以恰當地再現聖經的主題內容：上帝及其一切作為（包括上帝手裏的一切事物）。

公共、政治、文化、生態等神學，怎麼可能？這是一個根本的神學問題。然而，要回答這個根本的問題，就必須追問一個更根本的問題：「神學，怎麼可能？」怎麼樣回答這個問題，就決定了怎麼樣的公共、政治、文化、生態等神學。由此，公共、政治、文化、生態等神學的問題，首先是一個神學的問題：神學的本性是甚麼？神學的目的是甚麼？而最終歸結為：神學，怎麼可能？公共、政治、文化、生態等神學的本性、目的及方法，必須對這些首要的問題作出思考及回答，才能進一步加以討論，作出規定。

在這裏，當代的神學家沃弗（Miroslav Volf）對解放神學和工作神學的反省，以及根頓（Colin Gunton）對政治倫理和生態倫理的判斷，正好對公共、政治、文化、生態等神學作出一針見血的提醒。

> 在「工作神學」和例如「解放神學」（theology of liberation）這類短句中，謹慎區分「神學」一詞的用法尤為重要。解放

> 神學把解放提升至反思總體神學的方法論原則這一地位上。解放神學並非針對人類生命某個層面進行的神學反思（後者是一種屬格神學〔a genitive theology〕），而是研究神學的全新方式。工作神學的任務則更質樸，它是屬格神學，因為它並未嘗試使工作成為支配性的神學主題，而只是從教義的角度進行探討。[32]

> 一種正確政治的和生態的倫理，只能是福音的結果，而非其證成或判準，因為世界跟上帝的關係必須主導我們對世界之內的諸種關係的了解。[33]

註釋

1. John Webster, *Word and Church: Essays in Christian Dogmatics* (Edinburgh & New York: T & T Clark, 2001).
2. John Webster, *Confessing God: Essays in Christian Dogmatics II* (London & New York: T & T Clark, 2005).
3. John Webster, *Holy Scripture: A Dogmatic Sketch* (Cambridge: Cambridge University Press, 2003)；中譯：約翰．韋伯斯特：《聖經：一個教義式的勾畫》，鄧紹光譯（香港：基道，2010）。
4. John Webster, *The Domain of the Word: Scripture and Theological Reason* (London & New York: T & T Clark, 2012).
5. 語出 Matthew Levering，見 *The Domain of the Word* 一書封底。
6. John Webster, "Principles of Systematic Theology," *International Journal of Systematic Theology* 11/1 (2009): 56。亦收於：Webster, *The Domain of the Word*, 133～149。
7. Webster, "Principles of Systematic Theology," 57.
8. Webster, "Principles of Systematic Theology," 57.

9. Webster, "Principles of Systematic Theology," 57.
10. Webster, "Principles of Systematic Theology," 57.
11. Webster, "Principles of Systematic Theology," 57.
12. Webster, "Principles of Systematic Theology," 57～58.
13. John Webster, "Theological Theology," in *Confessing God*, 25.
14. Webster, "Theological Theology," 25.
15. Webster, "Theological Theology," 25.
16. Webster, "Theological Theology," 25.
17. Webster, "Theological Theology," 25～26.
18. Webster, "Theological Theology," 26.
19. Webster, "Theological Theology," 26.
20. Webster, "Theological Theology," 26.
21. Webster, "Theological Theology," 26.
22. Webster, "Theological Theology," 26.
23. Webster, "Theological Theology," 26.
24. Webster, "Principles of Systematic Theology," 58.
25. Webster, "Principles of Systematic Theology," 59.
26. Webster, "Principles of Systematic Theology," 59, 60.
27. Webster, "Principles of Systematic Theology," 60.
28. Webster, "Principles of Systematic Theology," 61.
29. Webster, "Principles of Systematic Theology," 69.
30. John Webster, "Biblical Reasoning," *Anglican Theological Review* 90/4 (2008): 747。亦收於 *The Domain of the Word*。
31. Webster, "Biblical Reasoning," 746, 748.
32. Miroslav Volf, *Work in the Spirit: Toward a Theology of Work* (New York & Oxford: Oxford University Press, 1991), 75；中譯：沃弗：《在聖靈裏工作》，李望遠譯（台北：校園書房，2012），頁 106～107。
33. Colin Gunton, *The Christian Faith: An Introduction to Christian Doctrine* (Oxford: Blackwell, 2002), 107；中譯：根頓：《如此我信：基督教教義導引》，趙崇明、鄧紹光譯（香港：基道，2009），頁 128。

6.

論根源

基督教神學的根源與秩序

一、

已故英國神學家韋伯斯特（John Webster, 1955～2016）離世前已經出版其神學文集《無可比擬的上帝：研究基督教神學的草稿：卷一：上帝與上帝的工作》（*God Without Measure: Working Papers in Christian Theology: Volume I: God and the Works of God*）。就內容上來說，此書分兩部分，一如書名副題所示：第一部上帝在其自己，第二部上帝的外在工作，但韋伯斯特卻刻意為此文集撰寫了導論第一章，討論基督教神學的內容（"*Omnia ... Pertractantur in Sacra Doctrina Sub Ratione Dei*. On the Matter of Christian Theology"），明確地表示這本文集所收的文章都出於對基督教神學的共同看法，以及由此而規範地涉及：表達基督教真理的合理性（rationality）、各項教義的位置與比重。[1] 事實上，我們可以視此為韋伯斯特最後一篇文章，討論及表達他對基督教神學的根源與秩序的看法。

整篇文章不長，只有六頁，分為沒有標題的三小節，清晰而有序，這是韋伯斯特一以貫之的寫作特色。這三小節最長的是第一節，佔四頁，第二節佔兩頁，第三節則佔一頁，由此頁數之比重來看，第一節佔先，而事實上就內容來看亦是以第一節佔優，這完全相應於韋伯斯特向來重視本末秩序的強調，否則即容易落入神學思考失序的景況。第一節討論的是基督教神學的首要內容；「首要」是指到具有決定性的。這首要的內容就是上帝自身，並由此而決定其餘的一切基督教教義，[2] 以及一切基督教教義的合理性。第二節討論為甚麼上帝論與經世論（theology and economy），亦即內契三一與經世三一，或上帝的絕對屬性與相對屬性，這種先後秩序是合宜的，一切經世活動與相對屬性都要歸結到上帝自身，而不能倒轉過來。這明顯是承接第一節而來的引申討論。至於第三節則澄清，以神學本身（theology proper）即上帝自身之討論為首出的，不能貶低上帝外在的經世工作，亦因此進而為受造智性或理性劃下界限，即人類對上帝的認識確是有限的而非圓滿的，只能內在於上帝那溝通與拯救領域之中所作的神聖教導而為可能的。

這種按部就班、循序漸進的做法，絕對不是因為說理方便，卻在於事情的先本後末不能混淆。基督教神學作為對所認信的上帝的認識，絕對需要以上帝自身為決定性的首出。這也就是說，上帝自身在存有上（ontological）先於並決定祂的外在行動，方才出現人在上帝那溝通與拯救領域內對祂的認識。這是存有的秩序，雖然認識的秩序是倒轉過來的，但卻必須認定上帝的外在工作是受其存有（being）規定的，不能反過來，因為上帝的溝通與拯救行動是祂在其自己的作用（function），人對上帝行動的認識並不能絕對等同對其存有的圓滿認識。這裏出現了雙重的隱蔽與彰顯，一方面是上帝的存有與行動之間的，另一方面則是相應於上帝這種存有與行動的關係，而有人的不知與可知。

二、

基督教神學是再生、重生智性的工作成果，但卻得要神聖教導方才可以醒覺過來並被光照和啟迪，而思考上帝自己那無法超越的圓滿本性和工作（即父、子、靈的工作及其外在運作），以及思考那與上帝相關的萬有。[3] 上帝與受造物都是基督教神學的內容，但受造物是上帝的衍生，有其超越一切的根源，因此上帝自身是先於並規定其經世活動的，這就是神學內容的合理性，不容混亂。[4] 是以，基督教神學的系統就要按著這樣的合理性來安排：根源、衍生的過程、衍生物。[5] 根源指的是上帝在其自己或內契三一，衍生的過程指的是上帝外在的工作或經世三一，衍生物指的是上帝經世活動的成果：受造物。這三者的存有秩序是十分清楚的。

韋伯斯特在這裏借助宗教改革之後朱尼厄斯（Franciscus Junius）於一五九四年出版的《論真正神學》（*De Vera Theologia vera, A Treatise on True Theology*）、萊頓大學（Leiden University）於一六二〇至一六二四年因公開辯論而成的《純正神學概要》（*Synopsis Purioris Theologiae*; *Synopsis of a Purer Theology*），以及柯尼希（Johann Friedrich König）於一六六四年出版的《口傳神學內容》（*Theologia Positiva Acroamatica*），來深入仔細探討神學的內容以及其中的合理性。

朱尼厄斯以因果性（causality）來討論神學的本性，目的是表示神學研究的對象和目的不由尚未被塑造的受造智性所建立，反之，神學智性首先乃是面對外物的，它並不是自動的而是內在於受造的、恩典的與神聖教導的領域之中來工作。[6] 這種看法可以在朱尼厄斯論及神學的內容因／質科料因看到，而更為深入。簡單來說，神學的內容因／質科料因包括了上帝，以及以祂為指涉而安排的東西；換句話說，神學的內容，若非「上帝」為其直接因，就是「上帝」乃間接因：「屬於上帝」（of God）、「為上帝」（for God）、「朝向上帝」（toward God）或是「藉由上帝」（by God）。韋伯斯特由此而總結：「神學是獨特而統一的學問，在於其單一而複雜的對象：上帝及萬有都因為規定與上帝相關而得以可以學習。[7] 換句話說，沒有上帝及與上帝相關的受造物，就沒有神學，兩者之間是因果的關係。但是這種因果並不是亞里士多德（Aristotle）那種果必分有因的關係，而僅僅是一種規定的關係：對象規定了認知者對對象的認識。這樣跟認知者在認識的過程中規定對象不一樣。前者是對象規定認知者，後者是認知者規定對象，這是兩種相反的客觀主義（objectivism）。

萊頓大學的《純正神學概要》第六條辯論，要討論的則是：這樣的神學內容怎樣塑造基督教教義的題目與其呈現的合理性，即基督教的上帝論及其在其他教義之中的位置。[8] 上帝是基督教教義的首要題目，而其他東西則從上帝論推演出來。上帝不單是我們認識祂的根源，並且是認識其他事物的首出所在。因此，上帝論並非一連串神學題目中的其中一個，而是最首要的一個，並且是其他神學題目所不可少的首出所在。[9] 一切其他教義，都離不開上帝這個教義。

然而，上帝是甚麼（*quid sit Deus*）？還是上帝是誰（*quis sit Deus*）？兩者誰先誰後？《純正神學概要》並不同意由三一上帝在時間中的作為所顯現的身分為優先，這只注重上帝的生命對受造物的規定，相反，卻認為最自然不過的路徑，應該由內契而至及物（transitive）：（1）上帝的本性由其名字和屬性決定，（2）諸神聖位格及彼此之間的關係，（3）上帝外在的工作。[10] 韋伯斯特在此提醒這樣的安排，並非意味著 *de Deo uno*（一位上帝）高於 *de Deo trino*（三位上帝），單一的神聖本質（simply divine essence）與神聖三一（divine triunity）同樣是原初的。此外，把經世活動置於神學本身／上帝本身，也不是忽略了上帝的及物工作。上帝的神聖本質及屬性、內在行動，跟上帝在其以外的受造物所作的工，是無縫連接相關的。[11] 簡單來說，上帝自身先於上帝外在的工作，內契三一先於經世三一；前者決定後者，這是存有的合理性。

與此相類似的看法，亦見於柯尼希的著作，就內容來說，那是從神聖本質而至神聖能量，而為基督教教義的範圍與次序。就神聖本質來說，即檢視上帝的絕對屬性與運作屬性，只有檢視了上帝的絕對屬性：圓滿、偉大、統一、簡單，才能進一步了解那些關乎福音的屬性：神聖智慧與神聖心意，以及上帝的愛、恩典、憐憫、忍耐、聖潔與公義。[12] 要注意的是，柯尼希並沒有直接進到上帝外在的工作來認識，而是首先描繪上帝相對的屬性，方才進至討論神聖的運作，也就是說，先是上帝內在的行動，然後才是上帝外在的運作。[13] 在上帝的本質與上帝的外在運作之間的是上帝的內在行動，為甚麼要這樣討論？韋伯斯特指出，只有在上帝乃完全充足這背景底下，才能完全明白上帝的外在工作乃愛的工作與帶有目的的工作。只有認識上帝是誰，才能把握祂工作的分量；只有認識到上帝內在固有的完全，受造物的本性才能被揭示其自身是有益的及可知的。[14]

關於這種神學看法所引申出來的神學知識，韋伯斯特指出了兩點，一種是內容的，另一種是形式的。這種知識既是關於上帝的，那就是不可見的知識，而具有相信與智性的向度，特別其相信的特性使得神學知識有別於其他知識，因為相信的對象是不可見的上帝，其餘一切都倚靠上帝，相信以外的感官與理性也得倚靠這相信才能認識上帝。韋伯斯特由此而指出啟示一事不能跟啟示的形式或媒介等同；啟示不是歷史事實，啟示即聖子在時間中道成肉身，並不只是純粹的歷史事實，而是上帝的作為。當然，我們不能離開歷史形式來從事神學反思，歷史形式固然有其密度卻也有其目的，但也有其工具性格，是以我們對其思考也不能停留於此，而得考量啟示的原因，並視之為大使而領受之，不能以為歷史的顯現可以耗盡啟示的意義。[15] 所啟示者，乃不可見的上帝，如何可以約化至歷史事件；歷史事件作為工具，要指向的是不可見的上帝。神學作為一門歷史的學問，只在於視歷史乃為創造與救贖所決定的，而不是倒過來。[16] 這是神學知識在內容上的特性。

至於神學知識在形式上的特性，則關乎其系統性格。把基督教各項教義安排而成一個系統，是非常複雜的藝術，需要良好的判斷，好恰當地處理系統內每一元素的內容及比重，並注意其次序及關係而成一整體。具體來說，就是首先考量上帝的絕對屬性與相對屬性，方才處理其他元素。這是內容合理性決定系統內每一元素的先後次序。[17] 由此而可以保證系統的全面性與各元素的恰當比重，免得忽略某些元素，並如實地反映出各項元素彼此之間的關係。韋伯斯特特別提醒衍生的關係很重要，同樣反映內容上哪些是較為重要的元素，例如教會論是從神學的揀選論、基督論及聖靈論而生的。除此之外也要注意各項元素的正確因果次序、警覺元素之間的融貫關係、彼此的交錯、預告稍後出現的或是提醒先前已經討論的，以及某些教義（如三一論及創造論）不單有其自身的位置更同時滲透整個系統，形塑其他教義而讓其他教義反過來例示這些教義。[18]

三、

可是，上述韋伯斯特所言的合理性，並不是所有人都同意的。很可能在於這樣做好像把所有元素都約化成奠基性原因，而失去解說能力，未能發揮人類智能的圖式化及範疇化活動（schematizing and categorizing activity），尤其當中出現的因果關係；但上帝本身是在人類知識視野之外的，[19] 如何可能是一切的原因。此外，很多現代的教義規劃都堅持上帝的相對屬性那不可約化的確信，即基督教就只認信上帝乃外在工作的上帝，神學智性所要努力的焦點就只是這些工作。於是，就特別重視上帝的行動、其跟受造物在時間中的關係、高抬基督論、對基督教的形而上學沒有耐性。[20]

韋伯斯特卻指出，要把上帝在其自己跟在祂自己啟示行動中的上帝，融貫起來，並非高抬祂的經世活動，而是指出內在工作與外在工作的上帝，都是同一位上帝、同一位行動主體，或者兩者有連續的身分，不能分割。因此，最佳莫如首先思考上帝在其自己的無限深度，因為祂在時間中的行動是由此而出現的。如果把上帝的啟示行動視為原初的，那麼就很難完全理解了，未能充分把握上帝這一神聖施為者（divine agent）。上帝的外在工作總是滿盈有餘的，乃在於神聖施為者本身總是滿盈有餘的。[21] 這很明顯針對那些只滿足於經世活動並以之為足以認識上帝是誰的神學看法，但是韋伯斯特沒有否定或貶低上帝的經世活動，而是予以恰當的安頓。

如果神學本身/上帝本身與其經世活動的合理性被打亂了，那麼就會生出難題。韋伯斯特指出了兩個難題：其一是把首出性給予經世活動，而把上帝與受造物一併處理；其二是關乎如何理解經世活動。第一類難題只重視上帝及其受造物彼此之間的關係，認為最要注意的是上帝外在的行動，特別是其偉大的歷史行動。韋伯斯特卻指出，基督教教義所講的神聖單一性（divine simplicity）與從無造有，指向的是另一面：上帝與受造物是不可共置的、上帝在時間中的臨在與行動，並不意味著祂跟受造物的關係是真正的關係，因為如果沒有上帝內在的生命作為存有的根基，那麼一切都是虛假的。[22] 或許有人認為這樣的分別是抽象的，沒有把上帝理解為歷史的施為者，因而批評那些認為上帝與受造物是不可並置的看法，是抽象的。但韋伯斯特卻認為，要檢視抽象不是靠這樣的方式，而是藉賴通透的上帝論：上帝內在三一的豐盛與福佑，對此，受造物並不加添甚麼也不減少甚麼。[23] 這是回到上帝自身之豐富性，單一性並非數量上的意思，剛剛相反，乃是質素上豐富無比；只有單一才可以豐富。因此，一切都是上帝論。

第二類難題在於把上帝的經世活動置於神聖使命的場域之中，但是若只著意這一場域，則神聖使命仍是模糊不清的，需要指向神聖存有（divine being）及神聖流溢（divine precessions）。沒有在根源上認識神聖施為者的永恆本性與位格特性，就不會恰當地認識上帝在時間中工作的特性與所向（telos）。[24]「上帝是誰」這個認識決定了「上帝的工作」這個認識。

除此之外，從神聖使命而出的受造物歷史，也只能回到神聖使命的根源即上帝的智慧、心意與權能來了解。這受造物的歷史並非鐵板一塊的既予（given），其本性/存有由其從無而有來決定，因此要了解其特性就必須首先認識那位讓其出現的上帝。[25]因為從無造有，所以受造物的歷史會過去，這指向終結：一切事物的終結；有終結就有開始。這從無造有指向的是歷史的終結、時間的終結、歷史的有限性、時間的有限性。這歷史這時間乃基於某些歷史之前、時間之前的根源，這根源乃歷史的源頭、時間的源頭，[26]上帝自己就是這根源。只有回到這根源，才能清楚認識由神聖使命而生出的受造歷史。

四、

在最後一節即第三節，韋伯斯特提出兩項要小心注意的事情。首先，對神學自身即上帝自身首出性的強調，不能使得上帝外在工作的榮耀失去。韋伯斯特表示對上帝外在的工作及其受造物考量不足，將會引致心思未能充分掌握上帝論整個領域。[27]抗衡這種過分擴展神學自身即上帝自身的舉動，並非毫無準則地擴大經世活動，而是更仔細更切近地講述上帝在其自己。韋伯斯特指出，因為上帝是完全自足的、圓滿美好的，所以上帝在慈愛中行動、願意並創造其他實在（realities），是符合祂的本性的。[28]這是再次以上帝論來深化經世論，由此而確定上帝經世活動的重要性。是以，韋伯斯特說：「因為上帝是美好的，所以祂創造跟祂自己不一樣的東西。」[29]

第二，言說上帝自身可能引至不適當地誇大受造智性，忽略受造物對上帝的認識總是多層次的：傳統、習俗、構作、分類、圖式化、欲求等，以及認為離開人類的智性形式、態度與實作就不能認識上帝，這是一種神學的唯心主義（theological idealism），足以障礙我們認識那超越我們跟我們不一樣的對象——上帝。[30] 韋伯斯特提醒我們神學學問／神學知識（theological science）最佳莫如從它的有限性格取得幫助，從而遠離對圓滿知識的追求。神學不單承認其界限，並且要恆常記得自己是處於神聖教導的領域之內，而拒絕唯心主義那種把界限視為純粹是人自己心思的事情，而不是上帝在本性上是完全有別於我們的。但是，以神學學問／神學知識為有限的，就是承認限制而把自己置於上帝的溝通與拯救的因果性之中。雖然墮落，人的智性限制並沒有因此跟上帝失去連繫，或是上帝的護佑、再生與啟示是人的智性不能達到的。神學學問／神學知識是恩典的事業，雖然不圓滿，但是卻可以死而復生被聖靈聖化，足以修補缺憾以完成其認識上帝的召命。[31] 這一切都出於上帝自身及由此而有的外在工作。

五、

神學是否就在此終結？韋伯斯特寫有第二卷《無可比擬的上帝》，其副題為「德性與智性」（virtue and intellect），同樣於二〇一五年出版。[32] 這本文集開始時同樣有篇導論，講述教義的、道德的神學是甚麼。韋伯斯特認為這兩卷文集所處理的各有不同，但作為神學學問/神學知識，卻是一個圓滿的圓圈。卷一關心的是上帝的本性與位格，以及上帝內契活動與及物工作，卷二則考量上帝的受造物其道德及智性存有。[33] 要考量人的行動，首先並不是由踐行的－倫理的神學出發，而是由教義學（dogmatics）出發。因為教義學所關注的包括了受造物的生命在內，它檢視道德學問/道德知識（moral science）的首要原理：受造物的生命的首要原理，[34] 其與上帝在歷史中的關係。

具體來說，韋伯斯特表示教義學指出了受造物的道德本性、道德存有、權能以及施為者，但都在上帝作為其根源與所向底下來描述。韋伯斯特稱此為教義學的道德神學的任務。[35] 它關心的是人此一施為者的存有或本性，而非行動，而行動是隨存有而來的。[36] 這種道德神學是遍及整個教義學所有教義的，不限於神學人類學或是成聖論，是認識其對象——上帝——必然出現的。故此，道德的－神學的討論，是衍生自所有基督教教義的：三一論、創造論、護佑論、罪論、和好論、再生論、終成論，以及其餘；[37] 道德神學是教義學的必然元素。[38]

因此，韋伯斯特把教義學的－道德的神學（dogmatic-moral theology）跟踐行的－倫理的神學（practical-ethical theology）分別開來，在內容合理性上，前者先於後者；後者涉及行使慎思的智性、在特殊處境之中辨識如何行動，[39] 前者是教義學的延伸，關心的是道德施為者的存有、本性。踐行的－倫理的神學跟教義學的—道德的神學一樣，具有回溯性的環節，但前者回溯至後者，從「我們應該做甚麼？」回溯至「我們是誰？」然後再回溯至教義學：上帝及上帝的工作。韋伯斯特特別指出，因果性的合理性、非受造的與受造的存有的合理性，是跟思考合理性對反的，這在墮落的景況中是必然的。[40] 這就回到韋伯斯特恆常強調的內容合理性：教義學、教義學的—道德的神學、踐行的—倫理的神學，這一先後次序。

註釋

1. John Webster, *God Without Measure: Working Papers in Christian Theology*, vol. 1: *God and the Works of God* (London and New York: T & T Clark, 2015), 3.
2. Webster, *God Without Measure*, 1:4.
3. Webster, *God Without Measure*, 1:3.
4. Webster, *God Without Measure*, 1:3.
5. Webster, *God Without Measure*, 1:3.
6. Webster, *God Without Measure*, 1:4.
7. Webster, *God Without Measure*, 1:4.
8. Webster, *God Without Measure*, 1:4.
9. Webster, *God Without Measure*, 1:4.
10. Webster, *God Without Measure*, 1:5.
11. Webster, *God Without Measure*, 1:5.
12. Webster, *God Without Measure*, 1:5～6.
13. Webster, *God Without Measure*, 1:6.
14. Webster, *God Without Measure*, 1:6.
15. Webster, *God Without Measure*, 1:6.
16. Webster, *God Without Measure*, 1:7.
17. Webster, *God Without Measure*, 1:7.

18. Webster, *God Without Measure*, 1:7.
19. Webster, *God Without Measure*, 1:7.
20. Webster, *God Without Measure*, 1:7～8.
21. Webster, *God Without Measure*, 1:8.
22. Webster, *God Without Measure*, 1:8.
23. Webster, *God Without Measure*, 1:8～9.
24. Webster, *God Without Measure*, 1:9.
25. Webster, *God Without Measure*, 1:9.
26. Webster, *God Without Measure*, 1:9.
27. Webster, *God Without Measure*, 1:9～10.
28. Webster, *God Without Measure*, 1:10.
29. Webster, *God Without Measure*, 1:10.
30. Webster, *God Without Measure*, 1:10.
31. Webster, *God Without Measure*, 1:10.
32. John Webster, *God Without Measure: Working Paper in Christian Theology*, vol. 2: Virtue and Intellect (London and New York: T & T Clark, 2015).
33. Webster, *God Without Measure*, 2:1.
34. Webster, *God Without Measure*, 2:1.
35. Webster, *God Without Measure*, 2:1.
36. Webster, *God Without Measure*, 2:1～2.
37. Webster, *God Without Measure*, 2:2.
38. Webster, *God Without Measure*, 2:2.
39. Webster, *God Without Measure*, 2:1, 2.
40. Webster, *God Without Measure*, 2:3.

延伸閱讀：《如此我信》導讀*

哪一類讀者？哪一種幫助？

英國神學家根頓（Colin Gunton）的遺作《如此我信——基督教教義導引》（*The Christian Faith: An Introduction to Christian Doctrine*），雖然篇幅不多，但對一般的讀者來説，要通透地讀完全書，並非易事。

雖然這書的副題表明其只是導引，但是根頓要導引的對象大概應具備達致高年級神學生的知識水平。若果讀者欠缺這個

* 本文原載自：根頓：《如此我信——基督教教義導引》，二版，趙崇明、鄧紹光譯（香港：基道，2013），頁 v～viii 的「再版譯者序」。

背景，那麼看起來是非常吃力的。這個時候，一些更基本的導論，就成了先決的讀本了，例如麥格夫（Alister McGrath）的《基督教神學淺析》（*Theology: The Basics*；基道，2005）、奧爾森（Roger Olson）的《統一與多元的基督教信仰》（*The Mosaic of Christian Belief: Twenty Centuries of Unity & Diversity*；基道，2006）、約拿單．威爾遜（Jonathan Wilson）的《基督教教義淺析》（*A Primer for Christian Doctrine*；基道，2011），麥格夫及威爾遜的書特別為一般信徒又對教義沒有甚麼認識的人寫的。讀過中學平時又看書願意多思考一點的，《基督教神學淺析》及《基督教教義淺析》是不成問題的。如果說麥格夫及威爾遜的書像森林的整體素描，那麼奧爾森的就是對森林中的每一棵樹作出描劃，並且指出森林的邊界，邊界以外的是深淵無水之處。閱讀奧爾森此書，需要一點耐性，不可急就章。高年級的神學生應該看得懂的。它的好處是幫助我們在教會中回應各種似是而非、似非而是的教義難題。

見樹又見林，是需要時間的。看完上述兩本書，並不表示就可以立即通透。這個時候，除了反覆閱讀這兩本書之外，還可嘗試藉著另一些「導引」，幫助我們消化和定位原先所閱讀的。如果永遠停留在某一個水平來閱讀，我們不會有很大的進步。只有透過一個更高層次的視角/視野/框架，來重整我們原有的知識，才能進一步消化原有的知識。所謂消化，是指到當中各項細部找到自己的位置，又能彼此貫通起來，形成一有機的整體。

哪一種形式？哪一種架構？

根頓一書正好可以在這一方面幫助我們。讓我們先來了解一下《如此我信》的架構，或者說表達方式。首先我們要知道早期教會按著聖經書卷編排的次序，以及內容，來制定信經，表達大公教會共同（承）認（相）信的信仰。這些信經的結構是由三部分組成的。先是聖父的創造，接著是聖子的拯救，最後是聖靈的終末圓成。根頓此書是套用這樣的一種架構，來講述三一上帝的工作的。

這裏顯示了對上帝的認識，是始於上帝的工作，因此，當我們翻閱此書，要問的是，這位上帝作了甚麼奇事，才進一步探問，這位上帝是誰呢。從認識上帝的角度來講，我們只有隨著上帝的作工而揭示出來的，才能認識和思考祂是誰。這就是「隨之而思」（thinking after God's self-revelation in his triune economic activity）。這「隨之而思」意含著上帝在世的作工啟示是首要的，使得我們可以回轉注目於祂，方才能夠認識祂。這也暗藏著神學思考同時是追隨基督——上帝的自我啟示，作主門徒，心意因注目基督而不斷更新。

另一方面，我們需要存在心裏的，就是三一上帝的作工，從來都是聖父、聖子、聖靈一起來進行的，沒有一刻是須臾分離的。這是根頓全書對各項信仰要義或所謂教義作出探討的基本架構，或是起點。我們稱三一上帝在世的作工為「經世三一」（economic trinity），而三一上帝內在生命的互動則為「內契三一」(immanent trinity)。因此,聖父在創造中的角色是牽頭的,祂要透過聖子和聖靈來工作,聖子在拯救和聖靈在終末圓成的工作也是類似的。

這樣的架構,帶引出來的含意,就是三一上帝的工作是連續的,而不是各自為政的;而對三一上帝在世工作的討論,即教義,也不是互不相干的。這就涉及基督教信仰或教義的整全性、融貫性了。具體來說,根頓對三一上帝的創造、拯救和終末圓成之間的關係的了解,並非以後兩者為補救因人類背叛上帝所產生的失誤,從而歸回原初創造的美好。拯救是糾正受造世界因背叛而偏離正軌,引領受造世界重新朝向原初創造時所設定的方向發展,直至終末圓成,比原初創造更為美好。

在三一上帝的創造、拯救及終末圓成的框架中,根頓把相干的不同教義置於其中來討論,或者倒轉來說,在創造、拯救及終末圓成的工作中,分別涉及創造、護佑、男與女、基督的拯救和身分、教會及社會、基督徒的生命、最後勝利。這樣一來,根頓就把基督教諸教義安排得井井有條,各有位置,又彼此相連,從而顯出三一上帝的工作的融貫一致的特性。

哪一種文化?哪一種處境?

根頓這書的另一特點是許多教義著作所缺乏的,就是與人類文化與處境對話互動,而不是純粹單向地抽離地闡述一連串的論題和論據,或是認信與對認信的解釋演繹。根頓這樣的寫作有其好處，顯出基督教的教義並非不食人間煙火，而是有所對應與言說的。然而，根頓針對的，首先是昔日教義成形與流傳的文化與處境，具體來說，特別是希臘的宗教與哲學、啟蒙時代的哲學與科學。根頓致力分辨基督教教義跟其所處的文化與思想的差異，並這些差異帶來的含意，或重要性。這種含意或重要性不單是確立基督教信仰的獨特性或身分，也同時顯出其對人類社會文化的相干性、適切性。所謂相干性、適切性，即是基督教信仰為人類的社會文化發展提供一幅另類的圖畫、一條有別於現代與後現代的道路。

可是，正因為這樣的一種涉及，就對本書的讀者有所要求。顯而易見，要能充分欣賞根頓扣緊文化思想的處境來討論諸教義的精彩之處，相關的哲學、宗教和科學知識是不可少的。對於華人教會的讀者來說，這些西方古代和現代的知識，都不是熟悉的常識，因此在翻閱本書時不免有所隔閡。遺憾的是，這裏沒有捷徑。惟一的出路是補課。事實上，若我們缺乏西方古代和現代的知識，恐怕我們對後現代只會不大了了，更遑論基督教神學對其所涵有的批判意義了。

如此一來，如何讀通根頓的《如此我信》，首先不能不自問的是：我是哪一類讀者？我需要哪一種幫助？

第二部

（做）神學有甚麼元素？

7.

論理性 I

隨後而思的神學求知

一、引言

二十世紀新教神學巨人巴特（Karl Barth）的《教會教義學》（*Church Dogmatics*），當中蘊含了重要的神學知識論，亦即是「我們怎麼可以認識上帝」這個很根本的議題。但是巴特所講論的，並不是普遍的而是特殊的神學知識論。這是甚麼意思？簡單來說，巴特對這個議題的講解沒有訴諸人類／人性的普遍經驗或理性，或這樣的普遍那樣的普遍，或是訴諸這些普遍經驗或理性所建立起來的學科，例如哲學、史學、社會學、心理學。我們只要看看《教會教義學》的書名，就可以發現端倪。巴特要講的是教會這個信仰羣體的認信，裏面包含了「這個信仰羣體是怎樣認識上帝的」這個議題。因為教會這個信仰羣體持守特殊的信仰，不是所有人都這樣相信，所以是特殊的羣體也是特殊的信仰(要說知識也是信仰知識)。為甚麼巴特會有這樣的看法？如果對上帝的認識不是始於人，那麼自然就是始於上帝，那麼上帝怎樣使人認識祂這個在本體上／存有(being)上跟人不一樣的他者？

二、《教會教義學》之前巴特的思考

巴特這樣的神學思考方式，並非始於《教會教義學》。雖然我們在《教會教義學》卷一可以看到清楚的勾畫。巴特在《教會教義學》卷一第一部開始不久就清楚指出：教義學是置身於教會的範圍之中，只有這樣教義學才是可能的及有意義的。[1] 英國的神學家韋伯斯特(John Webster)表示，巴特這種看法早在他對安瑟倫(Anselm)的研究之中已經可以找到，而為一種形式的講法，至於《教會教義學》則是實現他對安瑟倫研究的成果。[2] 那麼，巴特從安瑟倫身上學到甚麼？簡單來說，巴特發現在安瑟倫那裏，神學是因為對「信經」(Credo)的認同而生發出來的，這信經即是教會對上帝那啟示的話語的認信，而不是認為神學乃是對教會及其認信作出批判的叩問。[3]

這裏涉及了巴特選取了某一種做神學的方法，而放棄了另一種做神學的方法。這種放棄，是放棄一條如韋伯斯特所講的進路：視「神學為批判地、超越地扣問基督教信仰的可能性」。[4]

這是視人的理性為超越的、自然的、可以站在絕對客觀的高度上去審視事物，而忽視基督教基本上認為人在墮落之後生命是全然扭曲的、背叛上帝的。[5] 這裏並非否定人的理性，而是否定人墮落後扭曲的理性。無疑，巴特在《羅馬書釋義》（*The Epistle to the Romans*, 1919）的確有不重視理性甚至有否定理性的嫌疑，[6] 因為他那個時候受祈克果（Søren Kierkegaard）的存在主義哲學影響。到了一九二〇年代晚期，巴特仍然視人對啟示的回應是存在主義式的，但卻逐漸發現他是借重哲學上的主體主義（subjectivist）而不是人自身的存在回應，這就表示讓存在主義哲學的概念、範疇滲入了福音，而不是由神學的內容：教義的內容、啟示的內容，來塑造神學，巴特對此甚為不滿。[7] 因此，這個時期的巴特其非理性乃是哲學上的非理性，仍然由基督教以外的理性方法來決定基督教的信仰內容。巴特自己就批評他的《羅馬書釋義》並非真正的釋經，因為都是哲學強加的解釋。[8]

安瑟倫在幫助巴特重新定位理性在做神學上的作用，扮演了很重要的角色，使得巴特所反對的只是獨立的、哲學的理性觀念，[9] 也就是啟蒙運動倡議的理性：知識的獨立來源、[10] 自主的理性，[11] 而並不反對人使用理性去認識上帝的啟示，或者嚴格地說，並不反對人在上帝啟示所更新的理性底下，去認識上帝的啟示。

那麼，安瑟倫怎樣看理性？跟教會羣體所認信的信經又有甚麼關係？

三、安瑟論的三層理性觀

在這裏我們借助根頓(Colin Gunton)的《巴特講課》(*The Barth Lectures*),來介紹安瑟倫對巴特的幫助。

首先,在安瑟倫看來,信仰意即信靠教會的權柄。雖然安瑟倫講的教會是宗教改革之前的中世紀教會,但是他並不以為教會或教會的權柄是封閉的。一方面他認為在一定程度上教會持守的信經是獲取上帝知識的鑰匙,另一方面他又認為這仍然是開放的,雖然上帝已經讓自己被人認識,但是我們仍得以自己的方式去了解、認識祂。[12] 這裏的重點是,上帝已經讓自己被人認識,而我們可以透過教會所持守的信經來認識祂。教會所持守的信經是不可以忽略過去的,為甚麼呢?這涉及信經是甚麼?

對於安瑟倫來說,信經是對上帝話語客觀的述說,因此具有客觀/客體的合理性/理序(objective rationality),亦即其所說的,是反映了信仰對象本身即上帝本身的合理性/理序。[13] 但是我們仍然要記得,這信經是開放的、暫時的。信經是客觀/客體的理性(objective reason)。我們自身具有的理性,對於安瑟倫來說,則是主體/主觀的理性(subjective reason),是處理經驗、形成概念,以及判斷的能力,但是其得出的看法之所以為真或正確的,則在於是否反映事物本身。因此,我們的理性的正確性不在於我們的理性自身。[14] 但是,我們怎樣才可以正確認識上帝呢?安瑟倫認為這來自最高理性、理性自身,就是上帝自己。上帝自己作為最高的理性，幫助我們人類主體的理性，去掌握信經的客觀/客體的理性。[15] 我們的責任或神學家的責任，就是透過信經這中介去建構我們主觀/主體的看法，足以反映上帝本身，但其正確性不在於人的理性本身，而在於上帝自己。[16]

安瑟倫對理性的看法，是層級性的，最低層次的理性是人類主觀/主體的理性，中間層次的是客觀/客體的理性，最高層次的是理性本身、上帝自己。這跟理性主義只著重人的理性，或是德國唯心主義（German idealism）認為人的主觀/主體理性在本質上就是絕對理性，完全不一樣。在這裏我們可能提出問題，就是為甚麼我們對上帝的認識，要透過教會所持守的信經？正如之前提過，信經是對上帝話語——亦即祂的自我啟示——的客觀述說，也是教會羣體的傳統，亦即是說，我們是透過教會這樣的客觀理性的傳統，在上帝的幫助底下使用我們主觀/主體的理性，來認識祂述說祂。這上帝的話語或祂的自我啟示，就是聖經所見證的，而信經是對聖經所見證的、所指向的上帝話語式自我啟示，所作的客觀述說。

總的來說，巴特的《羅馬書釋義》本質上是相當非理性的，就是啟示並非由理性可以掌握的，但是後期的巴特卻要感謝安瑟倫，藉著上帝的幫助，理性可以把握祂的啟示。[17] 這幫助包括了兩方面，一方面上帝屈就自己以人所能認識、了解的方式啟示祂自己，另一方面上帝幫助人的理性以致能夠按著上帝的自我啟示來認識祂。由此而言，則可以說：啟示乃上帝理性地啟示祂自己。[18]

四、《教會教義學》的入路

現在的《教會教義學》尚未完成，但已經是四卷十三冊之多（包括索引一冊），數以百萬字。巴特是宗教改革之後的神學家，根頓特別指出他要面對兩種情況。第一種情況是宗教改革帶來基督教之間的崩潰，以及啟蒙運動：對教義的批判；第二種情況是士來馬赫（Friedrich Schleiermacher）把教義學轉移至宗教經驗並以之為基督教的核心。第一種情況是：基督教再無共識；第二種情況是：基督教不再是神學。[19] 那麼，巴特如何開始他的《教會教義學》? 他從宗教改革之後的改革宗和信義宗神學家發現，很多都以討論聖經來開始講論教義學。為甚麼巴特認為聖經是教義學的入路？根頓認為有兩個原因，一個涉及中世紀的神學傳統，另一個涉及士來馬赫的神學。前者在於抽離人類的被拯救來理性地講論上帝，但聖經並非這樣論上帝。後者在於認為宗教是經驗的概念而不是神學的概念。巴特以聖經開始他的教義學，因為聖經中的上帝是拯救的上帝，而不以神學開始則不會走在神學的路上。[20]

以聖經為教義學的入路，顯示了巴特的神學特色，就是視神學為尾隨上帝啟示事件的思考（nachdenken），這也是科學的神學（scientific theology），而這上帝的啟示則在聖經中可以看見，因為聖經就是上帝話語的顯現、記錄、見證。[21] 根頓稱巴特為反對基礎主義（foundationalism）的，即反對把神學建基在俗世的或非神學的基礎上。[22] 換另一種講法，就是把知識/科學（science）建基於對象（object）本身上面，這才是科學的，因此神學之所以為「神學地科學的」，只在於它由自身的對象（subject-matter）開始，而非假手於其他學科。這種科學知識就是跟隨認識對象後面來獲取知識的，[23] 因而可以修正人之前的了解，而不是人的主觀/主體理性獨斷地決定了認識的對象是甚麼。面對士來馬赫及中世紀的經院哲學，巴特回到聖經去開始他的教義學。

但是，為甚麼巴特不是在社會或大學而是回到教會做神學。一方面這涉及了基督教王國之後的神學，另一方面則涉及了教義學對神學的定義。歷史地說，基督教王國瓦解之後，整個社會對神學並沒有共識甚至可以對之質詢、批判，並不認同它是一個大學的學科，所以慢慢、逐漸失去其社會地位、基礎。因此，神學惟一可以安立的地方就是教會。神學作為智性的學科，是根源於信徒這個特殊羣體，所以巴特稱其教義學為《教會教義學》。但由此巴特亦調整了神學的自我形象，即神學不是要解決世界的所有問題，它只是一個特殊羣體所產生出來的信仰理解。這是其中一個原因為甚麼他回到教會之中去做神學，因為整個社會已經不是信奉基督教的了。[24] 另一個更為基本、內在的原因，則涉及了《教會教義學》自己怎樣看教義學。

在《教會教義學》卷一第一部第一章〈教義學的任務〉章題之下就這樣寫道：

> 作為一門神學學科，教義學是基督教會對其關於神的獨

特談論內容之科學化的〔智性上負責任的〕自我檢查。[25]

在這裏巴特表明教義學是教會的自我檢視，而檢視的對象是她那獨特的有關上帝的言說，並且教會要在智性上負責任，即科學化地檢視，即要按照信仰的對象來檢視自己對祂的認識，而這是教會之所以為教會的原因。因為教會相信上帝，所以她要按照她所相信的上帝的啟示，來檢視自己對祂的認識。教會對上帝的言說，其方式必然有別於無神論者對上帝的言說，而神學必需對此有所意識。因為前者的起點是相信上帝，後者則否。[26] 離開教會羣體來言說上帝，只會落入哲學的、社會學的、心理學的、史學的言說，而不是神學的言說。就這一點而言，正是呼應上述的第一點。基督教王國之後的社會不再只以基督教為其信仰，那麼在其中如何可以以相信上帝為出發點來談論上帝？在不以基督教為信仰的社會之中，只能回到以基督教為信仰的教會中，方才可言說上帝。

五、《教會教義學》卷一的思考進程

現在我們嘗試了解一下巴特《教會教義學》的思考進程，我們仍然借助根頓很有洞見的觀察。簡單來說，這就是從上帝的自我啟示開始，然後回到上帝本身，再進到上帝的創造和復和。這可以從《教會教義學》四卷的書名看見：

卷一：論上帝的話語

卷二：論上帝

卷三：論創造

卷四：論復和

（卷五：論救贖）（未寫完）

這是從上帝的行動開始而至上帝的存有（being），沒有上帝在時間中的啟示行動，即在耶穌基督身上的自我啟示，如何可以認識那在永恆中的上帝。巴特因著安瑟倫的啟發，就從上帝的啟示行動中所顯明或證明上帝是誰，因為上帝的啟示是自我啟示，而不是啟示其他東西；祂的啟示就透過自己來啟示祂自己，所以由上帝的話語這啟示的行動而進到上帝的本性，即由論上帝的話語進到論上帝本身，由卷一而至卷二。但巴特並沒有就此停下來，他跟著由上帝的存有、本性來了解上帝在時間中的創造、復和以及救贖（即終末）的行動，這即由卷二而至卷三、卷四（及卷五）。[27] 這個思考進程很值得細心咀嚼。

根本上，巴特的方法是後驗的（*posteriori*）而不是先驗的，意即是後於人對上帝的經驗而不是先於人對上帝的經驗，否則人對上帝的認識就只會是空想、猜測。並且人對上帝的經驗不是出於人自己的，而是出於上帝對人的啟示，以致人可以對上帝在耶穌基督裏的啟示作出回應，而有神學，即因為有了對上帝的認識，而可言說上帝。是以，沒有上帝對人的啟示，就沒有神學，人不可能認識上帝、言說上帝。在這個意義之下，《教會教義學》卷一第一部和第二部，就可以稱之為《教會教義學》的前言，因為其書名是「論上帝的話語」，講的就是上帝對我們說話，即啟示祂自己，而神學家/神學人的責任、工作是恰當地聆聽與回應，這就是神學的責任、工作，[28] 這是巴特在《教會教義學》的基本觀點。但是問題馬上來了，上帝的話語是甚麼？巴特用了長長四章來解釋上帝的話語是甚麼意思：

第一章　上帝的話語作為教義學的判準

第二章　上帝的啟示：第一部，三位一體的上帝

第二章　上帝的啟示：第二部，道成肉身的話語

第二章　上帝的啟示：第三部，聖靈的澆灌

第三章　聖經

第四章　教會的宣講

要注意的是，巴特把上帝的啟示分為三部分來討論：三位一體的上帝、道成肉身的話語、聖靈的澆灌，也就是表示上帝的啟示要從三一上帝、道成肉身和聖靈澆灌來了解。所以嚴格來說，《教會教義學》卷一只有四章：

第一章　上帝的話語作為教義學的判準

第二章　上帝的啟示

第三章　聖經

第四章　教會的宣講

第一章的章題表明了上帝的話語是教義學或神學的判準，無論是對上帝的回應和言說，或對上帝的回應和言說的反省，都離不開上帝的話語這判準。由此可見，對於巴特來說，離開上帝的話語，就沒有教義學或神學。早在第一章第四節，巴特已經講解上帝的話語是甚麼，就是很多人都知道的上帝話語的三重形式：宣講的上帝話語、成文的上帝話語——巴特的聖經論由此開始、啟示的上帝話語——啟示的本性。這三重形式對應著安瑟倫的三個層次的理性觀：[29] 主體／主觀的理性、客觀的理性、理性／上帝本身。

由第一章第四節的上帝話語的三重形式，進而講到上帝的啟示，即第二章第一部的三一上帝、第二部的道成肉身和第三部的聖靈，然後在卷一的第二部即第三章第四章討論聖經和教會的宣講。我們可以說，第二章〈上帝的啟示〉是對應上帝話語三重形式的「啟示的上帝話語」，第三章〈聖經〉是對應上帝話語三重形式的「成文的上帝話語」，第四章〈教會的宣講〉是對應上帝話語三重形式的「宣講的上帝話語」。這種相應是一種更為深入的討論，或是螺旋性的深入討論。

第一章　上帝話語作為教義學的判準

第 4 節　上帝話語的三重形式

1. 宣講的上帝話語

2. 成文的上帝話語

3. 啟示的上帝話語

第二章　上帝的啟示

第三章　聖經

第四章　教會的宣講

我們可以看見它們彼此之間出現交义對應的結構。

從現實來說，的確是由宣講話語而至成文話語再而至啟示話語，但是宣講話語依賴成文話語，[30] 成文話語指向耶穌這作為上帝話語本身，即啟示。[31] 因此，我們可以說，上帝話語——耶穌、上帝的啟示，為最基本的，成文話語和宣講的話語都是由啟示話語衍生出來的，其中宣講話語更由成文話語所構成。[32] 在這個講述之中，我們可以看見巴特是層層推進的，並且需要注意的是，巴特認為成文話語的聖經所指向是上帝的啟示，它見證耶穌基督，而耶穌基督就是上帝的啟示本身，就是上帝的話語本身，當聖經見證或指向基督，她就成了上帝的話語，可以稱為成文的上帝話語。[33]

上帝就在基督裏向我們揭示、啟示祂自己，這是一個在時間之中發生的事情，根頓就問：這是甚麼意思？於是這就進入《教會教義學》的第二章〈上帝的啟示〉，包括了三一上帝、道成肉身、聖靈。[34] 根頓對第二章第一部三一上帝的頭兩節，即第 8 節「上帝在其啟示之中」及第 9 節「上帝的三一性」，分別以「經世」三一（economic trinity）與「內契」或「存有／本體」三一（ontological trinity）來了解。這不單表示應該以經世三一來了解上帝的啟示，即上帝在時間中的耶穌基督來啟示祂自己，更加歸之於內契三一。巴特以三一上帝的經世活動，來解釋上帝如何在時間中揭示祂自己。簡單來說，父透過子啟示祂自己，而為聖靈加諸人的身上，[35] 上帝這種做法或行動並非任意的，而是出於祂自己的本性，故此有需要討論內契三一或本體三一。這是把對上帝的認識最終安立在三一上帝的本性之中，而不只是止於三一上帝的經世啟示或溝通。在這裏，巴特並非形式地討論人怎樣認識上帝，而不涉及上帝是誰的問題。剛剛相反，根據聖經所見證的，教會所認信的上帝是三一的上帝，祂的本性是三一的，行動也是三一的。這是一個錢幣的兩面。但是內契三一是經世三一的根基，沒有內契三一，經世三一就失去根基、規範，而為隨意的，引申出來的後果就是這樣的上帝不可信，因為表裏不一。是以，巴特在《教會教義學》卷一，是以三一論為基礎、框架來討論人為甚麼可以認識上帝，這就不是方法先行，而是內容先行。

我們在之前曾經說過，巴特神學的特色是視神學為尾隨上帝的啟示事件來思考的，這不單指到對「上帝是誰」的認識，也指到對「上帝怎樣工作」的認識，因此「人怎樣認識上帝」這個問題，也必然是「隨後思考」的，而非先於三一上帝的自我啟示。三一上帝是我們認識祂的根據，沒有三一上帝就沒有上帝的知識。由此而言，神學是我們對上帝的祂那自我解釋（即三一上帝的經世啟示）的解釋。上帝在祂的啟示之中向我們解釋祂自己，我們的回應就是忠心地解釋祂。然後，我們進而由相信而至理解，即是由感恩地接受上帝的啟示，而嘗試盡力理解這啟示對上帝對我們自己的意思。[36]

六、結語

巴特在《教會教義學》討論的是教會羣體的信仰，包括了她是怎樣認識、思考上帝的。但是他的方法是後驗的，即後於上帝向她啟示使她可以認識、經驗上帝，而不是反過來先於上帝的啟示。因此，教會羣體在認識上帝的工作和身分，在反思自己對上帝的工作和身分的認識，都是始於上帝自己。沒有了上帝自己，人就不可能認識上帝，以及認識自己是怎樣認識上帝的。《教會教義學》卷一，就是對教會羣體認識自己如何認識上帝所作的講述，這種講述正正是隨後而思的。這種隨後而思是理性的思考，即按著事物或事情本身的理性來思考，從而形成自己的主觀/主體理性的看法。這是不一樣的理性觀，並非由人的主觀/主體理性獨斷地決定，而是由所認識的對象來決定、所給予、所修正。換句話說，首出的不是認知者，而是被認知的對象。在《教會教義學》之中，上帝就是以人可以認識的方式向人啟示祂自己，在聖靈的加力之中，人聽到上帝的話語，並運用自己的理性去接受並進而理解這從外而來的啟示。這就是隨後而思的意思。我們可以說，這樣的隨後而思，正是巴特在《教會教義學》之中所講的神學思考。

註釋

1. Karl Barth, *Church Dogmatics*, vol. 1: *The Doctrine of the Word of God, part 1* (London: T & T Clark, 1961), xiii.
2. John Webster, *Karl Barth* (London and New York: Continuum, 2000), 51.
3. Webster, *Karl Barth*, 51.
4. Webster, *Karl Barth*, 51.
5. 參韋伯斯特：《聖潔神學》，陳永財譯（香港：基道，2006），第一章〈神學的聖潔〉。
6. Colin Gunton, *The Barth Lectures*, ed. Paul Brazier (London: T & T Clark, 2007), 65.
7. Gunton, *The Barth Lectures*, 42.
8. Gunton, *The Barth Lectures*, 42.
9. Gunton, *The Barth Lectures*, 51.
10. Gunton, *The Barth Lectures*, 53.
11. Gunton, *The Barth Lectures*, 54.
12. Gunton, *The Barth Lectures*, 58.
13. Gunton, *The Barth Lectures*, 59.
14. Gunton, *The Barth Lectures*, 57～58.
15. Gunton, *The Barth Lectures*, 59.
16. Gunton, *The Barth Lectures*, 60.
17. Gunton, *The Barth Lectures*, 62.
18. Gunton, *The Barth Lectures*, 62.
19. Gunton, *The Barth Lectures*, 68.
20. Gunton, *The Barth Lectures*, 69.
21. Gunton, *The Barth Lectures*, 69.
22. Gunton, *The Barth Lectures*, 69, cf. 54.
23. Gunton, *The Barth Lectures*, 69.
24. Gunton, *The Barth Lectures*, 70.
25. 卡爾・巴特：《教會教義學（卷一）神道論（一）：§ 1～7 神的道作為教義學的標準》，王建熙譯（香港：天道書樓，2019），頁 3。
26. Gunton, *The Barth Lectures*, 10～11.
27. Gunton, *The Barth Lectures*, 90～91.
28. Gunton, *The Barth Lectures*, 71.
29. Gunton, *The Barth Lectures*, 71～72.
30. Gunton, *The Barth Lectures*, 73.

31. Gunton, *The Barth Lectures*, 75.
32. Gunton, *The Barth Lectures*, 75, 73.
33. Gunton, *The Barth Lectures*, 74.
34. Gunton, *The Barth Lectures*, 75.
35. Gunton, *The Barth Lectures*, 79.
36. Gunton, *The Barth Lectures*, 91.

8.

論理性 II

聖潔的理性

一、

英國神學家韋伯斯特（John Webster）在二〇〇三年出版了 *Holiness* 小書，[1] 內容是基於他一年前北美的講座，中文譯本《聖潔神學》則於二〇〇六年出版。[2] 正如韋伯斯特在本書引言中表示，這「實際上是一個關於教義神學（dogmatic theology）的小小練習」。[3] 全書共分四章，從第二章的「上帝的聖潔」、第三章的「教會的聖潔」到第四章的「基督徒的聖潔」，以「聖潔」為核心來貫徹地討論上帝、教會以及個別基督徒，展現了一種基督教神學的秩序（theological order），而這種秩序的根源則在於上帝自身，而可稱之為聖潔的上帝。韋伯斯特在此書中文版序建議上帝的聖潔有兩重特性：「首先，聖潔是純潔（purity）和完美（perfection），即是上帝在祂自己裏面身為聖父、聖子和聖靈；其次，聖潔是上帝分別受造物出來與祂團契而被知曉。」[4] 上帝自身的聖潔是存有論（ontology）的問題，由於上帝自身的聖潔而有外在的聖潔的及物行動：把受造物從墮落的狀況中分別出來，而跟其團契相交而被認識。上帝是聖潔的，祂要求並且介入其受造物把它分別出來使其聖潔，神學作為對上帝自身及其外在作為的講述，也自然應該是聖潔的。

因此，韋伯斯特表明，在開始神學思考這個任務之前，先停下來，考量神學的聖潔是甚麼意思，[5] 所以《聖潔神學》一書的第一章就是「神學的聖潔」。對神學本身作出思考，就是一種神學思考；如果神學思考必須是聖潔的，那麼對神學本身的思考也必須是聖潔的。因此，對「神學思考」的規限也同樣適用於對「神學本身的思考」的規限。因此，《聖潔神學》第一章對神學的規限，也就不止於對思考上帝的規限，亦包括對反思神學的規限，即對「神學本身的反思」的規限。

韋伯斯特提出了一項由七部分組成的命題，來討論神學的聖潔是怎樣的一回事，也即是，神學要是聖潔的，就該是一種怎樣的運用：

1. 基督教的〔……〕神學是聖潔理性的一種運用；
2. 它的脈絡處境（context）和內容都在神聖三一啟示的臨在中；
3. 而這臨在是在聖經中發動的；

4. 它是在敬虔地倚賴聖靈下接受的歷險；
5. 是在聖徒的團契相交中的一種運用，為上帝聖潔子民的認信服務；
6. 是一種工作，在其中聖潔因為敬畏上帝而得以圓滿；
7. 而它的目的是讓上帝的聖名得以聖化。[6]

基本上，這七項內容，按照韋伯斯特的解說，可以分為兩組：第一至第三條內容是一組，第四至第七條為第二組。[7] 這兩組實是一項命題，而這項命題要講的則是聖潔理性，因為基督教的神學是聖潔理性的一種運用。是以除了第一條內容之外，其他六條內容都是解說這聖潔的理性。第一組把聖潔的理性置於神聖三一的啟示性溝通－拯救活動之中來了解，這涉及了三一上帝感動先知和使徒所寫下的成文話語——聖經。這可以說是站在基督教的信仰立場上為聖潔理性定位。在這個定位之後，韋伯斯特再進一步闡釋聖潔理性行動的動力、行動所在的羣體、行動的態度與目的。這第二組的四條內容是聖潔理性實際運作時的條件，使得聖潔理性能夠完成三一上帝所委派的任務。下面我們就按這兩組的七條內容來仔細闡述韋伯斯特所講的聖潔理性，如何可以服事神聖三一的經世溝通－拯救活動。

二、

韋伯斯特從人的理性開始，表明基督教神學不是從天而降，無須受造人類的參與。但他並不只是說理性而是聖潔的理性。這樣的說法自然隱含著有所謂非聖潔的理性，然而這並非表示有兩種性質不同的理性，而是一種理性的兩種狀況。這種對理性的了解，是從基督教神學那管治其自身的福音認信出發來判定的，就是人類整體包括理性在內，都置身於罪與復和的歷史之中，[8] 沒有例外。韋伯斯特在這裏特別分析墮落後理性的特性，以及原因，進而指出理性同樣需要成為聖潔的，因為罪使得人類整個生命包括理性和良心、意志和感情，都被扭曲而需要上帝的恩典所克服。[9] 這復活的歷史就是教會羣體對福音的認信：三一上帝的經世溝通—拯救性活動。

那麼，墮落的理性在現代有甚麼表現、樣貌？韋伯斯特指出兩種特性：自然的（natural）和超越的（transcendent）。簡單來說，就是認為理性是人類所擁有的能力，沒有墮落，因此不用上帝的拯救，既不需要被審判，也不需要復和或成聖，所以又被視為超越的，即不在歷史之內受其塑造，但卻可以遠離歷史而對歷史作出判斷；超越的理性在一切可能的信念之外，是至高的智性立法者，只對自己負責而不向任何事物負責。[10] 這無疑是把理性及其運作，從上帝跟受造物打交道的經世活動之中抽離出來，而不以自己為受造的，更不以為自己已經墮落需要拯救而與上帝復和並走在成聖的道路上。這樣的看法，是把理性獨立於一切之外而只就理性自身而論理性自身，於是理性就成了至高者。但是基督教的福音認信，卻認為沒有甚麼可以離開上帝而可以是自然的與超越的，在這裏只有創造主與受造物，因此，理性也是受造的，而隨著人類墮落而一起背叛上帝。是以，韋伯斯特強調不能離開罪與復和的歷史來了解理性。

這受造理性成為聖潔，就可以被三一上帝所使用，而韋伯斯特就表示基督教神學是聖潔理性的成果。[11] 這聖潔理性是終末式理性，在三一上帝那審判、稱義和成聖的歷史中被轉化、更新，而朝向終末。這樣的理性並非靜止而圓滿、不假外求。並且這聖潔理性，如韋伯斯特所講，如果保羅所說的「心意更新」（羅十二 2）是可見的，那麼它也是可見於基督教神學。[12] 因為聖潔理性是終末式的，自然基督教神學也是終末式的；沒有一成永成而為聖潔的理性，自然也沒有一成永成而為圓滿的基督教神學。

正如上述所講，韋伯斯特認為基督教神學是聖潔理性運用的成果，要認識及講述的是上帝及跟上帝相關的一切，那麼這種服事涉及甚麼必要的條件？這種要求特別的工作有甚麼特點？[13] 前一個問題是第二條第三條要闡釋的，後一個問題則是第四條到第七條所討論的。現在我們首先進入第二條及第三條韋伯斯特所闡釋的，他直接地表明：「（上帝）的溝通性令神學變得可能，祂就是神學的必須條件（*conditio sine qua non*）。」[14] 韋伯斯特花了最多篇幅在這第二條身上，可見其對於聖潔理性在做神學一事上的重要性：沒有上帝就沒有神學了。那麼，為甚麼上帝使得神學成為可能？祂是一位怎樣的上帝，使人可以認識祂並言說祂？這關乎上帝自我溝通（self-communication）的特質。由此而有溝通性臨在，這溝通性臨在就是啟示性臨在，只在於三一上帝的主權與恩慈。[15] 三一上帝這溝通性、啟示性臨在一方面使得聖潔理性可以做神學，因此是聖潔理性事奉上帝所處的脈絡處境，離開這一脈絡處境，理性就不可能成為聖潔而為上帝所用；另一方面也決定了基督教神學的內容，那麼理性就不創造其內容而是接受由溝通性、啟示性臨在所給予的來思考。[16] 這兩方面分別指向這臨在的目的與領域：建立拯救性的團契與限定了聖潔性思考的內容。[17]

三一上帝的自我臨在，雖然是溝通性、啟示性臨在，但並不是傳遞隱藏的真理，而是顯露上帝祂自身。上帝既是啟示行動的位格主體（personal subject）或施為者（agent），啟示的內容也是上帝自己的實在（reality）。[18] 韋伯斯特說得好，這樣的啟示其目的是「克服人類的反對、疏離和傲慢，以對上帝的知識、愛和敬畏取代。簡單來說，啟示就是復和」。[19] 人若不與上帝和好，而被更新、轉化，理性如何可以成為聖潔的？上帝的啟示性臨在，就是要建立拯救性的團契相交，而這人與上帝之間的團契相交不單是認知性的，同樣是道德性和關係性的。[20] 沒有關係的復和，也就不可能取消溝通的分隔；沒有取消溝通的分隔，也就不可能認識上帝和言說上帝。這一切之所以可能，又在於上帝自身就是溝通的上帝，因此而有溝通性臨在，從而啟示祂自己乃一溝通的上帝，即在拯救性、復和性團契的建立之中揭示、顯露祂自身的溝通本性。

三一上帝的溝通性、啟示性臨在不單使得理性得以與祂復和，成為聖潔的，更規限了其運用的領域，這就是其思考的內容，韋伯斯特因此十分反對視基督教神學為智性上脫離上帝的啟示性臨在的活動。[21] 他尤其反對現代的神話，以為理性可以離開上帝臨在的領域而得以運作。文化、知識或政治情況，都不是召喚我們從事神學思考的主。無疑，神學的智性工作還有其他脈絡處境、決定因素和規限，但這一切都得從屬於上帝祂那規管性的言說。[22] 簡單來說，理性不能脫離三一上帝啟示性臨在這領域來思考上帝，它只能在這領域之中才能思考上帝所啟示的內容：上帝這對象（object），但這對象永遠是主體（subject）。面對這主體的上帝，人這認知者只能以懇求者、悔罪者和門徒的身分來接近那既予（given）的內容，這才是做神學的真實情況，而理性也才成為理性，找到它的自由。[23]

在這裏，從事神學活動的聖潔理性並不發明神學的內容，因為如上所言，聖三一那啟示性臨在才構成神學的內容，所以神學的內容是既予的，而為一種具有正面內容的知識（positive science），而聖潔理性乃是接受的而非創造的，進而言之，神學並非為上帝命名，不是為神聖的實在製造符號。[24] 韋伯斯特沒有忽視「神學是人類歷史中人類的工作」，[25] 也不是否定神學需要建構自己的語言和觀念、或否定本身既有的詞語和觀念，而是肯定需要從神學以外借用某些語言和觀念，但卻根據上帝在啟示性臨在之中那既予的內容，來盡可能調整以致符合所啟示的。[26] 這表示人不能否定理性而以為可以全面及直接接觸上帝，問題只是，必須放棄以臆測的理性（*ratio rationcinans*）來言說上帝，卻要努力、悔罪地學習讓自己的理性去接受上帝那自我賜予的內容（*ratio ratiocinata*）。[27] 前者是墮落的理性的作為，後者為聖潔的理性的舉動。前者所做的神學是創造性的，後者所做的神學是接受性的。從根本來說，前者是脱離上帝經世活動的，後者則是在上帝的溝通性、啟示性臨在底下置身於上帝的經世活動之中。

那麼，我們怎樣才可以遇上上帝的溝通性、啟示性臨在，以致理性得以復和、成聖？這是第三條內容要講的，其所佔的篇幅也只是僅次於第二條內容。韋伯斯特在命題中簡單地表示：上帝的啟示性臨在是在聖經中發動的，他就此進一步解釋：「當那聖者説出祂的話語時，上帝的溝通性臨在便透過聖經與我們相遇。」[28] 這是一個聖經論的議題。聖經在上帝的臨在性行動扮演了一個角色，但聖經是甚麼？它對理性在認識上帝言説上帝時起了甚麼作用？帶來甚麼後果？

上帝透過聖經與我們相遇，這聖經便是工具，但卻不是一般的工具，而是由「上帝感動和委派的受造工具，為上帝的自我顯現/臨在服務」。[29] 一方面聖經是受造的，另一方面它是上帝感動的和委派的。不是所有的受造物都被上帝感動的和委派的，但聖經卻是這樣的工具，而其被感動和被委派，為的是服事上帝的臨在。韋伯斯特在這裏引用彼得後書一章 21 節：「人被聖靈感動，説出……話來」，表示聖經都是來自上帝的，是神聖活動的結果，並非單單由人自發產生，而是在聖靈的感動底下產生的。[30] 就此，韋伯斯特進一步解釋，聖靈的感動指的是調理人類的文本性溝通行動，使得這些文本適合用來公佈上帝的知識。[31] 換句話說，聖經並非一本由天上掉下來的作品，卻是上帝感動先知和使徒，加力給他們使他們能夠合宜地運用自己的語言，見證上帝的溝通性、啟示性臨在。上帝沒有廢棄人的語言、概念，但也沒有擁抱人的語言、概念，而是透過聖靈揚棄人的語言、概念，使之合乎使用，達到目的，成為上帝與人溝通的文本。

於是，聖潔的理性就離不開閱讀、解釋聖經，而為釋經理性。[32] 聖經在這裏對聖潔理性起的作用有二，一是引領其閱讀聖經，二是在其閱讀聖經中被聖經引領。[33] 聖潔理性從開始就不是主動的而是接受的，這是因為基督教神學的內容、題材是既予的而不是創造的、發明的，離開聖潔理性的釋經，就不可能認識和言說上帝了。聖潔理性這樣的運作，就出現了兩個結果，都由聖經的本性引申出來。首先，韋伯斯特指出，因為聖經是權威的尺度（authoritative canon），所以聖潔理性的規範就在聖經之中；[34] 其次，因為聖經是充足的，聖潔理性在其中找到它的界限。[35]

為甚麼聖經是權威的尺度？聖經作為權威的尺度，教會羣體和教會的神學只能承認、同意和服從，但為甚麼聖經有這樣的權威？這需要進一步對聖靈上帝感動、委派聖經作出解說。韋伯斯特寫道：「聖經對聖潔理性的權威，在於聖經由聖靈賦予能力，可以促使神學的思想和語言成為真實的。真實的思想和語言，是跟隨實在那既予的秩序。」[36] 作為權威的聖經，就在於把理性引領及指向既予的秩序，因此，教會或神學只能接受而不能賦予聖經權威，只能讓聖經指導理性的運作。[37] 聖經所指向的，就是福音的實在，亦即三一上帝拯救的實在，理性在聖經這種規範性的指向底下，只有順服。韋伯斯特就此而指出順服的特性：拒絕猜測、拒絕削弱「惟獨聖經」或「全然聖經」、對聖經予以清晰的神學語言與觀念來表達，而最重要的是：以學生而非老師的身分樂意地學習。[38]

聖經除了規範聖潔理性的運用之外，它還提供充足的內容，因而劃定了聖潔理性的界限。這充足指的是「認識福音的信仰所需的一切」，也即是就「公佈上帝拯救的知識」而言，這是上帝使用聖經的目的。[39] 這表示了我們閱讀聖經只能專注它所指向的，而不能越過其所指向的範圍、界限，也無須越過這範圍、界限。[40] 因此神學不能三心兩意，甚麼也需要知道，甚麼也需要從事。韋伯斯特警告，一旦神學涉入太多智性與文化領域，它很容易失去它的確定性（determinacy）、完整性（integrity）和穩定性（stability）。[41] 專注，就成了聖潔理性的特點，而聖經的充足性就為聖潔理性劃下了界限，讓其可以專注其中，聆聽和重複上帝的話語。[42]

三、

在做神學時，聖潔的理性要倚賴聖靈，要在聖徒團契之中（within）並與聖徒團契在一起（with）來運作，要敬畏上帝而使神學活動的聖潔得以圓滿，以致可以聖化上帝的聖名。這裏包括了韋伯斯特所講的聖潔理性的基本行動、脈絡背景、態度和目的。[43] 這一切所講的，從第四條至第七條，不外表示聖潔理性的運作並不能靠賴其自己。

首先是第四條，聖靈審判、殺死理性，並使理性重生，方才可以讓理性再次完成它起初作為上帝受造物的呼召：榮耀和感謝上帝。[44] 這是相應於上帝的聖潔：上帝對罪的積極對抗、上帝使受造物這工具成聖或分別出來以榮耀上帝，由此聖靈「治死」（*mortificato*）理性並「復生」（*vivificatio*）理性，基督教神學也當如此。[45] 聖靈所治死的是變得無用、無知和昏暗的理性，這種理性更會生出偶像崇拜、以謊言交換真理。[46] 因此總要披戴耶穌基督的死。聖靈重生理性是把理性轉向「正當的目的，也就是認識聖潔的上帝及祂裏面的一切」，[47] 加力給理性、更新及呼召、給予指導和裝備，由此而使理性成聖，可以接受它那受造和再造的事奉。[48] 因此，韋伯斯特指出神學理性的工作只能在祈求聖靈的來臨中進行，這總是治死和復生的過程，其核心總是懇求上帝給予教導。[49] 因此，神學的精髓是禱告，在其中理性仰望上帝，承認自己不足、需要被引領進入上帝的真理之中，並信靠聖靈的教導。[50] 是以，韋伯斯特引述巴特（Karl Barth）的說話：

> 神學工作首要和基本的行動是**禱告**⋯⋯神學工作不單始於禱告，也不單由禱告伴隨；整個神學其異常與特有之

處在於它只能夠在禱告的行動之中實行。[51]

祈禱是聖潔理性在從事神學活動時敬虔地倚靠聖靈的舉動，即在祈禱中認識上帝與言說上帝。韋伯斯特再進而指出這種神學活動是在聖徒羣體之中並與聖徒羣體一起進行的。這是聖潔理性的第五條內容。聖潔理性不單以神聖三一啟示的臨在為其必要的脈絡處境，並且要在上帝這種拯救性臨在所創造的團契羣體中工作，為這個羣體對上帝的認信服事。神學就是接受上帝的差派去認識上帝並言説上帝，這是聖徒羣體的使命。[52]

基督教神學這種工作有兩種特性，都離不開聖徒羣體。首先是神學是在聖徒羣體內進行的團契活動。韋伯斯特寫道：「神學的領域是教會的領域。神學和教會分享相同的神聖事物。」[53] 他並且特別指出神學並非超越的，站在基督教羣體之上而予以批評的凝視。[54] 這是因為神學這種聖潔理性的活動，是在「由上帝的話語聚集、建立和安排的羣體」之中進行的，離開這個羣體就不能聆聽福音中相同的仁慈話語、不能站在話語宣告的相同審判之下，不能從話語接受相同的赦罪，不能透過聖經和聖禮由同一位聖靈教化和更新。[55] 不單如此，聖潔理性也是在這種聖徒羣體之內被呼召；因為它跟這個羣體分享著相同的神聖話語，所以被呼召出來去服事這個羣體對三一上帝的認信。

其次，聖潔理性這種服事是跟聖徒羣體一起進行的團契相交；神學活動就是聖徒羣體的團契相交。韋伯斯特表明：「它的特別事奉是教化教會、建立教會的共同生活，從而服事對福音的認信。」[56] 神學作為聖徒羣體的團契相交，是要建立聖徒羣體自身的共同生活、服事聖徒羣體自身的福音認信。方法很簡單：「藉著解釋福音的內容，使得教會的所有語言、思想和行動都符合這內容。」[57] 福音就是上帝的經世拯救活動而特別可以在耶穌基督這神聖話語的啟示性臨在看見。這福音是一切真理的規範，聖潔理性就是以此來判斷、衡量聖徒羣體對上帝的理解。[58] 具體來說，教會在做神學時，她要問的是：自己的說話、思想與行動，是否真的以聖徒羣體的身分來進行，福音是否得到真實、悔改和完全的聆聽，福音的應許和命令是否跟其一切的權威和恩典一起被承認，在認信福音時蒙上帝揀選的是否真的聖潔和毫無指摘。[59] 然而，韋伯斯特卻特別提醒：聖潔神學或聖潔理性並非教會的主或審判官，因為教會只有一位主和審判官，就是那位聖者自己。這是負面的提醒，神學或理性不能僭越上帝的位分。從正面而來的提醒則是：聖潔神學或聖潔理性其工作是藉著模範地順從福音而進行——站在上帝召聚聖徒羣體在祂面前的話語底下，而以既予的福音真理規管神學自身的言說與思考；最後是透過仰望上帝、承認沒有上帝神學是不可能的。[60] 只有這樣，聖潔理性才能與聖徒羣體團契相交，服事她的認信。

神學除了是為上帝子民的認信服事，它也可以藉著敬畏上帝而使自己的聖潔得以圓滿，即聖潔神學、聖潔理性得以完成得以實現而為「聖潔的」神學、「聖潔的」理性。[61] 這是第六條要講的，而其中的關鍵是「敬畏」。這涉及所認識所言說的上帝是那位我們永遠不能徹底掌握的，永遠不能成為我們可以隨意取來檢視的客體、觀念、語言或經驗。上帝是完全自由的、聖潔的，[62] 祂跟人的存有（being）差別永遠不是人可以跨過的，人只得敬畏祂，尊祂的名為聖。人的理性之所以成為聖潔，就在於抗拒把自己的能力偶像化、抗拒把有關上帝的事情平常化而褻瀆祂的名。[63] 聖潔理性可以做的，是不信任自己認識上帝的能力，要謙卑、要明白自己所說的和所想的很多都不過是塵土；而神學的特點相應地就不是流暢和權威，而是軟弱、自己的語言對於要為之作見證的是多麼不足。然而，韋伯斯特不單強調「不要近前來」（出三 5）這個禁令，也提出一個具有相同力量的命令「誰造人的口呢？⋯⋯豈不是我——耶和華嗎？現在去吧，我必賜你口才，指教你所當說的話」（出四 11 ～ 12）。這命令是一個應許：上帝會令聖潔理性能夠做罪令它不能夠做的事情。要譴責偶像崇拜，不是藉著沉默，而是藉著提出上帝教導的言語。[64] 上帝的命令使得聖潔理性可以遵守祂的禁令。

最後第七條，關乎這樣的神學工作的目的（telos）。韋伯斯特引用愛德華滋（Jonathan Edwards）所說的：「對上帝的極大尊敬」，指出這是讓上帝的聖名得以聖化。[65] 神學並不為上帝增添甚麼，只是承認和表達上帝的豐富、上帝的聖潔，並且在這種承認和表達之中完成其自己。[66] 聖潔理性運作底下的神學沒有別的目的，就只有讚美上帝，如果忽略這個真正目的，就會高舉技術、歷史或哲學理性，進而脫離對上帝聖名的悔罪和喜樂的事奉，而這正是現代神學的歧路。[67]

註釋

1. John Webster, *Holiness* (London: SCM, 2003).
2. 約翰・韋伯斯特：《聖潔神學》，陳永財譯（香港：基道，2006）。
3. Webster, *Holiness*, 2；參韋伯斯特：《聖潔神學》，頁 1。
4. 韋伯斯特：《聖潔神學》，頁 i。
5. Webster, *Holiness*, 7；參韋伯斯特：《聖潔神學》，頁 7。
6. Webster, *Holiness*, 9～10；參韋伯斯特：《聖潔神學》，頁 8。
7. Webster, *Holiness*, 21；參韋伯斯特：《聖潔神學》，頁 19。
8. Webster, *Holiness*, 11；參韋伯斯特：《聖潔神學》，頁 10。
9. Webster, *Holiness*, 11；參韋伯斯特：《聖潔神學》，頁 10。
10. Webster, *Holiness*, 10～11；參韋伯斯特：《聖潔神學》，頁 9。
11. Webster, *Holiness*, 11；參韋伯斯特：《聖潔神學》，頁 10。
12. Webster, *Holiness*, 12；參韋伯斯特：《聖潔神學》，頁 10。
13. Webster, *Holiness*, 12；參韋伯斯特：《聖潔神學》，頁 10。
14. Webster, *Holiness*, 12；參韋伯斯特：《聖潔神學》，頁 11。
15. Webster, *Holiness*, 12；參韋伯斯特：《聖潔神學》，頁 11。
16. Webster, *Holiness*, 12, 16；參韋伯斯特：《聖潔神學》，頁 11、14。
17. Webster, *Holiness*, 13, 14；參韋伯斯特：《聖潔神學》，頁 12。
18. Webster, *Holiness*, 13；參韋伯斯特：《聖潔神學》，頁 11。
19. Webster, *Holiness*, 13；參韋伯斯特：《聖潔神學》，頁 12。
20. Webster, *Holiness*, 14；參韋伯斯特：《聖潔神學》，頁 12。
21. Webster, *Holiness*, 14；參韋伯斯特：《聖潔神學》，頁 12。
22. Webster, *Holiness*, 15；參韋伯斯特：《聖潔神學》，頁 13。
23. Webster, *Holiness*, 16；參韋伯斯特：《聖潔神學》，頁 14。
24. Webster, *Holiness*, 15～17；參韋伯斯特：《聖潔神學》，頁 14～15。
25. Webster, *Holiness*, 15；參韋伯斯特：《聖潔神學》，頁 13。
26. Webster, *Holiness*, 17；參韋伯斯特：《聖潔神學》，頁 15。
27. Webster, *Holiness*, 17；參韋伯斯特：《聖潔神學》，頁 15。

28. Webster, *Holiness*, 17；參韋伯斯特：《聖潔神學》，頁 15。
29. Webster, *Holiness*, 17～18；參韋伯斯特：《聖潔神學》，頁 15。
30. Webster, *Holiness*, 18；參韋伯斯特：《聖潔神學》，頁 15～16。
31. Webster, *Holiness*, 18；參韋伯斯特：《聖潔神學》，頁 16。
32. Webster, *Holiness*, 18；參韋伯斯特：《聖潔神學》，頁 16。
33. Webster, *Holiness*, 18；參韋伯斯特：《聖潔神學》，頁 16。
34. Webster, *Holiness*, 19；參韋伯斯特：《聖潔神學》，頁 17。
35. Webster, *Holiness*, 20；參韋伯斯特：《聖潔神學》，頁 18。
36. Webster, *Holiness*, 19；參韋伯斯特：《聖潔神學》，頁 17。
37. Webster, *Holiness*, 19～20；參韋伯斯特：《聖潔神學》，頁 17。
38. Webster, *Holiness*, 20；參韋伯斯特：《聖潔神學》，頁 18。
39. Webster, *Holiness*, 20；參韋伯斯特：《聖潔神學》，頁 18。
40. Webster, *Holiness*, 20～21；參韋伯斯特：《聖潔神學》，頁 18。
41. Webster, *Holiness*, 21；參韋伯斯特：《聖潔神學》，頁 18。
42. Webster, *Holiness*, 21；參韋伯斯特：《聖潔神學》，頁 18。
43. Webster, *Holiness*, 21；參韋伯斯特：《聖潔神學》，頁 19。
44. Webster, *Holiness*, 22～23；參韋伯斯特：《聖潔神學》，頁 20。
45. Webster, *Holiness*, 23；參韋伯斯特：《聖潔神學》，頁 20。
46. Webster, *Holiness*, 22；參韋伯斯特：《聖潔神學》，頁 19。
47. Webster, *Holiness*, 24；參韋伯斯特：《聖潔神學》，頁 21。
48. Webster, *Holiness*, 24；參韋伯斯特：《聖潔神學》，頁 21。
49. Webster, *Holiness*, 24；參韋伯斯特：《聖潔神學》，頁 21。
50. Webster, *Holiness*, 24；參韋伯斯特：《聖潔神學》，頁 21。
51. Webster, *Holiness*, 24；參韋伯斯特：《聖潔神學》，頁 22。
52. Webster, *Holiness*, 25；參韋伯斯特：《聖潔神學》，頁 24。
53. Webster, *Holiness*, 25；參韋伯斯特：《聖潔神學》，頁 23。
54. Webster, *Holiness*, 26；參韋伯斯特：《聖潔神學》，頁 23。
55. Webster, *Holiness*, 26；參韋伯斯特：《聖潔神學》，頁 23。
56. Webster, *Holiness*, 26；參韋伯斯特：《聖潔神學》，頁 23。
57. Webster, *Holiness*, 26；參韋伯斯特：《聖潔神學》，頁 23。
58. Webster, *Holiness*, 26～27；參韋伯斯特：《聖潔神學》，頁 23。
59. Webster, *Holiness*, 27；參韋伯斯特：《聖潔神學》，頁 23～24。
60. Webster, *Holiness*, 27；參韋伯斯特：《聖潔神學》，頁 24～25。
61. Webster, *Holiness*, 27；參韋伯斯特：《聖潔神學》，頁 24。

62. Webster, *Holiness*, 28；參韋伯斯特：《聖潔神學》，頁 24。
63. Webster, *Holiness*, 28；參韋伯斯特：《聖潔神學》，頁 25。
64. Webster, *Holiness*, 28～29；參韋伯斯特：《聖潔神學》，頁 25。
65. Webster, *Holiness*, 29；參韋伯斯特：《聖潔神學》，頁 26～27。
66. Webster, *Holiness*, 29；參韋伯斯特：《聖潔神學》，頁 26。
67. Webster, *Holiness*, 29；參韋伯斯特：《聖潔神學》，頁 26。

9.

論聖經 I

聖靈感動、加力下的聖經*

除了很個別很例外的情況，我們基督徒一般都會認為做神學的其中一項不可或缺的元素，就是聖經，甚至在宗教改革之後把聖經視為具有絕對權威地位的，這就是「惟獨聖經」了。在這一點上面，我是完全確信的，由此而可以推論和引申出：「聖經之外，別無神學。」但是當我們高舉聖經的時候，並不表示可以隨便否定其他兩項元素：信仰羣體和聖靈。事實上，從聖經之寫成，就不能離開這兩項元素而可以恰當地充分說明。同樣地，在解釋聖經的活動之中，也不能離開這兩項元素而可以恰當地進行。事實上，這兩者裏面有一種連貫一致的特性在內。但是為甚麼我們可以這樣認為呢？這就涉及了聖經是甚麼？也

---

* 本文曾於二〇一六年十一月二十四日德慧文化舉辦的「釋經中的聖靈與羣體」講座中分享。

就是聖經的本性、目的是甚麼？

在這裏，英國神學家韋伯斯特（John Webster）在其十分重要而且很有貢獻的《聖經：一個教義式的勾畫》（*Holy Scripture: A Dogmatic Sketch*）的引言，即開宗明義表達他對聖經本性的看法：聖經之所是（is），「是在上帝愛的及再生性的自我溝通（loving and regenerate self-communication）之拯救的經世活動中的所是」。[1] 這是把聖經置放於上帝自己向我們溝通祂自己這拯救性經世活動之中，來作出定位，從而了解聖經的所是、本性。那麼，在上帝這個已經開始又持續下去的拯救性經世活動之中，聖經佔有一個怎樣的位置呢？而聖靈與信仰羣體又扮演甚麼角色呢？

簡單來說，上帝透過聖靈的聖化與感通（inspiration）來「使用受造物的實在來服事祂，見證其拯救的自我啟示之進程的面向」，[2] 這不單產生聖經也使用聖經來「服事上帝的自我彰顯」，[3] 因此這是從「拯救論的角度來看待（聖經），〔……〕視其為上帝拯救計劃中的一項運作性因素」，[4] 聖經就是「基督的聖靈聖化和感通受造物的實在，使之成為上帝臨在／呈現的僕人」。[5] 在這裏，不單聖靈介入，並且聖經諸文本的作者即先知與使徒也介入。雖然聖經的內容及其語言形式是被聖靈所感通的，但是聖靈的感通並「沒有使造物性被懸擱起來。先知和使徒都不是『僅僅被動的踐行者，在思想上和意志上毫不主動，猶如傳音筒那樣服事聖靈……雖然先知被聖靈所感動或驅使，他們自己亦說話……他們自己的活動並沒有因聖靈的感動而被懸擱，反而被提升，激活和溝通』」。[6]

再進一步，聖靈的工作並不止於聖經的完成。韋伯斯特認為：「聖化不是限於已完成作品的文本之中，而是可以合法地延伸至更廣闊的踐行者及行動的場域。文本是其中的一部分。聖靈跟文本的關係擴展至聖靈在上帝子民生活中的活動，這活動形成了文本被塑造及服事神聖的自我臨在／呈現的環境。因而聖化能恰當地伸展至文本生產的過程——不單只是作者〔……〕，而同時是複雜的前文學歷史（histories of pre-literary）及文學傳統（literary tradition），編修（redaction）及編纂（compilation）；同樣地，聖化可以延伸至文本的其後歷史（post-history of the text），尤其特別的是正典化（cannonisation；乃是教會在聖靈的作用底下對聖經〔Scripture〕的見證作出承認）和解釋（乃是來自聖靈開啟的悔改和對上帝話語的忠心專注）。」[7]

這一大段的引述，表明了聖靈聖化聖經諸文本的工作，可以擴展至成文之前與成文之後，而這是我們一向忽略的。這樣了解聖靈的工作，可以幫助我們思考在解釋聖經的時候聖靈的參與，而避免落入一種純粹人類理性的解釋的實作之中。但是這並非表示我們可以否定人類理性的參與，反之一如聖靈在感動先知和使徒寫作聖經諸文本，也同樣「提升、激活和溝通」解釋羣體的活動，以及更為基本的：聖靈對解釋羣體所「開啟的悔改和對上帝的話語的忠心專注」，以致聖經可以完成服事上帝那「自我溝通之拯救的經世活動」的目的。在此我們可以看到解釋聖經是聖靈、聖經和信仰羣體彼此之間的互動活動。

在這裏可能會有人提問：「那麼我們還用得上聖經鑑別學來研讀聖經嗎？」另一位當代英國的神學家根頓（Colin Gunton）對聖經的看法跟韋伯斯特相一致。在我跟曾思瀚博士合著的《馬可福音：敍事鑑別與神學詮釋》一書的導論中，有過這幾句說話：「一方面我們需要像閱讀和解釋其他人類古代文獻那樣來接觸聖經；另一方面我們又不能受限於這些分析，因為其言說的內容不是人所能創作的。從這個角度來看，聖經作為人類文化的一種形式，需要援引、挪用鑑別方法（critical methods）來幫助我們閱讀，但對於聖經所傳遞給我們的內容，卻需要採取孩童式（childlike）的態度來接收。」[8] 這幾句論及解釋聖經的說話，是對根頓就聖經的看法引申出來的，這就是「聖經既是人類文化的一種形式」，同時「它所言說的事物一般上是超越人類的能力的」。[9]

最後要介紹第三位當代英國神學家哈特（Trevor Hart）對解釋聖經的看法，他除了重視聖靈在解釋聖經時不可或缺的角色，更花上不少篇幅討論、闡釋信仰羣體的傳統或具有某種信仰傳統的羣體在解釋、閱讀聖經的角色。以下引述哈特的著作《信故我思：神學思考方法獻議》（*Faith Thinking: The Dynamics of Christian Theology*）第七章講到聖經的兩段文字。第一段是：「我們應該把感動／感通，視為上帝的聖靈在此透過整個過程的活動，並因而是在此透過整個信仰羣體的生活的活動，在適當的時候生產出這些特殊的文本沉澱。那麼，感動／感通就是信仰羣體在其嘗試理解那傳遞給她的傳統，以及在這些傳統的亮光底下於當下再造她的身分，而『被提升加強靈性』(en-spiriting)。教會的聖經，就是這樣過程的產物。」[10] 第二段是：「那同一位聖靈，祂曾經活躍於過去的世代，塑造與形成羣體，讓這些文本從這個羣體之中出來，這同一位聖靈，現在則『在靈裏提升強化』我們當代的努力，幫助信仰羣體閱讀及弄清文本的意思。如果我們嚴肅地對待這一模式，那麼我們就能夠說，不單是聖經文本，並且其意義，直接來講，是被感動/感通的，這是另一種方式表示：上帝透過這些文本向我們說話。換句話說，聖靈是客觀面與主觀面之間、文本與解釋之間築橋，從而促發並指引我們回應，以及在過程中塑造羣體的理解與生命的更新。」[11]

第一段所講的，其實就是韋伯斯特所講的，聖靈一直在聖經文本生產的過程中工作，但是第二段卻是講到信仰羣體要恰當理解這聖經文本，需要聖靈的感通/感動，提升加強其靈性。昔日聖靈如此工作，今日聖靈也如此工作。第二段就特別講到信仰羣體（主觀面）與聖經文本（客觀面）的互動而產生意義，仍然在於聖靈的感通/感動的工作。哈特關心的是信仰羣體在新的處境之中對聖經文本的閱讀、解釋而得出的意義，因著聖靈感通/感動的工作，不過是把聖經文本那尚未確定的(indeterminate)意義確定下來，而仍然跟過去的解釋在核心意義上保持延續而非斷裂。只有這樣，哈特如下的講法才會成立：「書卷不是想要我們視之為（事實上也不能）最後的說話，從此之後沒有更多要說的話了。剛剛相反，書卷的本來性質，提醒我們其見證的信息，在每一個世代一定要被重新形構（因而是再解釋）。教會在此透過專注文本及其所講述的故事，尋找這故事對教會自覺其所處的特殊情境有何意義。」[12]

註釋

1. 約翰．韋伯斯特：《聖經：一個教義式的勾畫》，鄧紹光譯（香港：基道，2010），頁 2。
2. 韋伯斯特：《聖經：一個教義式的勾畫》，頁 9。
3. 韋伯斯特：《聖經：一個教義式的勾畫》，頁 19。
4. 韋伯斯特：《聖經：一個教義式的勾畫》，頁 44。
5. 韋伯斯特：《聖經：一個教義式的勾畫》，頁 44。
6. 韋伯斯特：《聖經：一個教義式的勾畫》，頁 42～43。
7. 韋伯斯特：《聖經：一個教義式的勾畫》，頁 33。
8. 曾思瀚、鄧紹光：《馬可福音：敍事鑑別與神學詮釋》，曾景恒譯（香港：基道，2016），頁 50。
9. Colin Gunton, *The Christian Faith: An Introduction to Christian Doctrine* (London: Blackwell, 2002), 52；中譯：根頓：《如此我信：基督教教義導引》，趙崇明、鄧紹光譯（香港：基道，2009），頁 63。
10. 哈特：《信故我思：神學思考方法獻議》，歐力仁、鄧紹光譯（香港：基道，2015），頁 181～182。
11. 哈特：《信故我思》，頁 183。
12. 哈特：《信故我思》，頁 182。

延伸閱讀：《聖經：一個教義式的勾畫》導讀*

聖經是甚麼？這本昔日在不同時空底下人以其特殊的文字寫成包括諸文本的文集作品，何以被稱為（神）聖經（典/卷）？其之所以而為神聖經典/卷，究竟是甚麼原因？此種神聖是外在的還是內在的？聖經是在甚麼情況、條件底下成為神聖經典的？其成為神聖經典又是否意味著其在本性上、存有上（being）是神聖的？如果聖經在本性上、存有上並非神聖的，那麼，我們，特別是信仰羣體，稱之為神聖的，又是甚麼意思？這是確認的行動？還是建構的行動？如果是確認的行動，那麼，我們

* 本文原載自：約翰・韋伯斯特：《聖經：一個教義式的勾畫》，鄧紹光譯（香港：基道，2010），頁 ix ～ xiii 的「中文版導讀」。

所確認的神聖，又是甚麼意思？這些問題的解答，將會指導我們閱讀聖經的態度，也重新審定神學在閱讀聖經一事上的角色。

約翰·韋伯斯特（John Webster）在《聖經：一個教義式的勾畫》（*Holy Scripture: A Dogmatic Sketch*）一書中，對聖經的本性作出了神學性/教義性思考。固然，他針對的是西方自啟蒙時代以來的假設：聖經這古代文獻，是「自然的」，以及由此而來的閱讀和解釋活動，是「世俗的」，無須理會上帝。然而，作者並非把上述假設完全倒轉過來，確認聖經為非自然的，上帝賦予了聖經某種神聖本質，不再需要持續地聖化聖經。韋伯斯特在本書中文版序清楚表明上帝並非聖經的遙遠起動的原因。否則，我們會陷進另一種版本的自然神論/理神論（Deism）：聖經一旦寫成後，上帝，特別是聖靈上帝，立即撤退，因為聖經已經被賦予神聖的本質而可自足，無須繼續使聖經成為聖經，即聖化聖經而為上帝所使用。這恐怕是華人教會的盲點，值得注意。

本書共分四章，每章處理不同論題。第一章把聖經置於上帝的溝通活動來思考其本性，決定了其後三章的討論。這樣的思考是神學性的或教義性的。韋伯斯特以上帝的三種溝通活動來規定聖經的本性與作用，包括「啟示（上帝拯救性的自我溝通）、聖化（上帝任命人類聖經溝通活動，以作為祂言說的大使來服事祂）和感通（inspiration；上帝監視聖經的寫作，以至聖經足以傳達祂的話語〔Word〕）」（見中文版序）。我們都知道聖經是上帝向我們溝通的媒介，但是我們卻鮮有思考上帝如何使得聖經成為可以與我們溝通的媒介。大多時候，我們只以「默示」

（inspiration；這是狹義的翻譯，局限於文字默寫的層次）來解釋一切。但按照韋伯斯特，這是預設上帝啟示與聖化的活動。而上帝的啟示首先並非知識論的議題，卻是拯救性的溝通活動。至於上帝的聖化則是打破上帝與受造物的聖經文本之間的隔閡，透過聖靈聖化的工作使聖經文本可以服事上帝那拯救性的溝通活動。至於感通，在上述的啟示及聖化的了解底下，韋伯斯特指出感通是上帝運作性的而非轉換性的活動，目的並非轉換文本的受造物本性，而是透過聖化的文本得以作出拯救性溝通。因此，聖經有別於啟示，但卻跟啟示不離；其為神聖的並非在於其所擁有的特質，只在於其被上帝所聖化及感通而為服事的器皿。

這樣，聖經的本性就不由教會所決定，而是由上帝的啟示、聖化和感通所決定；並且，聖經作為服事上帝的拯救性溝通器皿，在聖靈的使用下創建了教會。這是第二章要討論的。教會的責任是聆聽上帝透過聖經的拯救性溝通話語，接受其為正典來規範及管治教會的生活。是以，教會與聖經的關係，首先是認信聖經為正典，這是順服的舉動。然而，韋伯斯特卻提醒不能由此順服而要求權威，即教會不能因為順服聖經為正典，而要求自己擁有權威，以及使用正典。聖經正典並不是教會使用的資源，可以按教會的需要而隨意使用，反之，教會的一切生活與行動，都應在每一方面被正典所形塑。這是順服地確認聖經為正典的意義。但這種確認，首先在於上帝的拯救性溝通行動（啟示），以及由此而來的聖化及感通聖經文本的運作性活動。

有了這種對聖經與教會關係的認識，再進一步，自然會涉及閱讀聖經究竟是怎麼一回事。韋伯斯特刻意使用「閱讀」而非「解釋」，是要避免過度集中於解釋主體在解釋聖經文本時的核心地位。「忠心地」閱讀是首要的條件。韋伯斯特這樣解說忠心地閱讀：「釋經理性在信之中被抓住，將其交付給神聖話語的力量，而被神聖話語殺死並且使其復活。」忠心地閱讀是信靠地閱讀，能夠如此，必須在上帝那恩典的經世活動中來進行，也就是在上帝的拯救性溝通行動（啟示）之中，我們的敵對意志被聖靈殺死又復活過來，然後可以持續全然地專注於聖經。這樣，我們才不會強解聖經，而是讓聖靈透過聖經來解釋上帝自己。閱讀聖經是在上帝自我闡釋的領域中進行，這才是恰當的。韋伯斯特並非否定智性的閱讀，而是強調智性的閱讀是忠心信靠地專注於上帝的話語。這是聖靈的工作。聖靈既使聖經文本可以清明地讓上帝自我呈現／表達（聖化及感通的工作），也使我們的閱讀理性成為聖潔，可以忠心地閱讀聖經文本。這是第三章順著第一和第二章而開展出來的。我們都只在上帝恩典的經世活動的擁抱、同行中，如實地閱讀這清明的聖經。

最後一章來到神學與聖經的關係。韋伯斯特關心的問題是，神學若作為一批判的／鑑別的學科，則不再置於聖經之下，或服事上帝在聖經中所給予的自我溝通，而是轉過來「探究聖經、教會和福音的可能條件」。結果是神學凌駕聖經之上。我們應當注意，這種神學並非指到一般講授諸種教義內容的科目，而是一種以批判的／鑑別的精神和方法為本質的學科。於此，聖經成了這種學科底下的子部。韋伯斯特針對這種情況而強調神學理性的運用是由話語指引的，這話語首先在教會這「場所」說出來，而被聆聽、接受，而可以被閱讀和思想。神學和教義是在聆聽和接收那上帝透過聖經向我們進行恩典的溝通而出現的。教義或神學概念是來自這一過程的，因而並非用來修正聖經，而是支援教會的釋經工作，讓教會一而再、再而三悔改地及非操控地閱讀和聽從上帝的話語。

聖經的本性和作用，我們發現在韋伯斯特的討論中，完全不能抽離上帝的經世溝通活動來了解。這是因為聖經具有受造物的性質，本身並無任何神性，也不被賦予任何神性，只能在上帝，特別是聖靈對其聖化、感通的轉化和使用的行動中，方能恰當地了解其本性。按照這種了解，教會、閱讀聖經和神學，跟聖經的關係，就得重新調整。今天，我們若非以聖經為上帝，就是完全置之於教會、解釋理性或批判的／鑑別的神學之下，兩者都是忘記了需要從上帝的溝通活動來認識其本性和作用。韋伯斯特以其銳利的眼光，帶領我們進到事情的根本，從而透徹地認識應當如何繼續思想下去，以及相應的實踐。這本《聖經：一個教義式的勾畫》是讓我們重新恰當地認識聖經的起點。

10.

論聖經 II

從聖經到神學地解釋聖經*

一、引言

基督教的聖經跟基督教對聖經的解釋，是兩個不能分割開來的神學議題。聖經是怎樣的文本，決定了可以怎樣解釋它。就這方面，有分致力推動神學地解釋聖經的學者福爾（Stephen Fowl）這樣說過：「〔……〕基督徒對聖經如何思考，認為聖經是甚麼，會影響基督徒神學地解釋聖經的方式。」[1] 對這問題的思考、探索與討論，英國神學家韋伯斯特（John Webster）早在上個

* 本文原為：鄧紹光：〈從聖經到神學地解釋聖經——韋伯斯特的觀點〉，《山道期刊》第三十六期（2015 年 12 月），頁 67～86。承蒙香港浸信會神學院授權轉載。現稍經修改。

世紀末，就已經開展了。

韋伯斯特這方面的研究成果，可以追溯至一九九八年的〈現代神學中的解釋學：一些教義式反省〉（"Hermeneutics in Modern Theology: Some Doctrinal Reflection"）、二〇〇一年的〈正典的教義性位置〉（"The Dogmatic Location of the Canon"），以及二〇〇二年的〈閱讀聖經：巴特與潘霍華的例子〉（"Reading the Bible: The Example of Barth and Bonhoeffer"）。這三篇文章均收於韋伯斯特二〇〇二年出版的論文集《話語的教會：基督徒教義學論文》（*Word and Church: Essays in Christian Dogmatics*）。[2] 至於二〇〇三年出版的《聖經：一個教義式的勾畫》（*Holy Scripture: A Dogmatic Sketch*），[3] 其實並不只是討論聖經的本性，而是在這一了解底下，進一步確定閱讀這樣的聖經，究竟是怎樣的一回事。二〇〇四年的〈聖經神學與聖經的明晰性〉（"Biblical Theology and the Clarity of Scripture"）則以〈論聖經的明晰性〉（"On the Clarity of Holy Scripture"）為名，收於《認信上帝：基督徒教義學論文 II》（*Confessing God: Essays in Christian Dogmatics II*）。[4] 二〇〇六年的〈見證話語：卡爾．巴特的約翰福音的講義〉（"Witness to the Word: Karl Barth's Lectures on the Gospel of John"）、二〇〇七年的〈復活與聖經〉（"Resurrection and Scripture"）、二〇〇八年的〈聖經式的理性思考〉（"Biblical Reasoning"）、二〇一一年的〈光照〉（"Illumination"）、二〇一二年的〈奇妙的話語：托倫斯論聖經與解釋學〉（"Verbum Mirificum: T. F. Torrance on Scripture and

Hermeneutics”）及〈話語的領域〉（“The Domain of Word”），均收於其論文集《話語的領域：聖經與神學的理性》（*The Domain of the Word: Scripture and Theological Reason*）。[5]

在韋伯斯特這些論文之中，充分展現出他跟某些強調神學地解釋聖經的同代學者，十分不同。關鍵的地方在於韋伯斯特在討論聖經的解釋時，總是回到「對聖經的本性作出教義的描述」、「對聖經的本性作出教義的演繹」。他指出當代很多對前鑑別解釋學的細緻研究並不叫人完全滿意，或是廣泛挪用哲學對解釋之性質的解說、文學理論，或是以文本的社會學作為導引，都是在於沒有注意到須要首先對聖經的本性作出教義的描述或演繹。[6] 把聖經的解釋跟聖經的本性扣連起來，是韋伯斯特直到目前為至止一以貫之的做法。他在〈復活與聖經〉這篇論文開首的一段，有一句話言簡意賅地表達了他這方面的立場：「聖經解釋的任務，是聖經本性的一種功能/作用」（The task of biblical interpretation is a function of the nature of Scripture）。[7] 但是，韋伯斯特這句話並沒有就此打住，接下去他這樣寫道：「聖經的本性是那復活的一位其自我溝通性臨在所委任的傳訊員的功能/作用」（the nature of Scripture is a function of its appointment as herald of the self communicative presence of the risen one）。[8] 因此，要了解聖經的本性，卻又必須進到基督教教義學之中，而不能假借神學以外的學科，如哲學或文學的人文科學，或是社會學或人類學的社會科學。韋伯斯特在其《話語的領域》的序言中這樣寫道：

> 聖經學（bibliology）與解釋學是基督教神學衍生出來的元素，由先存基督教對上帝和受造物的本性及他們彼此之間的關係所作的教導所塑造。同樣，聖經學是先於解釋學的，因為解釋的策略將會無效，除非它跟那要揭開的文本其本性吻合。[9]

韋伯斯特這段話之中的「先存」（prior）、「先於」（prior to）表示了存有論（ontology）的優先性。教義學是優先於聖經學的，聖經學是優先於解釋學的。這種優先次序，表明基督教的解釋學是由其對聖經的本性來決定和指引的，而基督教對聖經的本性又是由其對上帝的認信所決定和指引的；[10] 聖經學與解釋學都不是非神學的，而是神學的。事實上，韋伯斯特在其討論聖經的本性與解釋聖經的進路，多番就啟蒙運動以來這方面的非神學論述與寫作，進行糾正，而倡議回到恰當的存有秩序來了解聖經以及聖經閱讀。因此，本文即按照這種秩序來深入解釋韋伯斯特的神學解釋學，何以先是基督教的上帝論，次是其聖經學，最後是其解釋學。

二、自成一格的神學解釋情境

韋伯斯特早在其一九九八年的文章〈現代神學中的解釋學〉，勾畫了他自己的神學解釋學的進路，清楚表明這裏「所提供的是較為狹窄與確切的，主要是一篇基督教教義學的文章。

簡單來說，我的提議是，基督徒閱讀聖經的活動，最恰當的（即是，基督教地）是了解為一屬靈的事情（a spiritual affair），而因此是神學描述的事宜。即是說，基督教對基督徒閱讀聖經的描述，將會是一種言說上帝並因此是言說所有其他在上帝底下的實在（reality）」。[11] 這是開宗明義地表明基督徒閱讀聖經是屬靈的事情，因此須要神學地而不是非神學地描述這種活動，而最終涉及對上帝的言說，也涉及對上帝底下的一切實在的言說。這無疑是把基督徒閱讀聖經的活動置於上帝底下來言說。雖然韋伯斯特指出這篇文章是嘗試勾畫一個神學解釋學的可能答案，但是在評語式的寫作中建構了一個教義式的論據。[12] 此後韋伯斯特這方面的其他文章，基本上都是進一步全面及深入開展這篇文章的論據。我們可以說，〈現代神學中的解釋學〉是韋伯斯特的神學解釋學的綱領性文章。

在這篇綱領性文章之中，韋伯斯特基本上是進行了他自己所言的：「對解釋的情境（hermeneutics situation）作出批判的神學的建造。」[13] 但是，「解釋情境」是甚麼呢？「解釋情境的建造」（construal of the hermeneutical situation）與「解釋情境的神學建造」（theological construal of the hermeneutical situation）的分別又是甚麼？簡單來說，「解釋情境」就是「共同構成閱讀或理解文本的諸種基本元素」，而「解釋情境的建造」自然就是「對那些共同構成閱讀或理解文本的諸種基本元素提出一種講述」。[14] 關於「建造」，韋伯斯特寫道：「一個建造涉及的是把眾多細項予以複雜的配置（complex configuration）：對涉身其中的施為者（agents）（作者、口傳者、讀者）、其位置（社會—文化的、歷史的、宗教的、政治的）和他們擁有的或隱含的目標（享有經驗、尋找資訊、認識上帝，諸如此類）作出講述，就對象（object；文本，其起源、傳統—歷史的、語言的、語意及語用的向度）作出講述，就施為者對文本所採取的行動（私人的思想行動、慣常的實作，諸如此類）作出講述。」[15] 然而，韋伯斯特卻拒絕那種以判斷的自我（the judging self）為基礎所建造的解釋情境，因為這種做法事先排除了神學教義的介入，而為一種普遍解釋學所追求的理想閱讀聖經的舉動。[16] 韋伯斯特拒絕現代神學所了解的「理解」（understanding），以之為人性中某種使得基督教神學可能的超越的條件，他要建造的是「再—區域化的」（re-regionalized）解釋學，而不是探索及演繹某種建立在解釋主體之上的解釋現象學。[17] 他認為沒有甚麼單一的「理解」，反之理解總是置身於一特殊的解釋情境之中，故此，基督教的解釋學並非普遍的解釋學，而是一種「再—區域化的」神學解釋學。[18]

這種「再—區域化的」神學解釋學，致力於建造理論去了解基督徒對聖經的閱讀，描繪出解釋聖經這活動的發生其所處身的特殊歷史的、社會的與屬靈的空間，而不必探問這空間在人性上其可能的條件。[19] 基督教的神學解釋學就是對這解釋的空間提出一種看法，而為一種神學的「解釋學的存有論」（hermeneutical ontology），有別於帶著宗教色彩的形而上學或現象學。[20] 從這個角度來看，基督教的神學解釋學，其對解釋空間或解釋情境的描繪就不是「前教義的」(pre-doctrinal)，[21] 而是教義的，意思是基督教神學的既予(*positum*)——教會所信的、上帝的話語，決定了基督教的神學解釋學。[22] 我們可以說，為了不對基督徒閱讀和解釋聖經的活動約化而成一般的、普遍的閱讀和解釋現象，為了對應其自成一格的解釋空間或解釋情境，而必須以相應而獨特的說法予以描繪，就此，基督教的神學從起首就是必須的。故此，基督教的神學解釋學也是自成一格的，而為「區域化的」解釋學。韋伯斯特尤其指出，在基督徒閱讀聖經的情境之中，實際發生的是：「聖經作為文本是上帝活潑的話語向祂的子民致顲並生發相信與順服，正是這一致顲構成了基督徒的解釋情境，也正是這種情況最終使得這種情境是找不到類比的。」[23] 因此，對於自成一格的解釋情境，只能自成一格地予以基督教地神學描繪了。

韋伯斯特對於這種自成一格的解釋情境，特別指出它不是抽象的或尚未形成的(abstract or unformed)情境。[24] 相反，現象學的那一類解釋學所講的解釋情境，正正是抽象的或尚未形成的。基督徒的解釋情境在任何一方面都是偶發的與特殊的，[25] 並非建基於人性的必然性與普遍性，即是並不由人性的先驗可能條件所構成。反之，基督徒內在於這種情境之中閱讀聖經，他才會發現自己。[26] 他並不由外而內地進入解釋情境之中，或藉著超越理論(transcendental theory)逃離這情境，他也不佔據一個超越位置或中立位置而對情境作出描畫或判斷。[27] 事實上，在這情境之中，我們是被揭開的那一位，不能依賴自己的能力或手上的工具（無論是方法或經驗）去找到出路，因為這是我們被上帝和我們的主耶穌基督所致籲的情境。[28] 神學地解釋這解釋的情境，韋伯斯特認為這是上帝在其創造、拯救與終成的工作之中，其與人類的關係的歷史之中一個片段。[29] 這是最寬鬆的講法，但卻是把基督徒的閱讀和解釋聖經的情境，置於三一上帝的經世活動之中來理解。

三、上帝論優先於聖經論及解釋學

韋伯斯特在〈現代神學中的解釋學〉花了一半篇幅神學地描繪這樣的解釋情境。簡單來說，這解釋情境由三項元素組成，包括上帝的話語、文本、讀者與教會，[30] 而內置於三一上帝自我顯現的歷史來理解和把握，從而勾畫出教會閱讀聖經的圖畫。[31] 首先，強調上帝乃「話語」，表示上帝並非缺席或沉默而是臨在並溝通，不是等待我們透過認知或解釋的活動去弄明白，而是在我們中間成就這關乎祂自己的知識。[32] 第二，由此而言，聖經的性格被一般的文本性的理論描述為文本，只是暫時的，須要給予更多空間，發展聖經乃神聖行動的器具或工具這一看法。[33] 第三，當談及教會閱讀聖經時，就需要一種別異的人性論，相信、聆聽與順服等性情肯定是首要地相應於上帝自己賜予的、喚起的臨在與行動。[34] 第四，閱讀聖經因而被描述為**教會**的閱讀；這是羣體的活動，而這羣體則是神聖活動的受造物。[35] 第一點是關乎上帝論，第二點是關乎聖經論，第三點和第四點是關乎解釋學。由於教義學是優先於聖經學、聖經學是優先於解釋學的，那麼上述這種排列就有優先性在內，而不可混亂。我們下面的討論正是要進入這種優先性，予以深度的了解。

韋伯斯特在二〇一二年出版的文章〈話語的領域〉，收於同年同名的文集之中，別具意義。一方面，同名的文集其副題是「聖經與神學的理性」，連同正題「話語的領域」很可能表達「聖經與神學的理性」都是隸屬於「話語的領域」的。[36] 另一方面，以同名之文章作為同名之文集的開卷之作，明顯是有定調的作用，因為文章頭一句就宣稱：「聖經及其解釋都是話語領域的元素。這領域是由那復活升天又管治萬有的上帝的兒子其溝通性臨在所構成的。」[37] 這一宣稱早在其〈現代神學中解釋學〉曾經表達了：「基督教對教會閱讀聖經的神學建造是一種上帝話語的神學」，[38]「因為上帝在耶穌基督裏言說，因為耶穌是上帝的活潑話語，所以『解釋情境』就落在其管治底下」。[39] 韋伯斯特特意使用「上帝話語」而不是「啟示」，目的是要強調上帝的自我溝通，好強調這溝通的活動是出自神聖的自我表達這行動，而在耶穌基督身上體現出來。因此，上帝的話語不像啟示容易落於抽象，以及後改革運動（post-Reformation）的知識論的或基礎的關注（epistemological or foundational concerns）。[40] 對於韋伯斯特來說，上帝的啟示並非知識論的議題，而是上帝論的議題，涉及的是上帝跟祂的受造物的關係，以及上帝自己的本性。是以，韋伯斯特才寫道：「一旦啟示脫離了對上帝本性的考量，三一教義與啟示的整合總是受到威嚇，變成了神學知識論，並且沿著打造一種教義學自身的非教義學的序言之道路來發展，這在後宗教改革的新教教義學作品中常常發生。」[41] 相反，「上帝話語」就把上帝與祂的啟示緊密地連結起來，顯出上帝的自我溝通本性。我們可以說，韋伯斯特倡議的聖經論與解釋學，是以上帝的自我溝通本性為基礎的。這上帝的自我溝通本性由三一論可以說明。他清楚表明解釋聖經的方法，只能由確定聖經文本的本性、我們作為解釋者是誰，以及我們閱讀聖經為的是甚麼目的，才能安定下來，而這樣的一種講述的核心自然是三一上帝的教義，因為只有三一上帝才是所有受造物之存有的理由與認識的理由，而其最近之切入點乃是有關耶穌復活的教導。[42]

對於這樣的一種解釋情境，按照韋伯斯特所作的定位，乃是一種「區域化的」解釋情境，因此不能訴諸普遍的哲學解釋學來予以檢視、證立，否則即否定其自成一格的性格，喪失其自身的特性。更為重要的是，在韋伯斯特看來，這是失序的表現。他這樣寫道：

> 聖經與其解釋者若在這（復活的基督）包涵一切實在的範圍之內獲取其本性，解釋的行動在高升的基督所主持的復和與啟示恩典的歷史之中得以進行。這些行動當其順從它們所冒險的存有秩序，就生成出來；當它們誤解或否認那存有的秩序並且不以其為復活基督致顲聖徒的東西來對待聖經，就失序了。[43]

這段文字所講的存有的秩序，指的是聖經解釋決定於聖經的本性，聖經的本性決定於復活基督的溝通性臨在。失序自然是把聖經的解釋和聖經的本性抽離這個存有的秩序來了解。這也就是說，認識聖經的解釋與聖經的本性，必須按照這個存有的秩序來進行方才恰當。換句話說，事物的存有秩序決定了對事物的恰當認識，如果並不按照事物的存有秩序來認識事物，那自然是一種失序的認識，結果就是錯誤地認識事物與本性。但是，韋伯斯特也不是因為首先掌握「認識事物須要按照事物的存有秩序來進行」，而倡議上帝論先於聖經論、聖經論先於解釋學。剛剛相反，這是首先認信三一上帝乃是一切受造物的存有理由與認識理由，而得出事物的存有秩序決定了對事物的恰當認識。如此一來，方才貫徹韋伯斯特致力「再—區域化」基督教的神學解釋學的用心。事實上，普遍的哲學解釋學同樣也可以得出存有秩序決定了對事物的恰當認識這一看法，卻完全把上帝排斥出去不予理會，而只成了純粹人的解釋活動。韋伯斯特的「再—區域化」基督教的神學解釋學，就是把聖經與閱讀聖經的活動重置於三一上帝的經世活動之中來予以定位。因此，韋伯斯特在二〇〇八年發表的文章〈聖經式的理性思考〉就花了一整節討論根植於內契圓滿三一的神聖經世活動乃一拯救與啟示的活動，二〇〇七年的〈復活與聖經〉也同樣花了一整節來講論復活基督的自我溝通性臨在。聖經的本性、聖經所在的位置，以及解讀聖經的行動，都被置於三一上帝的拯救與啟示活動，具體來說即被置於復活基督的自我溝通性臨在之中，方才得其確解。

四、上帝話語底下聖經的本性

事實上，當代的哲學解釋學把聖經與聖經的解讀者抽離三一上帝經世拯救的歷史，只會視聖經文本的自然特質（natural properties）與解釋者的技巧為世界之中的溝通活動（immanent economy of communication）的元素。[44] 認為聖經乃歷史的產物就是表明那是人的作品，因而解釋也只是人的作為。[45] 是以，首要的是注意聖經書卷的文學特徵及其相應的解釋，一如其他同類文學特徵及其相應解釋的情況，聖經書卷其特殊的作用，即神聖教導，是次要的。[46] 基本上，這是把聖經及其讀者，都視為純粹的自然（pure nature）；[47] 以「文本」（text）取代「聖經」，與此平行的是「非區域化」的解釋實作（deregionalization of practices of interpretation），高舉的是自然的人性及其自然的解釋理性。[48] 韋伯斯特正視聖經學與解釋學的「純粹自然」的統識（hegemony），提出必須以基督教的上帝觀，以及上帝對人類言說與理性的護佑性調理，來作出抗衡。他寫道：「在神聖的經世活動之中，文本的自然特質、讀者的技巧與運作，並非自足的，而是被任命以其受造物的身分來協助上帝醫治衰殘的與無知的罪人。」[49] 韋伯斯特並非全然否定聖經的自然特質與解讀的技巧，而是強調神學若只把聖經單單視為史賓諾沙（Baruch Spinoza）所講的「歷史的經卷」（*historia scripturae*），把聖經的解釋單單視為釋經技巧或讀者的德性，那麼它就失職了。[50]

若我們不能只把聖經單單視為「歷史的經卷」，如同一般出自人的手筆的「純粹自然」的文本，而予以解讀，那麼又應當如何看待聖經而不致全然否定其自然特質，而予以恰當的解讀？韋伯斯特指出：「當耶穌基督在聖靈裏言說，上帝言說」，[51] 但因著耶穌升天，祂取了聖經的方式來跟受造物言說，為了完成其溝通的使命，聖道差派聖靈差使及聖化一組人的作品，成為適合祂自我宣講的器皿，使這些人的話語成為聖道的話語，人的話語發出之時乃聖道的重複。[52] 因為這一緣故，歷史主義的或純粹自然的形而上學無法把握這種情況。這裏聖經神學涉及的是，「啟示深嵌在時間形式的領域之內，包括語言的與文學的形式」，[53]「聖道/話語以這種形式來言說」。[54] 那麼，神聖的言說與人的言說的關係是怎麼樣的？韋伯斯特一方面指出「先知的與使徒的話語乃話語領域內神聖設定的記號」，[55] 但神聖設定其實是同時任用及提升人類作者，而並不減縮文本或作者的整全性與作者的意圖，卻是把文本或作者的實在（realities）與活動置於上帝自己作為首要行動者/施為者其所始發與引導的運動，就是使得聖經的記號承載聖道/話語朝向其聆聽者。[56]「先知的與使徒的記號仍是人的話語，而不是神聖的或天使的話語」，[57] 這是韋伯斯特另一方面要指出的：「先知的與使徒的記號是受造性的。」[58] 他進一步就此解釋：「這意味它們（記號）是**受造的**：它們擁有其自身的本性與作用，不在於其自己也不屬於其自己，而是在神聖設定的運動——目的是聆聽上帝話語——之中。在這運動之中，先知的與使徒的記號擁有受造物的特質」，[59] 正因如此，「這受造物的行動者/施為者與話語不是純粹『自然的』」。[60] 這樣子了解聖經的語言，是以之為參與或有分上帝的工作，而不再囚禁在純粹的自然歷史之中，卻是參與或有分其所描繪的那一展開的實在。[61] 然而，韋伯斯特並不因為上帝使用聖經的記號來言說，就贊成以成人身的聖道其神性與人性的關係，來類比地了解神性話語與人類話語之間的關係。反之，他拒絕這樣的做法，卻表示：「聖經並不擁有神性，聖經文本在實質上並不與神性話語聯合，在感通（inspiration）之中並不出現位格聯合（*unio personals*）。因而聖經之中不可能存在神性特質的相通，聖經沒有穿戴了神性的屬性。聖經是先知的與使徒的言說，上帝把祂的話語賜給先知與使徒，但是上帝並沒有成為他們的話語。」[62] 這清楚貫徹了聖經的記號乃受造性的這一看法。韋伯斯特對聖經本性的立場——既是受造的又不是純粹自然的，可見於他引述溫斯（Armin Wenz）的《上帝的話語：律法與拯救》（*Das Wort Gottes —— Gericht und Rettung*）的話：「上帝的言說與行動在受造媒介與歷史進程之中發生，跟受造媒介與歷史進程一起發生，又在受造媒介與歷史進程底下發生，但總是異樣的、他異的，從外而來進到世界之中的言說與行動；上帝對受造媒介的調配並不廢棄其本身的『二元性』。」[63]

五、聖經論底下的閱讀行動

那麼，相應於這樣的聖經文本，應該怎樣閱讀、解釋呢？聖經乃上帝的自我溝通，相應來說，閱讀、解釋應是人對上帝的自我溝通的接收與行動，[64] 而可以包括閱讀的行動以及技能（語言的、文學的、歷史的）。[65] 問題是，應該如何理解這些閱讀的行動與技能？韋伯斯特認為須要置之於閱讀的教會論與人性論底下來討論，[66] 而不能離開話語的領域來進行。[67] 即是閱讀聖經之羣體與讀者只有在話語的領域之內，為話語所管治，方才可能恰當地閱讀聖經，或者更準確地說，方才可能在閱讀聖經時被上帝的話語致顯以致聆聽到上帝的話語。這涉及的是讀者要被置於「解釋情境」之中方才可以恰當地閱讀相關的文本，但是在基督教的情況，這個解釋情境卻是由上帝的話語／聖道所形成的，在這樣的理解底下，韋伯斯特寫道：

> 讀者在一個較大的事件與活動網絡之中存在而為一個行動者（actor），在這網絡之中至高的是上帝的行動，在當中上帝透過聖經文本向上帝的子民言說上帝的話語，指引他們並教導他們當走的路。讀者作為這個歷史過程的參與者，在文本之中**被上帝向他言說**。這言說，以及由這言說所生出的聆聽，是上帝戲劇的一部分，上帝的戲劇把人類的生命全然包涵在內，包括人閱讀與理解的行動；這是罪與罪被克服的戲劇。閱讀聖經是這歷史中的事件。因此，它是道德的與靈性的，而不僅是認知的或表象的活動。讀者**閱讀**，當然是盡其能力找出意思、拆解文本與其文學類型、嘗試辨識其意圖（無論是顯明的或隱含的）、把它置於歷史與文化之中——閱讀聖經時，

> 這些全都發生。但是當這些發生之時，拯救的歷史發生了；每一個閱讀行動也跟偶像崇拜、悔改與從罪中決絕回轉的動態分不開，當上帝的話語致籲人類，這動態就發生了。而正是這動態才是聖經的基督徒讀者其確定面貌。[68]

這樣的一大段文字清楚表明了在基督教看來，基督徒閱讀聖經是屬於上帝與被拯救的罪人那恩慈的、溝通的相遇的片段。[69] 作為罪人，他不可能在人的能力之內能夠恰當地閱讀聖經[70]——上帝對人的言說，這解釋了為甚麼基督徒閱讀聖經必須置於話語的領域之中來進行，否則我們只會以錯誤的目的來對待文本，把文本所講的扭曲成我們自己想要它說的，而不是讓文本擾亂或審判或命令或呼喚我們悔改回轉。[71] 一言以蔽之，我們來到聖經面前，要想殖民化聖經，使得神聖的話語可以被控制，而不是認同先知和使徒傳遞的信息，因為我們都是不義的、不信的，有時甚至目空一切。[72] 這明顯是出自一種神學人性論的看法。若果基督徒對於自身的讀經並不考慮這一人性論，那麼他的解釋學就不是基督教的而為別的。哲學解釋學的人性論避免基督教的特殊的人性論，而為某種普遍的人性論，當中的普遍性更有強調自然、超越的一面，而這正正跟基督教對人性的看法互相違背。因此，如果基督教的解釋學要貫徹其自身所認信的，就必須按照其上帝論，以及由此而來的聖經論，來建立其解釋學。這樣一來，基督教人性論則必須被正視，而不可被別的自然、超越的人性論所取代。

那麼，罪人當怎樣閱讀聖經呢？韋伯斯特表示：「如果我們要想在解釋聖經的行動之中能夠應合（上帝的話語），以及享受努力所得的成果，則必須成為某一種人方可。」[73] 他指出史賓諾沙把「自然的理性之光」跟「某些在自然之上的光」對立起來是誤導的，而認為「沉思默想神聖話語並不涉及自然行動的超越性，卻在於這些行動的重生與再次被引導歸回其恰當的目的」。[74]「我們必須轉變，而所需的轉變不只是延伸使用所擁有的技能，而在於解釋理性的全然悔改，以致能夠聽到書卷的話語（賽二十九 18）。」[75] 這樣的改變，可以從兩個角度來察看。由於基督徒閱讀聖經的能力被罪所扭曲，而不願意聆聽並操控自身的閱讀，那麼這就涉及讀者的意志。[76] 讀者的意志必須被潔淨，[77] 甚至被治死然後復生過來，方才可以恰當地閱讀聖經，因為這就被重新引導而朝向真正的目的，包括聆聽上帝的話語這一目的。[78] 因此，基督徒的閱讀人性論的基本結構是：「基督徒發現他自己被某段經文抓住，以致從『心硬』的讀者轉變成為『心碎』的讀者。」[79]

換另一角度來看，這樣的讀者就是「忠信的讀者」（faithful reader），他是以「相信」來閱讀聖經的。[80] 這種閱讀方式就是承認自身是在拯救恩典的實在之中，並且明白不信、恐懼與邪惡的離異已經被終止了。[81] 信靠的閱讀是安立於讀者自身之外的上帝，而相應於上帝的創造性與救贖性行動。[82] 這種閱讀聖經的舉動，既是文學與歷史的事情，但又是活在上帝臨在的一種模態樣式。[83] 由此，閱讀聖經並非建構所聽到的，而是同意上帝透過文本向我們所言說的，而可說是作門徒、跟隨話語或順服。[84] 然而，韋伯斯特在這裏指出，這種講法是根植於耶穌在聖靈裏的臨在與活動，以及這臨在所生起的活動模態樣式。[85]「基督徒的閱讀人性論須要同時強調：聖經在讀者身上的管治與重新帶領的活動〔……〕以及讀者自身呼喚聖靈，而這乃是在基督裏存活的基本行動。」[86] 這表示了一方面「聖靈生產**讀者**」，[87] 另一方面基督徒閱讀只是一種「祈禱」的活動。[88] 因為祈禱把解釋的意志活動安頓於全新的處境之中，把這些活動相對化並予以轉化，以及懇求上帝把閱讀的行動化成透明的及順應上帝在基督裏透過聖靈來施行的行動。[89]

由此，對韋伯斯特來說，閱讀聖經是一種藝術，是達致目的的恰當行動。[90] 聖經的本性和目的，決定了閱讀聖經的方式；聖經作為先知和使徒的文本職事，塑造了聖徒的閱讀踐行。首先，這強化「文本」的範疇其作為特定的文學體裁，但相對地其重要性是較低的，是必須的但卻不足夠。[91] 第二，如果聖經是聖化了的與感通了的人的言說，那麼聖經那些「人的特徵」雖然真實，但卻是工具的，被條理/命令朝向神聖的言說行動，亦由這種連繫而予以了解。[92] 韋伯斯特由此進而對在閱讀聖經時使用歷史的與文學的技巧作出判斷。一方面聖經鑑別法並非教會的敵人，反之乃是上帝在教會之中保守/護佑聖經的作為之一。[93] 韋伯斯特認為神學自身之失敗，未能恰當地對待聖經，以致塑造和使用聖經鑑別法來閱讀聖經而以為有益於神學，方才使得歷史地研究聖經對神學的某些發展產生負面的影響。[94] 這種失敗，就是忘記或沒有對文本那人的與歷史的特性進行神學的解讀，因而使得聖經的自然記號收縮成為純粹的自然，不再指向神聖的事物。[95] 那麼，歷史地及文學地閱讀聖經，我們會期望得出些甚麼呢？韋伯斯特透過這樣的提問，指向了只有在實際的釋經之中才能得到滿意的答案，但他馬上補充，只有校正原初的方向，視自然的記號為工具的與支援的，才能期望得出更多。[96] 關鍵是，不能混淆記號與事物（sign and matter），文本是記號而不是事物。[97] 否則就是失序。這就回到了聖經的本性了。韋伯斯特這樣寫道：「聖經記號及其解釋者的秩序，是復和的秩序，是受洗／浸理智藉著恩典而升高以連接神聖言說的禮物／恩賜。」[98]

六、聖經論底下的閱讀羣體

最後我們要問：基督徒閱讀聖經的過程之中，教會的角色或位置是甚麼？韋伯斯特以話語的教會論來規限教會論，意味著教會乃是由話語所生，而活在話語的領域之內，為其規管。「話語同時是教會的本源以及教會獲取其本性的惟一恆常條件」，[99] 話語是「新創造的主，祂把一個新的羣體呼召出來，把她環繞著祂的命令式臨在，並導引她聆聽與順服祂」。[100] 基督致顧教會，而賜給教會生命，因此教會是由上帝的話語得生命而存活的。[101] 具體來說，教會被命令朝向聖經，因為聖經乃是復活基督向聖徒所作的可見的與可理解的言說。[102] 教會在專注於聖經之中，所專注的並非自己的聲音，而是復活基督透過聖經發出的那不可束縛囚禁與自我的宣告。[103] 由此，教會因話語而聚集並聆聽，從而認信並領受生命與生活的方式。[104] 韋伯斯特就此而言：「聖經的社羣位置是在教會之中」，「聖經的社羣座標是福音的羣體」。[105] 有關聖經與教會的關係，韋伯斯特作出了教義式的勾畫：「教會的明確行動，是忠信地聆聽拯救的福音，這是由復活的基督在聖靈的能力中透過聖經的服事而宣告的。作為神聖話語的受造物，教會是聆聽的教會。」[106]

教會作為上帝的子民，聚集一起專注聖經而聆聽話語，而形成閱讀的文化，由此韋伯斯特寫道：「基督徒讀者是在上帝子民的伴同而為其中的一分子來閱讀聖經的。」[107] 他指出人不能以自省來認識自己，因此基督徒的讀者的理智與行動，在於其所處的空間是一個恰當踐行聆聽聖經的空間。[108] 智慧的基督徒讀者離開了基督徒羣體的生活與踐行，不能掌握他要使用的稟賦與技能，因為這些東西是從這個羣體的公共故事之中獲取的，並從這個羣體之中成形而為規矩的作為。[109] 這些閱讀稟賦與技能也通過教會的公共活動而得到強化，這些公共活動同時從基督教的閱讀文化之中獲取根據與資源。[110] 基督徒的羣體閱讀習慣可以見於正典、信經與傳統：正典塑造我們視聖經為整全帶目的的經卷來閱讀；信經確保閱讀聖經時由恰當的期望（聖經所告知的）所掌管，為閱讀聖經提供一簡要的地圖或指南；傳統測試對聖經的閱讀是否屬於那有益於教會釋經傳統的閱讀家族。[111]

七、結語

韋伯斯特對神學地解釋聖經的討論，如上所見，並不在於實作上的方法或步驟。他從事的是教義式的勾畫，一如他所著的《聖經：一個教義式的勾畫》的書名，而為「閱讀/解釋聖經：一個教義式的勾畫」。韋伯斯特這一工作屬於「重序」（re-ordering）層次的，把解釋學、聖經學與上帝論置於恰當的秩序與關係之中，以致能夠恰當地確定聖經的本性，繼而可以正確地思考閱讀、解釋聖經的活動。這種「重序」的工作並非哲學性的，而為神學的或教義的。這種工作無疑是不把聖經約化為「文本性」（textuality），不把閱讀者、解釋者約化為「自然的理性人」，不把閱讀、解釋活動約化為「歷史的文學的鑑別方法」。韋伯斯特是要回到「區域的解釋學」，回到基督教信仰的話語領域之中來再思聖經的本性與閱讀、解釋聖經的活動。然而，韋伯斯特並非要全然否定人的理性，以及歷史的文學的鑑別方法，而是重新置定其作用，而由話語領域之中為溝通與拯救的三一上帝所使用的聖經所規限。因此，解釋的理性須要跟隨那以溝通為其本性的文本，[112] 而解釋並非不涉及釋經實作的操作，即語言的、文學的與歷史的解釋，[113] 但必須隸屬於文本性質之下，而其目的乃是專注於文本的方向；釋經方法服務解釋目的：對臨在文本之中的宣稱專注與敞開，抵抗自己對該宣稱的抵抗。[114] 因此，韋伯斯特所作的貢獻，並非一套特殊的解釋聖經方法，而是一套特殊的解釋學，一套神學的或教義的解釋學，其作用乃是「重序」、「重新引導」基督徒的解釋理性，以朝向聖經所指向的目的。

註釋

1. Stephen Fowl, *Theological Interpretation of Scripture* (Eugene: Cascade, 2009), 1.
2. John Webster, *Word and Church: Essays in Christian Dogmatics* (Edinburgh & New York: T & T Clark, 2002).
3. John Webster, *Holy Scripture: A Dogmatic Sketch* (Cambridge: Cambridge University Press, 2003)；中譯：約翰．韋伯斯特：《聖經：一個教義式的勾畫》，鄧紹光譯（香港：基道，2010）。
4. John Webster, *Confessing God: Essays in Christian Dogmatics II* (London & New York: T & T Clark, 2005).
5. John Webster, *The Domain of the Word: Scripture and Theological Reason* (London & New York: T & T Clark, 2012).
6. Webster, *Word and Church*, 1.
7. Webster, *The Domain of the Word*, 32.
8. Webster, *The Domain of the Word*, 32.
9. Webster, *The Domain of the Word*, viii.
10. 韋伯斯特對認信的討論，見其文章：John Webster, "Confession and Confessions," in *Confessing God*, 69～86。
11. Webster, *Word and Church*, 47.
12. Webster, *Word and Church*, 48.
13. Webster, *Word and Church*, 57.
14. Webster, *Word and Church*, 56.
15. Webster, *Word and Church*, 56.
16. Webster, *Word and Church*, 56.
17. Webster, *Word and Church*, 57.
18. Webster, *Word and Church*, 57.
19. Webster, *Word and Church*, 57.
20. Webster, *Word and Church*, 58.

21. Webster, *Word and Church*, 58.
22. Webster, *Word and Church* 58.
23. Webster, *Word and Church*, 59.
24. Webster, *Word and Church*, 63.
25. Webster, *Word and Church*, 63.
26. Webster, *Word and Church*, 63.
27. Webster, *Word and Church*, 63～64.
28. Webster, *Word and Church*, 64.
29. Webster, *Word and Church*, 64.
30. Webster, *Word and Church*, 57.
31. Webster, *Word and Church*, 64.
32. Webster, *Word and Church*, 64.
33. Webster, *Word and Church*, 64.
34. Webster, *Word and Church*, 64.
35. Webster, *Word and Church*, 64.
36. 參 Webster, "Biblical Reasoning," in *Word and Church*, 115～132。
37. Webster, *Word and Church*, 4.
38. Webster, *Word and Church*, 65.
39. Webster, *Word and Church*, 70.
40. Webster, *Word and Church*, 66.
41. Webster, *Word and Church*, 65.
42. Webster, *The Domain of the Word*, 33.
43. Webster, *The Domain of the Word*, 32.
44. Webster, *The Domain of the Word*, 5.
45. Webster, *The Domain of the Word*, 5.
46. Webster, *The Domain of the Word*, 5～6.
47. Webster, *The Domain of the Word*, 6.
48. Webster, *The Domain of the Word*, 6.
49. Webster, *The Domain of the Word*, 6.
50. Webster, *The Domain of the Word*, 37.
51. Webster, *The Domain of the Word*, 8.
52. Webster, *The Domain of the Word*, 8.
53. Webster, *The Domain of the Word*, 9.
54. Webster, *The Domain of the Word*, 9.

55. Webster, *The Domain of the Word*, 9.
56. Webster, *The Domain of the Word*, 10.
57. Webster, *The Domain of the Word*, 10.
58. Webster, *The Domain of the Word*, 10.
59. Webster, *The Domain of the Word*, 10～11.
60. Webster, *The Domain of the Word*, 11.
61. Webster, *The Domain of the Word*, 11～12.
62. Webster, *The Domain of the Word*, 13.
63. Webster, *The Domain of the Word*, 13.
64. Webster, *The Domain of the Word*, 20.
65. Webster, *The Domain of the Word*, 20.
66. Webster, *The Domain of the Word*, 20.
67. Webster, *Word and Church*, 20.
68. Webster, *Word and Church*, 77～78；文字的強調為原書所有。
69. Webster, *Word and Church*, 79.
70. Webster, *Word and Church*, 79.
71. Webster, *The Domain of the Word*, 79.
72. Webster, *The Domain of the Word*, 27～28.
73. Webster, *The Domain of the Word*, 26.
74. Webster, *The Domain of the Word*, 27.
75. Webster, *The Domain of the Word*, 27.
76. Webster, *Word and Church*, 80.
77. Webster, *Word and Church*, 80.
78. Webster, *Word and Church*, 81.
79. Webster, *Word and Church*, 81.
80. Webster, *Word and Church*, 8; The Domain of the Word, 27.
81. Webster, *The Domain of the Word*, 27.
82. Webster, *Word and Church*, 82.
83. Webster, *The Domain of the Word*, 27.
84. Webster, *Word and Church*, 82.
85. Webster, *Word and Church*, 82.
86. Webster, *Word and Church*, 82.
87. Webster, *The Domain of the Word*, 27；文字的強調為原書所有。
88. Webster, *Word and Church*, 83.

89. Webster, *Word and Church*, 83；另參 Webster, *The Domain of the Word*, 28。
90. Webster, *The Domain of the Word*, 28.
91. Webster, *The Domain of the Word*, 28.
92. Webster, *The Domain of the Word*, 28.
93. Webster, *The Domain of the Word*, 29.
94. Webster, *The Domain of the Word*, 29.
95. Webster, *The Domain of the Word*, 29.
96. Webster, *The Domain of the Word*, 29.
97. Webster, *The Domain of the Word*, 29.
98. Webster, *The Domain of the Word*, 29.
99. Webster, *The Domain of the Word*, 44.
100. Webster, *The Domain of the Word*, 44.
101. Webster, *The Domain of the Word*, 44.
102. Webster, *The Domain of the Word*, 44.
103. Webster, *The Domain of the Word*, 45.
104. Webster, *The Domain of the Word*, 43.
105. Webster, *The Domain of the Word*, 43；另參頁 41。
106. Webster, *Holy Scripture*, 44；中譯：韋伯斯特：《聖經》，頁 53。
107. Webster, *Word and Church*, 84.
108. Webster, *Word and Church*, 84.
109. Webster, *Word and Church*, 85.
110. Webster, *Word and Church*, 85.
111. Webster, *Word and Church*, 85.
112. Webster, *The Domain of the Word*, 47.
113. Webster, *The Domain of the Word*, 47.
114. Webster, *The Domain of the Word*, 47.

延伸閱讀：
講課大綱——聖經式理性思考

講課之文本：John Webster, "Biblical Reasoning," *The Anglican Theological Review* 90:4 (Fall 2008), 733 ~ 751 = John Webster, *The Domain of the Word: Scripture and Theological Reason* (London & New York: T & T Clark, 2012), Chapter 6.

一、引言

1. 兩項互有關聯的宣稱
   1.1. 基督教神學是聖經式理性思考
   理性對「神聖話語／道（（the divine Word）透過先知和使徒向受造物言說」，作出回應。

1.2. 解說此一看法，需要輔以神學地解說聖經及理性之本性及目的：存有論及目的論（ontology and teleology）（what they are and what they for）。

2. 如何了解聖經及理性之本性及目的？

2.1. 從基督教的認信（Christian Confession）開始：神聖經世活動（divine economy）：三一上帝的工作和其所創造的受造實在之秩序（order of creaturely reality）。

3. 此一進路之重要性，在於

3.1. 在甚麼架構底下了解聖經的使用、聖經權威的性質、神學解釋的實踐？

對聖經之本性及任務缺乏共同的了解，出現了只把聖經視為古代文獻的歷史鑑別法，以及視之為上帝話語的神學解釋，二者之間的激烈爭戰。

3.2. 需要把理性置於受造物領域內來確定其本性和目的。

進而需要把理性置於上帝對受造物的心意之內，來確定其本性和目的。

3.3. 因此，必需在神聖經世活動中來把握聖經及理性之本性及目的。

二、神聖經世活動

- 聖經和理性屬於受造物的實在，含有文化成分，故此並不「純粹」、「超越」。
- 聖經和理性是在神聖經世啟示（the economy of divine revelation）中發生作用的/工作的。

1. 神聖經世活動

1.1 神聖經世活動是根源於神聖三一的內在圓滿

- 強調神聖自我（divine aseity），保護非受造與受造物的分別。
- 藉此而顯出創造這一行動有其「深度」（depth）：深入至神聖的意圖，而非隨意；人類的文本的及智性的行動，涉及那先於其存在的上帝的實在（anterior reality of God；尤指其實質及功能）。

1.2. 神聖經世活動以團契相交的歷史而開展，在這團契相交之中，人被呼喚去認識和愛上帝

- 上帝愛受造物因而使受造物成其所是。
- 人以知識及愛為其特性，此二者為團契相交的必要元素，並且這兩者是認識的動作：認識及愛他者，以及涉及智性（intelligence）而不只是本能。
- 團契相交：上帝方面：溝通性的自我給予

(communicative self-gift)——祂的「道」；這溝通性的自我給予引發、促使知識與愛。

1.3. 神聖經世活動包括拯救的歷史

- 人的拒絕與邪惡破壞了上帝與人的團契相交：拒絕上帝自我給予的話語。
- 上帝藉著成肉身的道及賜生命的聖靈的拯救工作，保存人性。

1.4. 神聖經世活動是啟示性的

- 上帝在其創造的及拯救的經世行動中被認識。
- 上帝在團契相交的歷史中臨在並讓人認識祂自己——在關係中向人說話。

2. 神聖的經世活動(以上四點)對於受造物的本性和行動來說，是基本的。

三、聖經

1. 上帝的內在神聖生命是其經世活動的根基
   - 此經世活動是上帝的自我言說其自己，故其與受造人類的關係，不單是因果關係(上帝以話語創造)，更是自我表達的、能產生認知的關係(cognitive relation)。

2. 上帝自身是先存的神聖之道(divine Word)，當其向受造人類溝通其永恆目的之時，祂使自己成為知識之對象。因此，神聖之道成肉身，向受造人類表達其自己。

3. 人類對上帝的知識之可能，在於外在之道（*verbum externum*）（聖子）與內在之道（*verbum internum*）（聖靈）之工作。內在之道（聖靈）使神聖之道客觀地臨在（objective presence），並使神聖之道主觀地可被認知（subjective intelligibility）。受造人類聽見和認識上帝，因為聖靈使他們聽見和認識。

4. 聖道與聖靈是透過受造物聖經來工作的。聖經的性質及其作用是甚麼？

5. 聖經不是：自然神論（deism）或歷史的自然主義（historical naturalism）所了解的東西，即不是內在自足的溝通東西，不是只需確定文本的自然的和歷史的特質，其宗教意義不是我們外加的。

6. 聖經的性質是：由其在神聖經世活動（拯救及啟示）的位置來決定；聖經的性質指導、決定其接受的特性（reception）。

7. 聖經是先知和使徒的見證
   - 上帝呼喚並授權聖徒羣體中某些人寫下書卷，這些話語跟神聖話語有獨特的關係：

- 先知與使徒的話語**不完全等同**神聖話語。
- 但卻被賦予特殊使命，由上帝所差遣。
- 被授權代表／再現／呈現及見證——而非體現（embodiment）或延續神聖話語——為上帝自己話語的大使，由此而有權柄（authority），而被捲進上帝的自我啟示之中。
- 其作用不在於其自身內在的能力，否則即自然神論或歷史的自然主義。

8. 聖經是人類的實在（human reality），由上帝神聖溝通所任命／條理（order）
   - 上帝並不廢棄其人性特質。
   - 平行：主餐的餅和酒是拯救活動中的記號（signs），傳遞基督的拯救；並非餅和酒能拯救，但餅和酒的受造實在為上帝所用，在其被使用中其實在性被實現出來。

9. 在聖靈向人溝通／啟示的活動中，聖經的本性與作用
   - 聖靈感動／感通（inspires）聖經：聖經由前文本傳統到成為正典，都在聖靈的監管底下；在這一過程中，聖經因此不是自足自閉的實在。
   - 在此過程，聖經命令**聆聽**（hearing）：讀者之接受聖經不在於文本的本性擁有任何東西，可被使用或解釋以致得

到好處；聖經作為大使之目的，是讓受造物認識上帝並愛上帝，聖經是引發、生起這樣的行動。

- 聖經是道路，藉此，神聖運動（divine movement）呼喚並規限相應的受造物的運動（creaturely movement）。

10. 聖經的權威

- 不是可以抽離神聖拯救的經世活動而可處理的，否則離開上帝對受造物的心意，造成扭曲的抽象權威。
- 乃是命令思想、言說及行動的能力（power），藉由向讀者、聆聽者見證那差使聖經的上帝其心意。
- 聖經的權威是**回塑的**（retrospective）：回顧上帝乃聖經的首要作者（*auctor*），祂與受造物分享其知識。
- 聖經的權威也是**前瞻的**（prospective）：聖經的權威能引發生起受造物的行動
- 聖經的權威是模造（*tontalitas*）：聖經的權威是創造的而非提升能力——創造條件使受造物的能力（包括理性能力）恰當地使用。
- 改革宗經院神學家：*sacra scripture locuta, res decisaest*（Holy Scripture speaks, thing is settled / determined）。*locuta decisa*（Speaking settles / determines）並不消除智力、意志或感觸，而是引導它們，使其從自我主義中釋放出來而工作。

四、理性

1. 理性不因我們敗壞而不再是上帝愛的恩典和禮物，因為上帝已經「針對」「理性敵對上帝」。

2. 理性在道與聖靈的拯救與臨在下，先死後生，不再自我導引，而是依於上帝的自我顯現臨在，而可以恢復其在人與上帝之間那定規的友誼中間的作用。

3. 在上帝創造、拯救、啟示的工作秩序中來了解理性的任務：實在的秩序（order of reality）是理性的規律（reason's law），理性的規律是由實在的秩序所形構及帶來生命、活動。
   - 實在的秩序是由上帝的行動建構的，並且由神聖所委任的記號使得這秩序可被理解，在這秩序之中理性是人跟上帝相交的基本工具。
   - 這是智性的崇拜：沉思上帝——了解、緊貼、順服上帝。如何可能？
   - 聖化的聖靈引導理性朝向道（Word），然後理性才被授權和加力去判斷和引導；理性不作主人和法官，反而先要謙卑下來。
   - 基督教神學乃是被拯救過來的智性作出判斷的活動。

4. 中世紀之後，把理性從人與上帝的關係中抽離出來，形成獨立自存的理性觀，需要發掘早期基督教傳統對理性的看法。

5. 理性是受造的、墮落的和被拯救的

5.1. **理性被造**是為了要聆聽創造主那可了解的話語（應許與命令），以致認識祂、愛祂、順服祂。

- 人是**受造物**，因為人有上帝，所以人有理性。因此理性是偶發的（contingent）而非原初的（origin）或自立的（self-grounding）。
- 理性讓受造物有能力超越即時，理性是反思的意識（reflective awareness），可以思考情境的意向性而非只是記錄這情境。理性讓我們的行動是帶著意向性的，這樣我們的行動是向前、朝向終極目的，這終極目的是全然在這理性之外的，理性的終極目的是認識理性之外的上帝，以及在上帝之中的萬物。

5.2. 神學對理性作出形上學的描述：理性是在存在物秩序之中活動的，而這存在物是立基於上帝自己，由此理性不純是人自己意志的工具。但**理性墮落**。

- 罪就是不接受受造的召命，理性因此而陷進虛無與黑暗之中。奧古斯丁指出墮落的理性是把自己敗壞，拒絕其神聖召命。脫離創造主而失去方向和目的，因此扭曲其美善，成為「純粹的」理性、獨立自存的理性，而這就是自我敗壞。

- 理性的敗壞是顛倒其被給予的本性，所以不是要否定理性的本性。
- 墮落的理性是跟理性的本性矛盾的，墮落的理性渴求確定性（certainty）但卻不信任神聖話語與應許，只聽自己。

5.3. 理性與赦罪的能力相遇，而被審判更新：先死後生，心意變化而更新

- 理性之中那世界的智慧的毀壞性，要在十字架底下死去（林前一 28）。
- 上帝在基督裏才是理性生命的源頭，理性因此要朝向基督，由此使得理性可以踐行其職事。
- 理性的敗壞："err in excess"；但理性的救贖可能引致"err in defect"（藉由對理性作"underrating"），都是沒有置之於職事的和有機的關係中。
- 因為墮落，理性不能自己量度自己，而應在職事的與有機的關係中量度其自己。
- 與神學的關係：理性不是至高無上，而是處身於職事的和有機的關係中。

五、基督教神學

1. 基督教神學是聖經式理性思考（biblical reasoning）

1.1. 神學之認識論原則：聖經

- 聖經：神學在其中找到其題材（subject matter）及規範（norm）（用來評估神學的再現／呈現〔representation〕）；題材、規範：上帝自己。

1.2. 神學之存有論原則：上帝自己

- 三一上帝在道與靈之中與受造物的相交。

1.3. 認識論原則建基於存有論原則

- 聖經是上帝的作用，其認知及啟示的力量，不在於文本所擁有的，而在於上帝愛的聲音及管治的行動。

2. 神學與聖經與上帝

- 神學理性的對象（object）以文本的形式再現／呈現（represent）其自己，但形式不窮盡對象，而形式亦是合適的，透過此形式神學與神聖的召喚相遇，因而神學並非自由的學科，卻是緊扣於其對象，亦因此神學找到其位置。

3. 理性與神學與上帝

3.1. 透過聖經上帝命令／條理人的理性。理性在朝聖的途中，仍會留連於敗壞，是以理性在上帝的聖化及管治恩典的領域中，其不足是由神聖應許所補足。

3.2. 理性對這管治的回應：

- 試探：藉消除理性的工作而誇大恩典。
- 然而：在拯救領域之中，理性既非主人也非奴隸，而是被造以致活潑地擁抱道，在道的指引下主動地/積極地而非被動地/消極地接受這理性：
  - 道是創造性的、溝通的、可理解的，其言說時、被接受時、成為被信仰所了解時，都有其本身的措詞。
  - 理性被拯救後非為了懶散而是為了認識，失序的理性（以主人身分出現）被秩序所克服，而可以在美好的神學秩序中，恢復其聖經式理性思考這一恰當的工作使命。
  - 這使命可分為釋經式理性思考（exegetical reasoning）及教義式理性思考（dogmatic reasoning）。

4. 聖經式理性思考

4.1. 釋經式理性思考

- 閱讀聖經：智性追隨文本的文字寫作。
- 神聖言說透過聖經發言，引發不自私、愛慕、順服地追蹤文本的舉動——此即釋經的工作——此即神學的首出舉動。
- 神學理性的主要任務：找出文本要說些甚麼——即 literal sense——即先知和使徒**活潑的**聲音，他們的文本是聲音，要傳遞、宣告上帝的活潑話語。

- 追隨文本是智性的重複活動，重寫文本，尾隨航迹——對智力的極大要求。
- 要求拒絕成為不假思索的行為，警醒不要以我們自己的再一現來逮捕文本的運動。
- 延伸：註釋乃神學的文學類型，註釋是沉思地解釋文本（contemplative paraphrase），而非報告文本的歷史資料。
- 註釋理性（commentarial reason）是神學理性的展現方式，是由聖經文本引發的；文本是確定的（determinate）、權威的，以及抵抗的（resistant），而非被鑑別的（critical）。
- 註釋理性總是回溯文本，只有文本才提供實質內容，這回溯點明理性的限制，也是理性更新的機會。

4.2. 教義式理性思考（dogmatic reasoning）

- 把註釋理性的工作成果以**概念方式呈現，並按主題排列**。
- 作用：視聖經為全面展示神聖的經世活動，可以看見聖經各卷之間的互相關係及正典的統一性，可以看見各種主題的比重。
- 作用：整全地了解聖經，由此引導釋經理性解釋個別書卷。

- 教義學：有架構地及分析地呈現福音的內容
  - 系統：不是由主導概念演繹出一套僵化的形式化的條文，而是把先知和使徒透過其直接的理性眼睛所看見的有關上帝在時間中的眾多經世工作，集合而成一整體。先知和使徒是上帝所委任的，其言說不可被約化：教義學家不由上帝委任，故只能追隨文本而不能把神學理性的對象牢固地捕捉。聖經文本的充足性（sufficiency）包括其修辭的充足性（rhetorical sufficiency）。

六、結論

釋經及教義學間接地是苦修的操練：

1. 理性在教會之中先行被治死，才可以與上帝為友，才可從事釋經及教義的工作。

2. 然後理性復活/復甦過來，此即為神學信心的根基。復活、復甦過來的理性才有能力從事釋經與神學。

3. 理性在先知與使徒所見證的神聖之道的引導底下，朝向神聖之道，就成了恩典的領域，成了記號：克服罪的失序——無知及無節制的發明。

11.

論傳統 I

從特殊到普遍到特殊的聖經解釋活動*

一、

「為甚麼我們不能就只是閱讀聖經呢？」這是英國神學家何斯（Stephen Holmes）一篇文章的章題。[1] 雖然這篇文章談的是傳統在做神學中的地位，但當解釋聖經是做神學不可或缺的一個環節，就難免涉及傳統在解釋聖經的過程中扮演甚麼角色的問題。傳統總是特殊的傳統，若從聖經研究的歷史來看，則總是一段不斷擺脫傳統回到聖經文本本身的歷史。這樣的說法可以

＊ 本文原為鄧紹光：〈從特殊到普遍到特殊的聖經解釋活動——福音信仰與聖經研究〉，《中國神學研究院期刊》第四十四期（2008 年 1 月），頁 33～52。蒙允轉載。

分別從正面及負面兩方面來了解。若從正面來說，這是一種以聖經文本為絕對權威的舉動，避免讓聖經的解釋落入被擄於傳統的景況之中。可是，這樣的看法，若從負面來說，就似乎認為要盡力從傳統中釋放出來，是有可能非中介地（unmediated）直接認識那交付給使徒的見證：基督自己的言行。[2] 然而，高抬聖經之權威與肯定傳統對閱讀聖經有其必要性，兩者並不一定是互相排斥、彼此否定的。[3] 我們在這一章想要表達的是，要解釋聖經，傳統並非絕對權威，但卻不可或缺，這就使得聖經的解釋活動總是一種特殊的解釋活動。可是，宗教改革「回到聖經去」、「惟獨聖經」的實踐，其極端者卻因否定傳統而連帶否定了解釋活動的特殊性，致力追求一種非傳統、非歷史的普遍解釋學（general hermeneutics），以達致確定和完全的解釋。這種情況在十八世紀經歷啟蒙運動洗禮之後的聖經研究中再次浮現，並且成為此後二百年解釋聖經文本的主流實踐。然而，在二十世紀末二十一世紀初，我們發現有另類聲音出現，重新正視傳統在解釋聖經這一活動之中的重要作用，質疑任何過度高抬（正確的）方法的普遍解釋學。因此，我們嘗試要在本章指出，普遍解釋學所倡議的聖經研究方法並不是充足的，必須同時濟之以特殊解釋學（specific / particular hermeneutics），即在解釋聖經文本的過程中，實踐教義的或神學的解釋（dogmatic or theological interpretation），若進一步具體而言，則是透過福音信仰來閱讀聖經文本，方才是充分足夠的。

二、

讓我們從士來馬赫（Friedrich Schleiermacher）談起。士來馬赫被稱為「現代解釋學之父」。一方面這是因為他是第一個思想家意識到解釋活動的普遍性，從而要求建立一種對了解（understanding）作出解釋的哲學理論：哲學解釋學（philosophical hermeneutics）。但另一方面，士來馬赫之被稱為現代解釋學之父，同時在於他的解釋學是當代的，意思就是他所倡議的解釋學是要「把過去的神學解釋學（theological hermeneutics）從羅馬天主教及新教正統主義所引領進入的教會意識形態的囚牢中釋放出來」，[4] 這可見於他把神學解釋學完全置於一般解釋原則（general hermeneutical principles）底下來處理一事上。他並非沒有注意到聖經需要一套特殊解釋學來處理，但他強調「特殊者只能透過普遍者來了解」（the particular can only be understood through the universal）。[5]

在這裏，我們特別關心的是，士來馬赫提出聖經正典若不把自己置於普遍解釋學的原則底下，則新教神學不應接受任何對正典的解釋，具體來說，就是要在個別的新約書卷與整個的新教正典之間取得平衡，不能毫無批判地接納個別解釋者的見解而進行解釋。[6] 這樣實踐的目的，是把聖經解釋的工作從一切教義的結論釋放出來，只根據普遍解釋學的原則來進行，即語言層面（philological aspect）的文法解釋（grammatical interpretation）和技藝層面（the aspect of art）的心理的或技術的解釋（psychological or technical interpretation）。[7] 我們無意否定士來馬赫對普遍解釋學的創建所作的貢獻，我們也同意對聖經的解釋不能完全絕對受制於教會的教義傳統，但若把這兩者的關係倒轉過來，那麼，一切的特殊解釋學都會簡化成對普遍解釋規矩的應用而已。[8]

士來馬赫這種做法，在於「他想要把解釋圓圈（hermeneutic circle）的理論限制於成文的文本及作者的個體性」，[9] 只採取客觀的文法解釋及主觀的心理解釋，把解釋循環限制於這兩者之間，從而把其他因素如教義傳統排除在外。這裏需要補充一點，士來馬赫所講的心理解釋，並非解釋者純主觀的猜想，而是在文法解釋的基礎上，進到文字所要表達的作者的內在思維之中。無疑，「技術的—心理的」解釋是一種猜度——儘管這種猜度並非完全隨意的，但這畢竟表明了文法解釋的不足，故此才需要穿越純文法的層面而進到字詞的精意。[10] 雖然士來馬赫以解釋循環來避免錯謬，但在骨子裏這一循環卻是建基於融貫性（coherence）之上，即是若要了解特殊，惟有在其所隸屬的整個脈絡/處境方才可能。[11] 在十九世紀來說，這融貫的整體是指一既定的、具體化的時代的歷史處境，於是，在解釋學上的基本觀點就是：每一特殊現象必須在其所處的時代的脈絡/處境中來被掌握，這就是所謂歷史主義（historicism）或相對主義（relativism）。[12] 換言之，無論是文法解釋還是心理解釋，都要回到文本的作者的歷史時代中去。

要明白為何士來馬赫力拒以任何傳統作為中介來進行解釋

文本的活動，其實需要更深入地了解他所倡議的「技術—心理」解釋。弗萊(Hans Frei)指出：「對(士來馬赫)來說，時間的牆、歷史傳遞或中介的牆消失，而兩造——文本與解釋者——是直接並因此而可在一異質之中毫無改變地彼此呈現於對方面前，而可以同時相互吻合、親近或甚至同質。」[13] 這怎麼可能呢？時間和歷史怎麼可以不成為阻隔？為甚麼此時此地的解釋者可以對彼時彼地的文本作出吻合、親近，甚或同質的解釋弗萊寫道：

> 透過士來馬赫稱之為技術或心理的層面這一了解的過程（有別於同樣不可廢去的「文法層面」），並且特別透過在心理努力中的一種即時的直覺或「神感」（divinatory）的舉動（但這神感是被一種抵銷的「比較」〔引按：指與文法解釋的比較〕舉動所校正），解釋者把自己直接等同原來的（作者）。解釋者，如士來馬赫進一步所說，把自己轉變成「恍如他者〔……〕」並尋求在這他者之中，即時地掌握其特殊性（das Individuelle）。[14]

無疑，士來馬赫仍然持守如下的立場：沒有任何的技術了解是缺乏文法了解的，但這並不是說可以停留在文法了解上，雖然這是極為重要的。士來馬赫的意思是，語言並不單止關乎文法的構成，更涉及豐富的文化內涵，因此，解釋文本不可能只停留於解釋文法，而是必然進至技術—心理的解釋。[15] 是以，士來馬赫所強調的解釋，是從文本的文法構成進至作者的思想，因為離開了語言，就不能掌握思想。這樣一來，文法的解釋是必然的條件，技術的—心理的解釋則是充足的條件；單是前者不足以解釋文本，後者則須以前者作為中介而入手，方能成事。這裏的問題是：有沒有一種透過語言的文法構成而可直接感應作者的心思意念的路數呢？意即技術的—心理的解釋是否可能？

抑或，士來馬赫這種講法仍然不是他的最終看法，昂丁（Jean Grondin）就說其解釋學建基於對話的基礎：解釋文本意即與之展開對話，向之直接提問，又容許自己被文本提問。[16] 這樣一來，對文本的解釋就不可能有完結的一天，而只會不斷持續下去。昂丁引述士來馬赫指出：「由於我們既定的有限性，士來馬赫相信我們必須接受如下的事實：思想的領域呈現無窮的爭辯，正如科學給我們清楚看見的。」[17] 即或士來馬赫如此謙遜地退讓至一無盡對話的解釋立場之上，但這也不會否定其解釋方法的普遍性，相反，在解釋文本的無盡過程中，我們仍是需要以文法解釋和技術—心理的解釋來跟文本對話，其間仍會將一切先存的解釋傳統排除於解釋活動之外。這也就是說，無論是認定透過技術—心理的解釋而可穿越時間、歷史，即時感應到文本的原意，抑或以為這一過程雖可穿越時間、歷史，但卻只是與文本作出無盡的對話，都同樣忽視了在歷史中出現、形成、累積的特殊解釋傳統，視之為障礙，是造成誤解的原因之一。

在這裏，我們不得不指出，十九世紀出現的歷史鑑別法（historical criticism）和二十世紀下半葉因著抗衡歷史鑑別法而浮現的諸種文學鑑別法（literary criticism），[18] 仍然是以普遍解釋學來解釋聖經；兩者同樣拒絕援用教會歷史上的神學或教義傳統來解釋聖經文本，分別只在於它們視這文本為歷史的還是非歷史的。是以，這兩種相互有分別的讀經方法，都是普遍解釋學應用到聖經的解釋實踐，在本質上仍然未能脫離士來馬赫這種格局。下文會進一步探討這兩個世紀以來的聖經鑑別法。

三、

歷史鑑別法興起於十八世紀末，整個十九世紀的聖經學者都以之作為主要的聖經研究方法，到今天仍然有其影響力。值得注意的是這種讀經方法出現的原因。這可以分兩方面來講。首先，自宗教改革以來，新教基本上是追隨隨馬丁路德（Martin Luther）的立場，認為基督徒有根本的自由閱讀聖經，不容教義及權威干預，這無疑是為了擺脫羅馬天主教會的傳統規限，因而強調聖經自身的解釋性是絕對的權威。然而，經過十七世紀而至十八世紀，因著理性主義（rationalism）的滲透，學者逐漸抬高理性在聖經詮釋上的地位，以便更有果效地拒絕一切不合理的權威對聖經的解釋。這裏可以舉士史敏納（Johann Semler）為例。[19] 史敏納對神學解釋提出了一個極為徹底的轉向，就是要求終止對聖經文本作出教義性閱讀，這其實是十七世紀新教持續不斷的發展趨勢。他提出了真正的嚴謹閱讀（critical reading），包括處理文法、修辭、邏輯、文本的傳統歷史、翻譯及版本校勘，而解釋的主要任務是明白文本，一如其作者所明白的那樣。這其實是一種字面—歷史意義（literal-historical sense）的聖經文本閱讀。根據史敏納的看法，嚴謹的解釋理論之本質是由兩條規矩組成。一、聖經的解釋者必須意識到自己與聖經文本的歷史距離。二、聖經解釋學必須尊重文本解釋的普遍規則，同時也需注意書卷的特殊性質與內容。由此可知在新教內部，到了十八世紀已經逐漸出現跟後來的歷史鑑別法可以互通聲氣的神學解釋學，從而有助前者於十九世紀中葉於學界中的盛行。

其次，歷史鑑別法之所以廣為學界所接納，在於學者能同時以之面對理性主義和啟蒙運動所帶來之解放的衝擊。理性主義主要是透過科學的及理性的世界觀，批評聖經為落伍、迷信的；啟蒙運動則倡議擺脱教會獨斷的思想傳統，運用理性來尋求及建立知識。面對這樣的挑戰，神學家接納了啟蒙運動對未經審視、缺乏根據的教會權威的批判，為自己研究聖經的方法和資源尋找合乎理性的根據，以滿足理性主義和啟蒙運動對知識的要求。在這種背景下，歷史鑑別法基本上是把聖經文本視作歷史文獻，因此就必須運用歷史的研究方法來解讀。根據巴頓（John Barton）的研究，這種解釋聖經的方法有四種基本的特性。[20] 第一，對聖經文本提出生發性問題（genetic questions）：書卷甚麼時候寫成？誰寫的？意想中的讀者是誰？成書過程如何？第二，探索原本意義（original meaning）：關注的是書卷對第一代的讀者有甚麼意義，而非對當代的讀者有甚麼意義；對文本會進行仔細的語文學（philological）和語言學（linguistic）的研究分析，從而掌握原作者在其歷史時代中所要傳遞的意思。第三，重建歷史：不單關心聖經文本中的字詞及表述是在怎樣的歷史處境中運用，也不單關注文本的歷史發展情況，還要掌握過去發生了甚麼事情。第四，做不偏不倚的學術研究：這也許是歷史鑑別法最為重要的特徵，它強調擺脫和去除一切偏見，只問事實，不問價值、意義。就巴頓所描述的這四項特性來說，一言以蔽之，這種方法追求的是客觀真理，而所謂客觀真理，其實只是事實真理，別無其他；就方法來說，則惟理性之運用而已，但必須注意的是，這種理性是獨立於一切、且能判斷一切的能力，具有普遍性，能夠尋索和建立客觀的、不為教會傳統所掣肘或主宰的真理。

從上所述，我們可以看見，若從士來馬赫的解釋學的角度來了解，歷史鑑別學背後的解釋學是普遍解釋學，而歷史鑑別學作為一種方法，不過是把普遍解釋學的要求落實於解釋聖經的實踐之上。史敏納所倡議的神學解釋學不過是士來馬赫的普遍解釋學的先聲，最終都是強調普遍的（理性）方法，排除一切個人及羣體的主觀價值、意義，以及傳統，而要客觀地掌握及重建文本和作者意想傳遞的意思。可是，到了晚近三十年，歷史鑑別法卻受到不少批評，並且逐漸出現一種所謂「典範的轉移」（paradigm shift），[21] 從歷時性的進路（diachronic approach）轉向共時性的進路（synchronic approach），[22] 以避免掉進歷史鑑別法的陷阱之中，就是以為意思是可以在文本以外的歷史中尋索得到，文本不過是一扇窗戶，窗戶以外的風景才是需要注目的，這就令人忽略了文本自身乃意思生發所不可或缺的條件。在相應的文化及哲學氛圍下，新的解釋聖經的方法逐漸浮現，成為歷史鑑別法之外的另類進路。然而，問題仍是：這些進路的解釋學根底，究竟是怎樣的？是普遍解釋學？抑或是容許解釋傳統參與解釋工作的另類解釋學？它們是否認為有抽離於讀者或研究者自身的處境、羣體、傳統而解釋聖經的可能？在後現代的場景中，這是備受質疑的立場，我們會在下一節繼續探討這課題。

四、

正如詹融（Werner Jeanrond）所言，「聖經研究中的歷史主義，代表了至少兩方面的方法論失敗。首先是它不能克服（萊辛〔Gotthold Lessing〕所言的）那分隔開歷史和信仰的鴻溝，其次是它把自己奠基於純粹和客觀研究的幻象之上」。[23] 更為重要的是，詹融指出：「當一個文本的本源被嚴謹地分析（critically analysed）過後，這文本仍是尚未被『了解』的。」[24] 這就造成了非歷史性進路得以抬頭的機會，解釋者轉而從聖經文本本身而非文本背後的歷史來源來閱讀和解釋聖經。非歷史性或共時性的進路所要審視的，只是聖經文本的最後形式，著重的是文本本身的結構。文學鑑別法是一個總稱，它主要是擺脫了從歷史進路尋找聖經的原意，轉而透過分析聖經文本本身來發掘文本的意思。這種文學鑑別法的聖經研究方法，包括結構主義（structuralism）、修辭鑑別法（rhetorical criticism）及敍事鑑別法（narrative criticism）。當然，文學鑑別法可以包括讀者回應鑑別法（reader-response criticism），[25] 但那是文學鑑別法極端徹底的發展，並非聖經研究的主流。事實上，當今聖經研究以敍事鑑別法為主流，因為它集中研究經文最後形式的文學特徵，是所有讀者都必須掌握、理解的。[26] 下面即就此而作出介紹和分析。

眾所周知，「敍事鑑別學集中於被認為是一段文本的『表面結構』（surface structure）——例如情節、主題、主旨、人物描述等元素；就詩體而論，這包括了節拍、韻律、平行結構等等」，[27]「它分析了佈局、主旨、主題、角色塑造、風格、修辭技巧、象徵語言、預示、重複、敍事節奏、不同觀點，諸如此類」。[28] 但這種閱讀聖經的方法並非聖經學者自己發明的。二十世紀上半葉在文學研究中出現的「形式主義」（formalism）或「新鑑別理論」（new criticism），只著眼於文本在整體中的連貫解釋，而不理會任何歷史背景資料。[29] 這種新鑑別理論滲入了聖經研究之中，從此聖經研究便逐漸採用了文學鑑別理論中的文本中心（text-centered）研究方法，形成敍事鑑別法。然而，文本中心的解釋聖經的方法，基本上是以文本為自足的，其意思是由文本的「表面結構」所決定，似乎是回到了士來馬赫所講的文法解釋的進路之上。任何文本以外的神學的或教義的閱讀均是不容許的，文本的意思並非透過這種閱讀而可以得出的，反之，「藉著聚焦於**文本**而非**處境**（context），這種對聖經作出文學的閱讀，宣稱可以克服『兩個視域』（“two horizons”）的解釋學困難，即克服古代文本與現代讀者間隔的困難」。[30] 這就意味著，要得到聖經文本的意思及意義（significance），完全可以不假外求，只由文本本身就能充分提供。

敘事鑑別法跟其他共時性的文學鑑別法的問題在哪裏？這大概可以從結構主義的語言觀入手，由此來了解。簡單來說，[31] 結構主義視語言為記號（sign），每一記號都有其符號的（semiotic）和語義的（semantic）價值，但這些價值只由整個記號系統的脈絡（context）來決定，如此也就沒有了絕對的、離開脈絡的語言意思（linguistic meaning）。由此，結構主義者倡議一種內在形態的解釋，意即在注意文本的外在指涉之前，必須先深入注意文本的內在產生意思的方式。敘事鑑別法以及其他共時性的文學鑑別法不單在方法上，也在解釋學上接納了結構主義等人的主張。這無疑是避免了歷史鑑別法的問題，不致因注重文本之外的歷史本源而由歷史本源決定文本的意思，致令文本失去其重要性。可是，共時性的文學鑑別法卻又走到另一極端，即個別文本的意思是由文本自身的「表層結構」所產生。普遍的文本結構固然並不存在，但卻要尋找普遍的語言結構的原理，意即並非所有文本的結構都是一樣的，但語言的結構原理卻是普遍的：離開了語言系統內的脈絡，就不可能獲取語言的意思。故此，聖經文本的意思就是由聖經文本所產生。我們認為這仍然以普遍解釋學先行，然後應用在對聖經的解釋之上，而沒有建立基督教自身獨特的解釋學，忽視了神學或教義的解釋在實踐層面上扮演著不可或缺的角色。

五、

我們質疑歷時性的歷史鑑別法和共時性的文學鑑別法不免陷進了普遍主義，以致它們認為需要排除一切的特殊傳統的閱讀。然而，我們在這裏並非倡議純粹的讀者回應鑑別法，儘管這種方法有其意義。原因在於這是另一種極端：站在普遍主義的對立面，只強調特殊主義，把特殊性絕對化，令了解成為不可能，因為任何對文本的解釋，都不過是個人或某一特殊羣體的主觀閱讀領受。我們的立場是，從特殊的傳統出發來解讀聖經文本是不可避免的舉動，但我們不完全同意這是一種純粹自我閱讀的實踐，而不能自我超越。這裏涉及一個根本的問題，就是既沒有純粹的普遍性，可也沒有純粹的特殊性。歷史鑑別法注意的是人重建歷史的普遍能力，文學鑑別法則看重文本自身語言的普遍性結構；前者的普遍性落在人性身上，[32] 後者的普遍性則顯於文本之上。這兩種普遍性都忽略了特殊性。這兩種聖經鑑別法都想藉著普遍的方法，透徹而全面地掌握聖經文本的意思。然而，這種做法卻會同時廢棄了聖經文本這一他者的特殊性和解釋者的特殊性。[33]

著名新約學者包衡（Richard Bauckham）曾經指出：「現在我們已廣泛及正確地明白到傳統是解釋過程中所必要的，藉此而解釋和發展聖經的信息。」[34] 為甚麼我們不可能脫離特殊的傳統來解釋聖經呢？為甚麼我們在解釋聖經的過程中，又可以脫離自閉的鏡式閱讀而不為所困？在這裏我們想要提出的是，解釋聖經的活動是由特殊的傳統開始，又不斷超越既有的特殊性而進到新的特殊性的一種螺旋形實踐。英國神學家哈特（Trevor Hart）在這方面有長時間的深入研究，下面我們借用他的成果來確立本文的題旨：聖經解釋活動必然是教義式的或神學式的。基本上，我們可以從兩方面來討論這一議題：人的特殊性、文本的未決定性。這樣的考慮，其實是對應意思之生成的兩項條件：解釋者與被解釋的文本，意思即在這兩者的互動中出現。在這個意思生成的過程中，解釋者是帶有特殊傳統的人，而被解釋的文本，其意思是尚未充分完全決定的（underdeterminate），這就是同時照顧到解釋者與被解釋的聖經文本所具有的特殊性。

首先，無可置疑，人都是活在一共同的社羣傳統之中，因而是住在一彼此分享的世界裏，然而，另一方面，人在跟他者關連起來的同時，亦被塑造成獨特的個體。[35] 人既與他人共同分享一個世界，又不是完全充分地共同分享一個世界，這就出現一種個人與他者既分享但又不分享的關係；這種關係使得個人與他者既具有普遍性，但又各別彼此特殊、互有差異而各有分別。推而廣之，則每一羣體亦是如此，即它跟其他羣體也具有一種既普遍但又分殊的關係。正是這一種關係使得解釋者的閱讀不可能只是特殊鏡映的閱讀，反之乃必然是跟他者的羣體有所交流，但也不是完全透徹無蔽的了解。因此，溝通是既可能又不可能。

其次，語言作為社羣內外溝通交流的中介，似乎是偏向普遍性，忽略人那不可化約的特殊向度，只注意共通及彼此可以確認的經驗和思想。[36] 無疑，一方面這是真的，但另一方面這卻並非全部的真相。語言固然有其共通的一面，所以我們強調語言是公共的，沒有私人語言。然而，因為強調語言的公共性而得出「沒有私人語言」的結論，卻是推論過快。哈特指出，語言跟人一樣，都有著不同的層次，從而構成了既共通又不完全共通的特性。這就是說，語言在某一層面可以是共通經驗或思想的指認記號、標記，但這些記號、標記也同時包含其他不一樣的意思在內，是只與某些羣體才會分享。[37] 是以，「語言同時是人所需要的工具，以跟其他人連繫，但又同時是多層次的標記，表明屬於某一羣體，讓自己與他人保持距離」。[38]

如此一來，解釋聖經文本就不可能完全透徹，但又不是絕對遮蔽了聖經的意思，只成為解釋者個人觀點的映現。並且，這種情況也指引我們解釋聖經文本的活動可以怎樣進行，好避免陷進完全普遍主義、客觀主義或是相對主義、主觀主義之中。[39] 哈特的提議是從特殊的傳統出發，進到特殊的文本之中，因著特殊文本語言的多層次，從而使得在閱讀解釋的過程中，反過來更新和豐富原來的特殊傳統，使之成為新的特殊傳統。[40] 這樣，解釋聖經就不是無可著手，問題只在於從哪一處開始。信仰羣體在閱讀聖經的實踐過程中，必然是從某一特殊的信仰傳統開始，這就是為甚麼教義解釋或神學解釋是不可避免的，並且更加重要的是，這種解釋聖經文本的方法是有其權威性的。哈特指出，古代大公信經所形構的三一教義和基督教義就有極高的認受性，其他教義亦如此，都起著引薦又同時排斥某些閱讀聖經的方式的作用。[41] 那麼，我們是否只是重複自身的特殊信仰傳統，而不是真正奉行「惟獨聖經」的信念呢？這就得指出解釋活動是解釋者與被解釋的文本之間的互動辯證了。

讀者及文本之間的互動辯證跟文本的本性有不可分割的關係。無論是將文本的意思視為完全充分確定的（determinate），還是將之為完全不確定的（indeterminate），都會使得互動辯證不可能發生。前者追求的是普遍、客觀的了解，後者則認為意思是由讀者自己決定的。然而，按照哈特的分析，文本是由兩方面的特性所組成。一方面，它具有其客觀的形式，包括其成文的處境，這構成了我們閱讀時所要尊重的客觀形式，[42] 因此歷史鑑別法和文學鑑別法不能廢去。另一方面，文本有其自身的內在的不穩定性，[43] 其中涉及文本語言的多層次性，這就不單否定了文本的意思可以完全由歷史鑑別法和文學鑑別法來決定，而且容許教義的或神學的閱讀幫助我們確定可能的意思，甚至轉過頭來修正或豐富我們原來的教義或神學傳統。聖經的文本的意思處在尚未充分決定的狀態之中，它要求我們不能採取完全充分確定或完全不充分的方式來閱讀它，而要以尚未完全充分的閱讀方式來對待它。[44] 這是一種既非普遍、客觀的閱讀，又非相對、主觀的閱讀，是在特殊的傳統中開放地閱讀特殊的聖經文本。從特殊的傳統出發，尊重文本的客觀形式——歷史的和文學的，以及為其客觀形式所包含但卻不能確定下來的不穩定性、多層次性，在兩者的辯證互動底下生發出豐富的意義來，這就進一步深化、更新我們的信仰傳統，形成新的傳統。這樣的發展不一定是斷裂式的，而更有可能是在延續中有不延續，在不延續中有延續。因此，信仰傳統不一定會失去獨特的身分，可也未必就是原地踏步，缺乏開展。

六、

從神學解釋學的角度來看，我們對聖經的解釋必然是特殊的，但正如上文所言，這特殊性並不是跟普遍性互相排斥的，而是兩者處於一辯證互動的關係之中。所謂「對聖經的解釋必然是特殊的」，乃在於沒有可能從普遍、客觀的方法開始，也沒有可能達致普遍、客觀的解釋成果。儘管如此，在這一肯定底下，我們仍然會援引歷史鑑別法和文學鑑別法等被宣稱為具有普遍性的閱讀方法，因為我們認為這些方法本身是尊重聖經文本自身的客觀形式，它們能幫助我們確認、修正及豐富原來切入文本的特殊神學角度。從另一個角度來看，歷史鑑別法和文學鑑別法關心的，是文本如何說的問題，但對於文本說些甚麼，方法是不能完全用得著的，原因在於方法並不能窮盡文本所蘊藏的所有可能意思，這就是上一節提到的尚未完全充分確定的文本特性。這種尚未完全充分確定的文本特性使得方法的運用成為可能，但也同時限制其絕對化：使特殊的神學解釋得以可能，但也同時限制其封閉性。

事實上，對聖經文本進行神學的解釋，並非始自今天，[45] 早在初期教會，以致後來的宗教改革，教父及改教家都是以福音信仰這一特殊的神學傳統來解釋聖經，確立正統的信仰；前者以此來分辨異端，後者以此來糾正羅馬天主教會的錯謬。他們都清楚不能單憑說回到聖經去，就可以解決紛爭及難題。關鍵在於怎樣回到聖經去。教父愛任紐（Irenaeus）最能表明這一實踐。怎樣回到聖經去，是一個閱讀和解釋聖經的方法的問題。按照聖經文本的客觀形式來閱讀聖經，是無庸置疑的，但這只是形式的規矩，[46] 而非實質的規矩的實踐。愛任紐明白到形式的規矩不能平息紛爭，因此他同時訴諸基督教信徒於水禮中所領受的信仰規條（rule of faith, *regula fidei*）。按愛任紐的理解，這信仰規條是撮自聖經的敘事，講述上帝從創造到使萬物圓滿成就這一過程中對人的行動，並且這是清楚地聚焦於耶穌的生、死和復活。[47] 這福音信仰的信仰規條，是閱讀聖經所不可廢去的實質規矩。[48]

值得注意的是，信仰規條所述及的福音信仰，並非先驗地由人所創造的，而是出自聖經，並於水禮中加以認信，是信仰羣體與聖經互動而得出，是繼承先知對基督的期盼與使徒對基督的見證而來的。因此，信仰規條有其使徒統緒的權威性，也是信仰羣體的身分之所在。這種一脈相承的福音信仰在宗教改革時再次受到重視。在這裏我們不必完全同意宗教改革家的預表式閱讀（typological reading）聖經，但卻不能反對基督中心式的閱讀。這並非表示所有聖經經卷都是直接地或間接地、象徵地講述耶穌基督，而是說福音信仰是整卷聖經的核心所在。在這一信仰核心底下，各書卷跟這信仰核心都有彼此不一的關係，換句話說，我們不能簡單地說每一卷書都很獨特，都很重要，都很有意義，而是必須以福音信仰這一特殊的神學傳統來確立各書卷的位置與作用。這種做法跟內容鑑別法（content criticism, Sachkritik）有相近的地方，[49] 但我們的重點不在判斷哪一卷書更為正確，哪一卷書遠離福音，我們也不是從「方便」與否來看待各書卷的作用，認為不同的書卷是應對不同的生命狀況和處境。我們更重視和感興趣的是，各書卷在福音信仰的亮光底下，其實是展示出上帝自己在與人交往的故事中的不同部分。耶穌基督的福音故事猶如一個輪子的中心，把許多輪軸連結起來，讓人從中可以辨認出各書卷既獨特、又與其他書卷相關連的信息。這使得正典鑑別法（canonical criticism）不再只是形式的閱讀，而可成為實質的閱讀。[50]

如何從福音信仰的神學傳統閱讀整本聖經的每一書卷，這是需要更多討論和實踐的，但假如我們至少認為站在後啟蒙時代的解釋學立場，從特殊的神學傳統解釋聖經是合法的話，那麼福音信仰與聖經研究就不是互不相干的。最低限度，這是其中一條可以採取的進路，雖然不一定是惟一的。[51] 面對過去一段相當時間為歷史鑑別法當道的情況，並不能因為近二、三十年文學鑑別法興起，便以為聖經研究已從啟蒙時代的非傳統化解脫出來，因為這兩種研究方法仍然是方法先行，沒有照顧到信仰羣體自身對聖經這文本的獨特解釋傳統，因此若非停留在形式的閱讀之中，就是在形式的閱讀之外，引進了非信仰傳統的其他特殊傳統來進行實質的閱讀。我們認為這並非一件值得高興的事情。當然，我們不必要完全否定和排斥其他非信仰傳統對聖經文本的實質閱讀，但至少福音信仰的閱讀角度應佔一席位。進一步說，當我們了解到聖經文本之生發及解釋，跟信仰羣體原來有著互為塑造，不可分割的關係，[52] 那麼，信仰羣體所持守的一脈相承的福音信仰，就更具優先解釋聖經文本的合法地位了。

註釋

1. Stephen Holmes, "Why Can't We Just Read the Bible? The Place of Tradition in Theology," in *Listening to the Past: The Place of Tradition in Theology* (Carlisle: Paternoster / Grand Rapids: Baker, 2002), 1～17.
2. 參 Holmes, "Why Can't We Just Read the Bible?," 7。
3. 參 Stephen Holmes, "Listening to the Past: On the Place of Tradition in Theology Again," in *Listening to the Past*, 154。
4. Werner Jeanrond, *Theological Hermeneutics: Development and Significance* (London: SCM, 1994), 44～45.
5. 轉引自 Jeanrond, *Theological Hermeneutics*, 49。
6. 轉引自 Jeanrond, *Theological Hermeneutics*, 50。
7. 轉引自 Jeanrond, *Theological Hermeneutics*, 50。
8. Hans Frei, *The Eclipse of Biblical Narrative: A Study in Eighteenth and Nineteenth Century Hermeneutics* (New Haven and London: Yale University Press, 1974), 301.
9. Jean Grondin, *Introduction to Philosophical Hermeneutics*, trans. Joel Weinsheimer (New Haven and London: Yale University Press, 1994), 76.

10. Grondin, *Introduction to Philosophical Hermeneutics*, 73.
11. Grondin, *Introduction to Philosophical Hermeneutics*, 76.
12. Grondin, *Introduction to Philosophical Hermeneutics*, 76.
13. Frei, *The Eclipse of Biblical Narrative*, 290.
14. Frei, *The Eclipse of Biblical Narrative*, 291.
15. Frei, *The Eclipse of Biblical Narrative*, 293～294.
16. Grondin, *Introduction to Philosophical Hermeneutics*, 74.
17. Grondin, *Introduction to Philosophical Hermeneutics*, 73.
18. 前者包括形式鑑別法、來源鑑別法、編修鑑別法，後者包括正典鑑別法、修辭鑑別法、敍事鑑別法。
19. 下述對史敏納的介紹撮自 Jeanrond, *Theological Hermeneutics*, 39～42。
20. John Barton, "Historical Critical Approach," in *The Cambridge Companion to Biblical Interpretation*, ed. John Barton (Cambridge: Cambridge University Press, 1998), 9～12.
21. Barton, "Historical Critical Approach," 9, 12.
22. Francis Watson, ed., introduction to *The Open Text: New Directions for Biblical Studies?* (London: SCM, 1993), 4.
23. Jeanrond, *Theological Hermeneutics*, 126；萊辛所言的鴻溝，意指歷史的真理乃是偶然的，而信仰的真理乃是必然的，兩種真理之間有著不能逾越的鴻溝，從歷史的真理這邊出發並不能到達信仰的真理那邊。
24. Jeanrond, *Theological Hermeneutics*, 126.
25. Mark Allan Powell, *What is Narrative Criticism?* (Minneapolis: Fortress, 1990), 12.
26. 威廉・克來因、克雷格・布魯姆伯格、羅伯特・哈伯德：《基道釋經手冊》，尹妙珍等譯（香港：基道，2004），頁 85。
27. 克來因等：《基道釋經手冊》，頁 76～77。
28. 克來因等：《基道釋經手冊》，頁 77～78。
29. 克來因等：《基道釋經手冊》，頁 76。
30. David Jasper, "Literary Readings of the Bible," in *The Cambridge Companion to Biblical Interpretation*, 27.
31. 下述介紹引自 Jeanrond, *Theological Hermeneutics*, 101～102。
32. 弗萊認為士來馬赫的解釋學背後就有一種普遍的人性的看法。見其 *The Eclipse of Biblical Narrative*, 293。
33. Trevor Hart, "Imagination and Responsible Reading," in *Renewing Biblical Interpretation*, ed. Craig Bartholomew, Colin Greene and Karl Möller (Carlisle: Paternoster / Grand Rapids: Zondervan, 2000), 314.

34. Richard Bauckham, *God and the Crisis of Freedom: Biblical and Contemporary Perspectives* (Louisville: Westminster John Knox, 2002), 99.
35. Hart, " Imagination and Responsible Reading, " 311.
36. Hart, " Imagination and Responsible Reading, " 311.
37. Hart, " Imagination and Responsible Reading, " 312 ～ 313；另參其 *Faith Thinking: The Dynamic of Christian Theology* (Downers Grove: IVP, 1995), 122～124。
38. Hart, " Imagination and Responsible Reading, " 313.
39. 哈特的 *Faith Thinking* 一書正是要處理這一難題，在兩者之外走出第三條路線。
40. 參其 *Faith Thinking* 及 Trevor Hart, " Tradition, Authority, and a Christian Approach to the Bible as Scripture, " in *Between Two Horizons: Spanning New Testament Studies and Systematic Theology*, ed. Joel B. Green and Max Turner (Grand Rapids: Eerdmans, 2000), 183～204。
41. Hart, " Tradition, Authority, and a Christian Approach to the Bible as Scripture, " 190～191.
42. Hart, " Tradition, Authority, and a Christian Approach to the Bible as Scripture, " 196.
43. Hart, " Tradition, Authority, and a Christian Approach to the Bible as Scripture, " 196.
44. Hart, " Tradition, Authority, and a Christian Approach to the Bible as Scripture, " 194～195.
45. 有關這方面的討論，參 Stephen Fowl, *Engaging Scripture: A Model for Theological Interpretation* (Oxford: Blackwell, 1998)；Stephen E. Fowl ed., *The Theological Interpretation of Scripture: Classic and Contemporary Readings* (Oxford: Blackwell, 1997)。
46. Hart, " Tradition, Authority and a Christian Approach to the Bible as Scripture, " 187.
47. Hart, " Tradition, Authority and a Christian Approach to the Bible as Scripture, " 188.
48. 奧古斯丁（Augustine）以至後來的祈克果（Søren Kierkegaard）都是依據信仰規條來閱讀聖經的，參 Timothy Houston Polk, *The Biblical Kierkegaard: Reading by the Rule of Faith* (Macon: Mercer University press, 1997)。
49. 對內容鑑別法的介紹，可參 Robert Morgan, " Sachkritik, " in *A Dictionary of Biblical Interpretation*, ed. R. J. Coggins & J. L. Houlden (London: SCM, 1990)。
50. Hart, " Tradition, Authority and a Christian Approach to the Bible as Scripture, " 196～201.
51. 有關神學解釋的討論及實踐，可參 Francis Watson, *Text, Church and World: Biblical Interpretation in Theological Perspective* (Grand Rapids: Eerdmans, 1994)。
52. Colin Gunton, *A Brief Theology of Revelation* (Edinburgh: T & T Clark, 1995), 77.

12.

論傳統 II

在傳統與終末之間輾轉而生*

一、

神學活動是一種怎樣的活動？英國神學家根頓（Colin Gunton）指出：「所有神學活動，都要受到聖經的測試，以及要來的時代所判斷。」[1] 即神學活動是在一定的界限裏面活動的，這就是聖經和終末的限制（biblical and eschatological proviso）。這涉及了神學活動如何開始的問題。當然，這裏的開始並非時間意義的。無疑神學活動是在歷史時間中進行的，但在歷史時

---

* 本文原為鄧紹光：〈神學如何可能？——在傳統與終末之間輾轉而生〉，《神學與生活》第二十七期（2004 年），197～204。現稍經增修，蒙允轉載。

間中的神學活動如何可能是一種認識和言說上帝的活動？根頓指出了聖經和終末作為神學活動的界限，這中間含有的意思乃是，由界限而有空間，這空間正正是神學活動得以可能的條件。

值得注意的是，「傳統」在這裏扮演了十分重要的角色。神學活動是透過傳統來認識聖經的，聖經也是以傳統為中介而規限神學活動的。正如根頓所說：「之所以有神學，〔……〕全在於這樣的事實：福音以連續的傳統來表達其自己，如果這傳統太破碎，則是一可〔在破碎中〕被辨認出其連續性的傳統。就是說，這活動的空間並非一無所有的。」[2] 可是，另一方面，必須注意到這傳統並非已經言說徹盡真理的一切。否則，神學活動即不可能，因為這空間已經為傳統所填滿而成飽和，更嚴重的是，這背後隱含的立場乃過早實現的終末論（over-realized eschatology），[3] 認為真理已經全然朗現或實現而可徹底無遺地掌握及表達。這就涉及了神學活動向終末開放這一特性。本章嘗試以根頓的神學為焦點，探討神學活動的兩個面相：向傳統與終末敞開。從另一角度來看，正是傳統與終末使得神學活動得以可能。

二、

神學活動為甚麼要回到傳統中去？為甚麼不直接回到聖經去？特別當我們說聖經乃神學活動的界限之一。一個簡單直接的答案就是，傳統累積了豐富深厚的資源，值得我們參考、吸收，這樣的看法基本上視傳統為對話的伙伴，根頓亦有類似的表達。

> 〔……〕我們要嚴肅對待我們教義的過去，視之為活的聲音，要與之進行神學對話。嚴肅地對待的意思是，有時同意也有時不同意他們的看法。〔……〕因此，可以這樣辯說，歷史神學應該是一門神學的學科，不在於我們事先決定在其中尋找甚麼，而是因為我們所要接觸的先輩神學家，他們有些東西可以教導我們。[4]

在這裏，我們與傳統的關係是較為平等的，兩者之間的連繫只在於對話，在對話中聆聽和學習先輩的教導。但這卻不是必然的。即是說，我們與傳統之間的對話本身不是必然的，因為兩者之間不必然存在一種內在的關聯，從而要求我們不得不與傳統對話。然而，我們的傳統卻跟聖經有密切的關係，以致我們必需要跟傳統對話，甚至必需透過傳統來接觸和了解聖經。這樣，傳統就具有中介的身分，把我們跟聖經連接起來。根頓指出聖經之後的傳統具有一種後起、第二序的性格（secondary character），這是因為傳統是不斷倚靠先知和使徒的話語而活動的。[5] 傳統跟啟示的關係與聖經跟啟示的關係並非完全一樣，[6] 後者的關係是內在的，但前者的關係卻不是內在的。可是，根頓表示在傳統與聖經之間卻存在一種內在的關係，「因為沒有在傳統中的先輩，我們就不可能獲取先知和使徒所傳遞

（mediate）的。藉著活在他們傳遞給我們的話語之中，透過他們，我們變成能夠接收他們所傳遞的。」[7] 因此，傳統乃中介，具有把聖經所傳遞的傳遞下去的功能。如根頓所言：「先知和使徒**所傳遞的**（mediation），必然要透過人類的給予和接收的過程來**傳遞**（mediated）。」[8]

在這樣的理解底下，神學活動就必然包含接收傳統的舉動，並且轉過身來成為傳統而繼續傳遞。這種接收的舉動必然是開放的，神學活動若非對傳統敞開則不可能接收傳統。離開了傳統，我們就失去了領受真理的可能。這裏涉及了真理與時間的關係。根頓清楚表明：「傳統的問題乃時間的問題。」[9] 一方面，傳統所傳遞的真理要靠將來才能證實的，因而真理乃永恆的女兒，[10] 但另一方面，真理「也是時間的女兒，因為時間的流轉、傳統的修剪為我們留下了問題的暫時答案，這些問題就是我們所接收的事情是否真確、在甚麼意義上是真確的」。[11] 前者要求傳統開放自己、並不具有權威去解釋自己，[12] 後者要求真理在時間中啟示其自己，並敞開讓繼後的時間和歷史去了解、解釋。[13] 因為獨特及不能重複的歷史，即歷史的啟示，其意義並非透明的，[14] 所以就有需要解釋。根頓自己明言：「〔……〕然而，有可能讀過之後卻不明白，不能確定和明白寫的是甚麼。聖經需要被解釋。」[15] 一個對歷史中啟示的真理進行解釋的傳統，就變成為必要的了。

要注意的是，在歷史時間中的傳統並非真理本身，而只是對真理暫時的解釋，因而不是絕對的，雖然是必要的。這就要求傳統具有開放性，而不能以為傳統能夠傳遞「全部的」上帝的話語，[16] 否則，就是對傳統的**內容**有著早熟的信心，[17] 結果出現了扭曲的情況，使傳統成了封閉的、靜態的、鐵板一塊。就神學活動而言，則只需重複傳統所講的一切，在接收傳統之餘無須作出任何解釋。這樣就把神學活動化約為教條的宣稱，因為傳統在這裏成了僵硬的教條。反之，傳統跟信仰的實在（reality）並沒有一種一一對應的關係，根頓甚至指出先知和使徒跟啟示之間的關係亦只是相對的權威，在形構（formulation）與實在之間並無任何「一一對應」的關係。[18] 根頓更進一步引用托倫斯（Thomas Torrance）來確定傳統教義與信仰實質內容（the substance of the Faith）之間的分別，因為我們只愛慕地尊敬在耶穌基督裏所啟示的上帝的真理。[19] 然而，正因如此，神學活動方才得以可能。我們可以這樣說，傳統因真理的歷史性而成為必然的，但傳統也因真理的終末永恆性而成為暫時和相對的，而在這必然與開放之間所形成的空間之中，就是神學活動的場所，或者換另一種說法，神學活動之所以可能，乃在於傳統的必然性與開放性。

三、

上一節論到傳統必須是必然的和開放的，那麼神學活動方才可能。如果我們認為「教會中的傳統是一個賜予與接收的過程，在當中信仰的沉積（the deposit of faith）——基督羣體的教導和倫理——被接收、解釋並透過時間而傳遞下去」，[20] 那麼就必須重視其開放性，然而，這開放性如何可能呢？怎樣才能避免陷入封閉僵硬之中呢？我們必須重視「真理乃永恆的女兒」這一看法。這裏的永恆乃指終末的將來。換句話說，在終末的將來面前，一切對上帝的言說、對信仰的解釋，都不是最終的，這就產生兩種效果。首先，這終末的界限否定了教義傳統的絕對性和終結性，開啟了神學活動的可能。再者，這界限也同時為神學活動劃下界限，否定其有可能建立一無所不包的系統來闡釋淨盡上帝在基督裏所啟示的。它起著防止神學活動建立知識偶像的作用。事實上，也只有這終末性才能保證傳統及神學活動的開放性。

根頓曾經從另一角度來探討這一問題，就是系統神學的系統性格。他特別舉出黑格爾（Georg Hegel）為例來表明系統的僭越性。黑格爾基本上認為他的同輩士來馬赫（Friedrich Schleiermacher）虧蝕了傳統對啟示與理性的重視，他強調「基督教是啟示的宗教（revealed religion），在本質上乃理性的精神（rational Spirit）這一上帝所啟示的，他以啟示為規劃的基礎進而闡述神聖的真理為高級的理性的真理，而事實上，這乃普遍的真理」。[21] 黑格爾崇尚理性，以理性為上帝的內容，因而上帝乃理性的精神，其啟示的舉動乃理性精神的自我揭示，然而，亦只有精神才能掌握其內容。是以，「看來十分合理，甚至毫無異議地堅持：系統神學是人的精神的工作，我們本性中這一精神的官能或向度應對上帝的精神（the Spirit of God）」。[22] 因此，根據祈克果（Søren Kierkegaard），黑格爾的罪行乃是嘗試把不能化約成系統的加以系統化，因而就證明其為偽假的。[23] 根頓就此提出了反問，並申論系統神學的特性：

> 我們是否可以說，黑格爾過早實現終末論，而祈克果可說是拒絕實現這一切？〔……〕系統神學的問題乃終末論的問題，我們的知性建構究竟可以預期這給予我們的終末圓滿的知識有多深遠？[24]

撇開這種把啟示置於理性之下而任其擺布的僭越行動不談，就其對神學活動來說，即產生了終止思考的結果。當上帝的精神可以在理性中全然開啟其自己而為理性的精神，那人的理性即因其為理性的緣故而可以完全充分掌握上帝的內容。神學活動如果就是這一理性的活動，那麼它就是一成永成的，它就已是終末完成的。一方面真理已經全然展現而為終末的，另一方面人類理性亦已經全然掌握此一真理而為終末的。終末就表示圓滿實現，再無虛欠。這樣一來，神學活動即臻圓滿之高峯，無須再對傳統進行任何接收、閱讀、解釋，它終結了傳統；不單如此，它也終結了以後一切的神學思考，而無須任何開放，因為在其面前已經再無空間開放讓其進入，它自己為自己劃下了圓滿的句號。

是以，根頓表示，系統神學家其中一個試探就是想要較所保證的知道更多，[25] 即嘗試在上帝的經世啟示所劃下的界限之外知道更多上帝的內容，這也就是否定了神學活動中的終末性界限，並由此也否定了神學知識的信靠和期盼特質。[26] 根頓提醒我們不能逃避基督教系統神學其內容所具有的經世結構，但這卻是許多神學嘗試的做法。[27] 上帝的經世啟示正正表示了上帝的可知性和不可知性，並劃下了終末性界限，而神學活動之所以可能就只在這上帝的可知性與不可知性之間，並在這終末性界限之內。

> 上帝透過揀選以色列和道成肉身而可知，這可知是在祂自己所設定的界限之內的。〔……〕祂在人身上所作的事（引按：尤其指道成肉身）表示他事實上是可知的，〔……〕人的知性不能也不可以繞過這（道成肉身的）化裝，以及不可以繞過道成肉身所決定的可能性，道成肉身因而同時決定了人對上帝的認識其實在及界限。〔……〕這種對上帝的認識的界限是基督論式所劃定的教義，而非哲學式的。道成肉身因此也置定了終末的界限，因為主再來（*parousia*，具有真理之落實／臨在的意義）的應許乃是那普世的及不可避免對上帝的知識，但仍然是基督論的中介式知識。[28]

根頓上述一段說話，清楚表明了上帝在基督的道成肉身的經世活動中劃下了認識上帝的終末界限。這裏的終末界限乃一由可知的上帝知識來設定的，因此它同時劃分了可知與不可知的界限，而神學的活動則必然是在這界限之內進行的。終末的界限使得在歷史時空中的神學活動成為可能，終末的界限使得道成肉身所開啟的真理並非封閉的，而聖經與信經等傳統亦是開放的。由於終末界限乃真理的經世活動本身的結構，是以，若要對應此一真理的實在本相，則神學活動必然要對真理的終末性開放其自己。

四、

神學活動固然並非憑空臆測，但也不是處於一種全然掌握對象的情況之中。憑空臆測的神學活動意味著無任何界限限制之，全然掌握對象的神學活動則表示活動的空間是狹窄而封閉的。本章主要介紹根頓對神學活動的了解，指出其空間乃由兩方面的限界來決定，從而使得神學活動乃一顧後瞻前的敞開性活動。

就傳統來說，其作為信仰羣體，即教會，對上帝在基督裏的經世活動的閱讀和解釋，是神學活動所不可少的，雖然是相對的而非絕對的。這種必要性乃在於上帝的歷史活動本身所具有的奧祕或是多層面性，[29] 換句話說，真理的經世性並非完全透明亦非全然徹盡，這就進一步涉及真理的終末性。在終末的界限底下，神學活動得以不斷開展並累積沉澱而成傳統；同時亦因為在終末的界限底下，一切的傳統雖然是了解真理的必然中介但卻不是絕對的真理，所以神學活動得以持續不斷。因此，根頓說：真理乃永恒的女兒，也是時間的女兒。而神學活動，乃是在終末永恒的界限及由其所開展累積而成的傳統這界限之間所形成的空間之中，不斷瞻前顧後，以對應真理的歷史經世性與終末永恒性。

註釋

1. Colin Gunton, "Dogma, the Church and the Task of Theology," in *Intellect and Action: Elucidations on Christian Theology and the Life of Faith* (Edinburgh: T & T Clark, 2000), 2.
2. Gunton, "Dogma, the Church and the Task of Theology," 17～18.
3. Gunton, "Dogma, the Church and the Task of Theology," 18.
4. Colin Gunton, "Historical and Systematic Theology," in *The Cambridge Companion to Christian Doctrine*, ed. Colin Gunton (Cambridge: Cambridge University Press, 1997), 5～6.
5. Colin Gunton, *A Brief Theology of Revelation* (Edinburgh: T & T Clark, 1995), 101.
6. Gunton, *A Brief Theology of Revelation*, 101.
7. Gunton, *A Brief Theology of Revelation*, 101.
8. Gunton, *A Brief Theology of Revelation*, 102.
9. Gunton, *A Brief Theology of Revelation*, 87.
10. Gunton, *A Brief Theology of Revelation*, 88.
11. Gunton, *A Brief Theology of Revelation*, 88.
12. Gunton, *A Brief Theology of Revelation*, 94.
13. Gunton, *A Brief Theology of Revelation*, 101.
14. Gunton, *A Brief Theology of Revelation*, 93.
15. Colin Gunton, "'I Know That My Redeemer Lives': A Consideration of Christian Knowledge Claims," in *Intellect and Action*, 51.
16. Gunton, *A Brief Theology of Revelation*, 96.
17. Gunton, *A Brief Theology of Revelation*, 97, 103.
18. Gunton, *A Brief Theology of Revelation*, 101.
19. Gunton, *A Brief Theology of Revelation*, 101.
20. Gunton, *A Brief Theology of Revelation*, 103.

21. Colin Gunton, " A Rose by Any Other Name? From ' Christian Doctrine ' to ' Systematic Theology ' , " in *Intellect and Action*, 33.
22. Gunton, " A Rose by Any Other Name?, " 33.
23. Gunton, " A Rose by Any Other Name?, " 34.
24. Gunton, " A Rose by Any Other Name?, " 35～36.
25. Gunton, " A Rose by Any Other Name?, " 32.
26. 關此，可參 Gunton, " I Know That My Redeemer Lives, " 55～57。
27. Gunton, " A Rose by Any Other Name?, " 39.
28. Gunton, " I Know That My Redeemer Lives, " 56～57.
29. Gunton, " A Rose by Any Other Name?, " 43.

13.

論語言

隱喻式神學語言觀*

一、

英國神學家根頓（Colin Gunton）以發展三一式神學及其文化意涵而為世所識，但根頓這方面的努力和成果主要見諸上世紀的九十年代，作品如《一、三與多：上帝、創造與現代性的文化》（*The One, the Three and the Many: God, Creation and the Culture of Modernity*）、[1]《三一式神學的應許》（*The Promise of Trinitarian Theology*），[2] 以及這個世紀初的《如此我

---

* 本文初稿曾於二〇〇八年六月二十三日在漢語基督教文化研究所舉行的第十屆香港神學人團契學術會議中宣讀。本文原為〈根頓的隱喻式神學語言觀〉，《建道學刊》第三十二期（2009 年），頁 1～28。蒙允轉載。

信——基督教教義導引》(*The Christian Faith: An Introduction to Christian Doctrine*)、[3]《父、子和聖靈：朝向一圓滿的三一式神學》(*Father, Son, and Holy Spirit: Toward a Fully Trinitarian Theology*)。[4] 相對來說，根頓的早期著作則較少為人注意和討論，尤其是他的神學知識論，以及與此相關的神學語言觀。但事實上，這兩項神學議題雖然發軔於早期，特別是上世紀的八十年代，卻一直延續至九十年代末，未曾稍停。就以神學知識論來說，根頓的第一本論文集《透過諸神學家做神學》(*Theology through the Theologians*)[5] 的頭四篇文章即屬於此類別，同樣地，他的第二本文集《知思與行動：對基督教神學及信仰生活的闡釋》(*Intellect and Action: Elucidations on Christian Theology and the Life of Faith*)[6] 的頭四篇文章亦屬此類。文章的發表年期有早至一九七二年及一九八八年的，亦有是在二十世紀九十年代初期(一九九〇年及一九九三年)，更多的是末葉的一九九七年及一九九九年，這裏還沒有算上一九九五年出版的《簡要啟示神學》(*A Brief Theology of Revelation*)。[7]

另一方面，就根頓對神學語言的關心，我們亦可以追溯至他在一九七二年發表的文章〈布特曼與有關上帝語言的定位〉(“Rudolf Bultmann and the Location of Language about God”)。[8] 而在八十年代，根頓寫了四篇文章，著力探討隱喻(metaphor)的性質及其與基督教神學的關係，特別是其與拯救論的關係。這四篇文章分別是〈超越性、隱喻，以及上帝的可知性〉(“Transcendence, Metaphor, and the Knowability of God”）、[9]〈重訪《得勝者基督》：對隱喻及意義轉化的研究〉（“*Christus Victor* Revisited: A Study in Metaphor and the Transformation of Meaning”）、[10]〈基督那獻祭：語言的諸面向及聖經的意象〉（“Christ the Sacrifice: Aspects of the Language and Imagery of the Bible”）、[11]〈獻祭與諸獻祭：從隱喻到超越的？〉（“The Sacrifice and the Sacrifices: From Metaphor to Transcendental?”）。[12] 而尤其值得注意的，是根頓在一九八八年寫下了《贖罪的實在性：對隱喻、合理性和基督教傳統的研究》（*The Actuality of Atonement: A Study of Metaphor, Rationality and the Christian Tradition*），[13] 運用隱喻來全面疏解基督教的拯救論。與此對應的，是一九八三年出版的《昨天與今天：對基督論延續性的研究》（*Yesterday and Today: A Study of Continuities in Christology*），[14] 其中的第五章即為〈基督論述句的地位〉（“The Status of Christological Statements”），討論代模、地圖及隱喻（models, maps and metaphors）的語言特性。此外，根頓於一九九二年及一九九九年也發表了另外兩篇相關的文章，繼續深化這方面的討論：〈反覆無常與削足就履：在反對麥克法格（Sallie McFague）底下對語言辯證所作的研究〉（“Proteus and Procrustes: A Study in the Dialectic of Language in Disagreement with Sallie McFague”）[15] 及〈道成肉身與意象：字詞、世界和三一上帝〉（“Incarnation and Imagery: Words, the World and the Triune God”）。[16]

從以上的「清點存貨」來看，我們相信根頓的神學旨趣並不只是闡釋和重建基督教的教義，如以三一式的神學框架來處理傳統諸教義，並開發其所涵蘊的文化含意。尤有進者，他更深入至基督教的神學知識及語言，而這方面的思想和討論早在上世紀八十年代已經成為他的研究焦點之一。根頓的神學語言觀與神學知識論既有平行的發展，又有逐漸領先的姿勢，並由此促成他進一步發展其三一式的神學。關於後面一點，我們不能在此詳加解說，但要是注意到根頓在一九八五年出版的《啟蒙與疏離：朝向三一式神學的論述》（*Enlightenment and Alienation: An Essay Towards a Trinitarian Theology*），[17] 以及他在一九八五年五月十四日於倫敦大學英皇書院（King's College）發表的基督教教義教席就職演說〈一、三與多〉（"The One, the Three and the Many: An Inaugural Lecture in the Chair of Christian Doctrine, 1985"），便自然明白。我們在這裏嘗試整理根頓的神學語言觀，具體來說，就是他對隱喻的看法，以便更全面地掌握他那套現在廣泛地為學界認識和討論的三一式神學。

然而，根頓所發展的一套隱喻式神學語言觀，並不能跟他的神學知識論完全分割開來，我們甚至可以這樣說，根頓的隱喻式神學語言觀，是他的神學知識論進一步開展出來的成果。反過來，我們也可以說，他的神學語言觀豐富了他的神學知識論，前者是後者不可或缺的一環。特別當根頓表示：如果神學之消失乃在於一種虛假的語言哲學，那麼當學者選用一種更為合適的語言哲學時，我們豈非要把握機會修補錯誤？[18] 這清楚表明一種相應於基督教神學，特別是其神學知識論的神學語言觀，是十分關鍵和重要的。下文，我們會緊扣根頓早期的神學知識論的建立，來開展其隱喻式神學語言觀，以便更充分地展示隱喻式的神學語言是建構神學知識不可或缺的一環，以及這種神學知識的中介特性。

簡單來說，任何知識的獲得、表達及傳遞，都不是直接的，而是間接的，以語言為中介而進行的，根頓這觀點使得他的神學知識論的中介性具有多重意義，即我們不僅透過聖子耶穌基督和聖靈方能認識上帝，[19] 並且同時能藉著聖經及解釋聖經的傳統來認識祂。[20] 在這裏我們進一步補充，這種神學知識論亦是以語言為中介的。那麼，甚麼的語言才能恰當地獲得、表達及傳遞神學知識呢？對於根頓來說，這神學的語言就是隱喻了。但為甚麼隱喻能夠擔當這任務呢？下面我們即嘗試初步介紹和勾勒根頓這方面的看法。[21]

二、

讓我們從根頓於一九八三年出版的《昨天與今天》這本研究基督論的著作開始討論，因為這本著作中的第七章〈基督論述句的地位〉載述根頓對神學語言的正面討論，特別聚焦於代模、地圖及隱喻，而且根頓把有關論述置於神學知識的討論之下來開展，故此十分重要。一九八五年的《啟蒙與疏離》雖然沒有繼續深化神學語言的討論，卻全面開展神學知識論的建構，特別是為了回應啟蒙時代以來，基督教神學知識所面對的挑戰，這書奠定了根頓位格性知識論的基礎。當然，根頓對知識論的討論，尚可追溯至他於一九八〇年發表的文章〈基督論的真理〉（"The Truth of Christology"）。[22] 這篇文章與〈基督論述句的地位〉同樣把討論場景置於啟蒙運動的知識論之下，根頓且同樣援引二十世紀的英國科學哲學家波蘭尼（Michael Polanyi）的知識論，來發展他的神學知識論及語言觀，所以我們以這兩篇文章為起點來了解根頓這方面的看法是很有理據的。[23]

無可諱言，根頓認為啟蒙時代是西方思想和現代神學的分水嶺。[24] 他的神學，特別是其在八十年代早期發展的神學，主要是針對啟蒙時代而進行的，而當中的焦點首先又在於知識論或真理論的問題，並由此而兼及語言的討論。[25] 根頓由啟蒙時代的真理觀上溯至柏拉圖（Plato），[26] 指出了兩種真理的宣稱及兩種述句。前者倡議的是由感官經驗構成的偶發的真理（contingent truth），以及由理性衍生的必然的真理（necessary truth）。後者則顯明於現代世界的綜合述句（synthetic statement）跟分析述句（analytic statement）。[27] 雖然偶發的真理和必然的真理同被稱為真理，但是兩者之間卻有分別。柏拉圖及啟蒙時代的學者均不認為偶發的真理值得追求，反之，必然的真理才是人對事物或實在（reality）的真正認識。這就形成了十八世紀著名的萊辛鴻溝論（Lessing's ditch）：「歷史的偶發真理永遠不能成為理性的必然真理的證明。」[28] 即便是祈克果（Søren Kierkegaard）也持守這種知識論的真理分類，使用了「弔詭」（paradox）來把時間的偶然性和永恆的必然性緊扣在一起。難怪根頓指出，祈克果不單沒想過要質詢這種真理分類是否合理，反而更使之尖銳化，以有利於強調信仰乃缺乏理論的客觀必然性。[29] 根頓在討論基督論的真理時問：「如果根本沒有知識，並且如果我們必須替真理定義為『一種在最熱情的內在性的把握過程中所牢牢抓緊的客觀的不確定性（an objective uncertainty）』，那麼，我們很難說基督論在甚麼方式上可以是一門學科，能夠對它跟世界的關係講論或嘗試講論些甚麼。事實上，神學本身（theology in general）亦然。」[30] 這就很容易墮進了主觀全體主義（subjectivism）之中。

這樣一來，在啟蒙時代的真理觀下，基督教的基督論首當其衝，它怎樣回應其強調以人的理性為中心的真理觀、知識論呢？根頓指出，從歷史的角度來看，主觀主義和歷史主義（historicism）是當時的出路，但這無可避免地走向相對主義（relativism）的結局。[31] 前者相對於特殊的個別主體或集體主體而言，後者則相對於特殊的歷史時期而言，兩者同樣具有一種不穩定、不確定、流轉變化的真理觀、知識論。在根頓看來，無論是笛卡兒（René Descartes）那種追求確定性的客觀主義（objectivism）也好，還是其後康德（Immanuel Kant）所發展的超越觀念論（transcendental idealism）也好，都逃避不了高舉客觀性的後果，以及主體（subject）與客體（object）、認知者（knower）與被知者（known）的絕對劃分。[32] 後來士來馬赫（Friedrich Schleiermacher）和立敕爾（Albrecht Ritschl）對康德的反動性回應，強調宗教主體的活動，仍然囿於康德式的兩個領域的劃分，不外以科學的客觀知識與宗教信仰的主觀世界，來重述康德的純粹理性領域與實踐理性領域而已。[33]

因此，一言以蔽之，根頓想要解決的是啟蒙時代以來的絕對二元論（absolute dualism），以免我們被迫在客觀主義與主觀主義之間作出取捨。[34] 對他來說，在二元論底下產生的客觀主義和主觀主義，都是非位格的（impersonal）知識論，即無論人的理性還是宗教感情，都跟所認識的客體或對象（object）缺乏雙向的互動，也就是沒有所謂的互為主體性的（intersubjective）或互為位格性的（interpersonal）的關係。[35] 客觀主義被局限在理性本身設定的範圍之內，無論是鏡映式的（笛卡兒一眾的理性主義者）或是塑造建構式的（康德一眾的德國觀念論及唯心主義者）都無兩樣。主觀主義則自限於感官經驗、道德感情或宗教感情之內，是一種幾乎否定客體、對象並轉移至主體所接受的內容為其首出的指涉（the primary reference）。[36] 結果都是跟所要認識的客體、對象割裂連繫，而只退回各種名目、形式的主體性之內。是以，根頓亟欲倡議一種主體與客體相互開放、彼此互動的知識論、真理觀，企圖跳出要不是全然知道否則就是一無所知（all or nothing）的陷阱。[37] 前者指的是理性主義、觀念論及唯心論的立場，後者則為經驗主義的觀點；一為理性的主體，另一為經驗的主體。但無論哪一種主體，都落入跟所要認識的客體、對象缺乏相互開放、彼此互動的關係裏，要不是主動的映現、塑造（心靈天賦說或建構說），就是被動的接受（心靈白板說），兩者最終都持守一種心靈無偏見的看法。事實上，這種看法正正跟把認知主體與被認知客體割裂分離的觀點是一致的，這樣一來，我們便陷入一種主體與客體彼此分離、互不影響的循環之中，不斷深化兩者之間的距離與鴻溝。然而，根頓發現波蘭尼的知識論卻反對這種把主體與客體截然二分的做法，[38] 因此他借用波蘭尼的哲學 [39] 來發展他的位格性知識論，並藉著當中對想像的重視而進一步探討隱喻式的語言觀。

根頓主要透過波蘭尼知識論中的知識隱默向度（tacit dimension）及認知者的寓居／內住於世（indwelling in the world），來確立知識的位格性（personal knowledge），[40] 並由這兩個觀念來分別回應客觀主義和主觀主義。根頓指出，波蘭尼所講的位格性知識，純粹由人（person）來完成，但這並不意味著主觀性，卻表示這種知識有別於科學的客觀主義所追求的東西。[41] 這是因為人只能透過隱默已知（tacitly known）來認識事物。[42] 這種隱默知識（tacit knowledge）是一種獲取知識的能力，讓人能夠從低層次向高層次不斷發展，從而對更高層次的實在形構與之相應的知識。[43] 根頓表示，這就顯出沒有全然徹底地形構知識的可能性。主體的隱默知識使得獲取知識成為沒有休止的歷程。根頓一再強調，這種主體性並不是主體主義或相對主義下的主體性，而是說所有知識都需要一位主體。[44] 他引用托倫斯（Thomas Torrance）的話：「位格性知識跟知識內容包含個人的、更少主觀因素無關，因為科學家的位格性參與是把他的整個思想和述句都導向客觀的實在。」[45] 由此，把知識分為科學的（客觀的）和神學的（主觀的）並不恰當，因為兩者都同樣通過所承繼的知識傳統作為其隱默知識而認識客體、對象，而沒有一種純粹的客觀出發點可以達致純粹的客觀知識。[46]

在這裏，我們可以進一步引用波蘭尼的另外兩個知識論概念：焦點意知（focal awareness）和支援意知（subsidiary awareness）來予以解說，並借此引申出另一個重要的概念或隱喻：寓居／內住（indwelling）。波蘭尼曾以盲人使用手杖這類比，來說明我們認識世界的過程。當盲人第一次使用手杖來探索周遭環境時，他的焦點意知首先落在手杖之上，「焦點意知將注意力集中在某個特定的細部來認識」，[47] 但盲人必須「從注意力集中之處的整體角度入手，才進入意識細部」，[48] 亦即從焦點意知轉換成支援意知，他才能透過手杖去探知身邊的世界。對波蘭尼來說，這支援意知就是隱默知識，它是可讓人知曉的，卻非在完全有意識底下為人所應用。[49] 我們的工具、語言、科學理論都可以是隱默知識的一部分，起著一種作用，使得我們可以不斷探索這個世界，得到更多的顯明知識。[50] 但是這裏也表明了一個十分重要的事實：我們其實同時是靠賴這些隱默知識、支援意知而寓居／內住世界之中。

對波蘭尼所指的寓居／內住，托倫斯有簡要的解說：「這是認知的活動，在當中思想寓居／內住於某客體（或教導或人）裏所潛藏的融貫性或整合性之中，藉此而深入其內，直至認知主體與為他者所認知的客體之間出現了一結構上的親屬性。這樣一來，為他者所認知的客體裏的自然整合就會濡化於認知者之中，而以支援的方式來起作用，使他能聚焦地認識這客體。」[51] 這裏涉及的是認知主體與為他者所認知客體之間的關係。依據波蘭尼的看法，認知主體是寓居／內住於為他者所認知的客體之中，一方面認知主體使用其感官與理性、行動與感情來跟這個為他者所認知的世界接觸，不是只為了宰制和控制，而是在於**接受**（receive）。[52] 一個盲人使用手杖來了解周遭的世界，我們也隱默地運用許多不同的工具，包括語言，來寓居／內住在世界之中。[53] 在這個寓居／內住的過程中，出現了認知者為所認知的客體所濡化的情況。換句話説，寓居／內住是一種雙向的歷程，一方面認知者透過他的身體及工具——物質的也好，理論的也好——來住進世界之中；另一方面，我們可以把這種住進世界的情況理解為：認知者透過他的身體和工具接受在他以外的世界進入他的心靈之中。但這樣並非表示認知主體是白板一塊，毫無保留地接受外在不知明世界把各種觀念或印象加諸其心靈上，[54] 因為他是藉著他的隱默致知（tacit knowing）來與世界互動，他的身體和他的工具是帶著認知者的傳統來住進世界的，所以世界對認知者的濡化並非那麼純粹單方面的；也不是像畫家可以隨意在白紙上繪上任何的顏料、圖案般，而是透過認知者那帶有傳統的身體和工具來進行濡化的工作。是以，認知者與為他者所認知者、主體與客體、人與世界，就如根頓所言，在寓居／內住這一活動之中，同時是主動的和被動的。[55] 寓居／內住於世使得人與世界、主體客體不再截然二分，但也不是混為一團。[56] 在這裏更為重要的是，正如根頓所言：「寓居／內住的理論是隱默致知理論的正面説法。後者顯明認識所具有的不可約化的位格性質，前者則點明所導向的實在世界也是不可約化的。」[57] 特別需要注意的是最後一句，在認識世界的時候不能忽略跟世界打交道，這表明粹純的主觀主義是不存在的。如果純粹的主觀主義是可能的話，那就跟純粹的客觀主義一樣，都是落入主體與客體全然分割的關係格局之中。主觀主義錯誤的地方，在於沒有看見知識涉及主體與客體或人與世界的互動，彼此具有一真實的關係，這個關係決定了知識的形構。[58] 波蘭尼這一寓居／內住的知識論，就在於強調根本上主體或人在認識客體或世界的時候，不能跟其分離；主體或人在非批判（acritical）的情況下，本來就是寓居／內住於客體或世界之中。因此，任何與客體或世界的互動關係割離的主體的或人的認識，並非真實的認識。

三、

根頓對波蘭尼的位格知識論的倡議，讓他對語言採取了相應於位格知識論的看法，就是既非鏡映也不是建構實在或世界的作用。波蘭尼在討論視覺時曾經指出，我們所看見的是受到我們想要看見甚麼所影響的。意思是：我們看見某些東西為某些東西而不只是許多顏色的拼合，乃由於我們的支援意知在起作用。[59] 波蘭尼這裏對視覺的討論，可以和他對想像所作的講述（波蘭尼在這方面的講述不多）相提並論，而根頓的觀點亦正是如此。[60] 如果感官的視覺並非跟內在思想分割的話，那麼，再進一步，想像也不是跟其他思想的運作完全分割，而是互相連續。[61] 想像看來是屬於圖像性的活動，但波蘭尼使用了「概念的想像」(conceptual imagination) 一詞，表達那種透過經驗接觸世界所產生的靈感 (inspiration from contacts with experience)，從而進一步形構出相應的知識，以揭示所接觸的世界。[62] 因此，根頓提出這樣的看法：「在圖像式 (pictorial) 和概念式 (conceptual) 之間是沒有截然的分界的，有的反而是一連續的光譜，彼此融接，人藉此而認識和控制我們的世界。」[63]

這樣的理解對根頓發展他的隱喻式語言觀有甚麼重要性呢？這裏主要涉及啟蒙時代把主體和客體、人和世界截然二分的思想模式。如果想像同時為概念式和圖像式的事物，一如波蘭尼使用「概念的想像」一詞所顯示的，那麼人的概念思維就不是跟外在世界缺乏連續性了。當概念式思維跟圖像式思維融接一起時，那麼前者就能夠通過後者而延伸至身體的感官，從而與外在世界接觸。這也就是說，心靈與身體不是分割的，人與世界也是不分割的，而想像正是中間的橋梁，把心靈與身體、理性與感官連結起來，也藉此把人與世界連結起來。更準確地說，這種連結是由於寓居/內住才能以實現的。根頓就曾這樣說：「正如我們作為人，寓居/內住於我們的身體之內，我們也是以不同的方式寓居/內住於世界之內。最簡單的方式是透過把我們的身體變為工具，使之成為我們的延伸，從而把我們跟世界連繫起來。我們使用字詞 (words)，就是透過字詞而延續伸展。正如盲人寓居/內住於他的手杖，藉此能認識周遭世界的方式，我們也寓居/內住於字詞和概念 (concepts) 之中，藉此能確定、認識我們周遭世界。」[64] 根頓最終想要反對的語言觀，是啟蒙運動那種把字詞的意義跟世界割裂的疏離或異化的舉動，而所倡議的字詞的意義可以被視為內蘊於整個實在的意義之中，並由之而衍生出論說。[65] 兩者背後的存有論（ontology）截然不同，前者視世界並不蘊含內在意義或合理性（rationality），因此一切意義都是由人外加的，後者則建基於創造論而視世界為上帝的創造，自身內具合理性或理序。[66]

對根頓來說，啟蒙運動的傳統所犯的錯誤，在於認為合理性或理序若不是通體透明的，就是人的心靈所內置的。根頓認為這錯誤是兩難的，而特別當把真理的判準定立在清晰及明確（clarity and distinctness）之上，那就拒絕接受世界是可以向我們的字詞敞開的。[67] 清晰及明確只是人的心靈狀況而已，與世界無關。這顯明了人的心靈與世界割裂的立場。但波蘭尼的寓居／內住的隱喻卻表明我們的身體跟我們所寓居／內住的世界是結連一起的，因而我們的理性與實在也不是斷裂的，我們的字詞也不是外在的工具，供我們隨意使用。[68] 反之字詞的合理性或理序，其表述真理的能力，都是從我們寓居／內住的實在所衍生出來的。[69] 因此，「視文本只是原始思維投射出來的產物，或文化相對的產品而使用之，實屬錯誤。我們對世界的了解，從文本寫成開始，**已經**深化了及修正了。但世界卻沒有改變」。[70] 這樣一來，我們其實可以透過文本的字詞來了解世界，這卻不是一種全然透徹了解世界的舉動，而是透過文本的字詞來了解世界的持續行動。可是，如果文本的字詞昔日具有意義，今日也具有意義，以致我們可以不斷地解讀之，從而了解世界，那麼這些字詞究竟是怎樣的字詞？簡單來說，當「世界內在的合理性或理序為他者（文本的字詞）的合理性或理序結構所表達，雖然這是非直接的或不能窮盡的」，[71] 並且兩者都在互相開放的情況底下，那麼問題是：文本的字詞究竟有怎樣的性質才可以讓人不斷地解釋，而揭示其所表達的意義？根頓追隨波蘭尼的看法，視字詞與世界之間存在間接及內在的關係，後者在於寓居／內住而給引申出來，前者導致隱喻的運用。根頓就此清楚地表明：「所有語言（language）都是間接的，這就是為甚麼語言離開了隱喻或其他修辭（figure of speech），便無法履行其使命。」[72] 我們不單透過字詞，以字詞為中介、工具而參與實在，因為字詞並非實在的鏡映，[73] 而且我們是以隱喻的字詞來講述實在，因為認為抽象的概念與在這些概念之外的東西之間具有一種直接的鏡映關係，乃是錯誤的看法。[74]

根據根頓的見解，運用抽象的概念是後起的事情，我們可以視之為焦點意知的運作。但更重要的是，即使抽象的概念能夠形構實在所隱藏的面相，然而它並不是一種鏡映式的揭示，否則我們就可透過抽象的概念而徹底地看清實在的本相了。「沒有語言可以完全講述實在，這是當代知識論的信息，也是神學跟其他學科共有的一種情況。」[75] 然而，根頓同時意識到神學跟其他一切學科的分別，在於神學所談及的乃是永恆的上帝，而更準確的說法是，神學談及基督論，而基督論涉及的是在時間中那位永恆的上帝，這是在別的學科所不會出現的情況。[76] 他清楚表示：「我們不單只講述內在的或域內的現象（immanent phenomena），也不在於只講述永恆的實在，而是同時講論兩者。我們可以使用甚麼語言去同時表達那是甚麼，以及該種語言的限制呢？」[77] 在這裏，根頓展示了神學語言必須滿足兩項要求：其一是可以述及所言說的對象——一位在時間中永恆的上帝——耶穌基督；另一是能夠顯示語言自身的限制。換言之，這裏涉及的是兩項條件，一是語言的可表達性、可言說性，另一是語言的不可表達性、不可言說性，即語言的可溝通性與不可溝通性。甚麼樣的神學語言才可勝任這種言說上帝的工作呢？這種神學的語言，其實是同時要照顧到上帝可以言說的一面與不可言說的另一面。對於根頓來說，這又特別指到基督論的言說，因為基督道成肉身，乃是永恆與時間的弔詭性結合，神學語言如何可以言說這在時間中永恆的上帝，而不會掉進「若非只談永恆而忽略時間，就是只談時間而忽略永恆」的困局？換句話說，即怎樣才不會落入普遍性與特殊性之間非此即彼的言說呢？

四、

毫無疑問，根頓反對啟蒙時代的語言觀，而且可追溯至柏拉圖的知識論。這種語言觀建基於視覺的隱喻（visual metaphor），認為「當語言**描繪**（pictures）實在，那它就成功地描述了實在。必然的述句可以徹底且準確地描繪實在，反之，偶然的述句只能部分地及不準確地描繪實在」。[78] 這種追溯，讓我們可以從哲學史的發展中，如柏拉圖的洞穴隱喻和波蘭尼的寓居／內住隱喻中，看見隱喻在獲取知識和表達知識的過程中，具有不可隨便否定的重要性。如果隱喻有其必要性，那麼，知識的偶發性和語言的偶發性就不可避免。然而，我們卻無須以之為負面的事情。反之，知識的發展或更新、轉進，正正在於其偶發性，而偶發的語言在其中亦起著積極正面的作用。

根頓在《昨天與今天》一書的第七章討論「偶發的合理性」（contingent rationality）及「寓居／內住及基督論語言的地位」（indwelling and the status of Christological language）之後，便處理「代模、地圖及隱喻」的課題。在這一節裏，根頓一方面指出基督論的言說之所以可能，即能夠同時言說道成肉身的耶穌基督的永恆性與時間性，基本上是運用了代模、地圖及隱喻；另一方面，他同時強調這些語言都不是純粹的主觀臆測或猜度，相反，是與其實在的世界或實在有著連繫，「代模的意義並非那麼寬闊以至講說甚麼也行，反之，它讓我們避免落在過度強調**隱喻**一詞的『圖畫的』語調，以及認為科學的解釋與真實世界之間缺乏任何連繫的看法中」。[79]「除非隱喻能夠賦予某些概念的座標（conceptual co-ordination），否則不可能有充分的理由對實在與真理發出提問」，[80]「地圖是一種方法，我們藉此把實在中某些經選取的特徵從整體中抽離出來，以之作為一種指引，去認識整個實在」。[81] 在這一節中，根頓並沒有完全集中討論隱喻，而往後的好幾篇文章都不再談代模或地圖，而只特別扣緊拯救論來討論隱喻及其在神學上的使用。根頓這方面的思想可以說是以其《贖罪的實在性》一書達致高峯，因此我們下面即就此書的第二章〈隱喻與神學語言〉（“Metaphor and Theological Language”）作出討論。這一章可說是根頓對自己以前的種種討論作一次全面的整理，也是在他作品中探討這方面不可或缺的成果。然而，話又說回來，根頓在「代模、地圖及隱喻」一節中，特別強調語言跟真實世界或實在有著某種互動性連繫的看法，預告了他後來對麥克法格的隱喻語言觀作出批評的神學立場。[82]

〈隱喻與神學語言〉這一章分為五個小節：第一節為「隱喻的動力」（The Dynamics of Metaphor）；第二節為「**字詞**與世界」（*Words* and the World）；第三節為「字詞與**世界**」（Words and the *World*）；第四節為「神學中的隱喻」（Metaphor in Theology）；第五節為「行動中的語言」（Language in Action）。由於上文已在許多地方涉及根頓的語言觀，我們在這裏主要就根頓對隱喻的看法，來討論他這一章的要點。根頓這裏對隱喻的討論，預設了寓居／內住的觀點，即預設了波蘭尼的語言寓居／內住（linguistic indwelling）觀，[83] 我們在上文已經涉及和點出過的。因此，我們在這裏關心的是根頓如何理解和分析隱喻，以及這種隱喻式語言觀對神學語言的性質有何啟迪，以及神學隱喻的運作等。

根頓開宗明義表示要弄清楚語言是怎樣運作的，才可以述及真理。他在第一節就針對那種把真理和語言絕對二分的做法：論證與修辭、真理與裝飾、字面的與隱喻的，並且前者是值得推崇的，後者則要避免，[84] 他指出「但凡任何不能翻譯成『字面』語言（“literal” language）的隱喻語言，我們都不能以之為真實的」。[85] 這樣一來，「**除非隱喻不再是隱喻，否則它就不能夠陳述真理**」。[86] 這是因為按照亞里士多德（Aristotle）的見解，隱喻的定義乃是「一種藉著轉換而應用異樣的名字的表達……」。[87] 根頓借用近來哲學對隱喻在科學發現中的作用的研究，例如古典物理學使用「機器」（machine）來認識宇宙，而當代物理學則借助「場域」（field）來了解宇宙，[88] 從而提出語言要想發現世界，必須從言說世界轉成「為世界所形塑」（“world-shaped”），意即如果語言想要形構那之前不知道的意思，它必須改變。[89] 這帶來了兩個後果，其一為科學家和藝術家都要運用想像，一如運用感官和理性那樣子，並且只有想像才能使得感官和理性協調，它能夠在人類所經歷的世界中抽取某些具體的意象（concrete image），將之轉移至另一個新的場景之中，從而表達世界的真理。[90] 其二為科學家跟自然是處在一互動的過程之中，而語言則為實在所模塑，以揭示世界的種種特性。[91] 這些都是使用隱喻所蘊涵的知識論意義。

事實上，上述的兩個涵意：使用意象與為實在所模塑的語言，進一步涉及語言與世界之間的互動。第二節和第三節正是先後處理字詞與世界兩者之間在互動中所顯示的特性，以及這一互動的歷程。根頓在這裏清楚反對把字面意義與隱喻意義截然二分，反之他認為兩者的差異只在於以不同的方式使用字詞而已。[92] 為甚麼不能截然二分？這是因為字詞與事物之間的關係，基本上不是直接的，[93] 兩者之間沒有直接對應的關係，[94] 所以語言不是實在的鏡子。[95] 可是，這並不表示語言只成了主觀的表達。根頓想要指出的是，我們必須以動態而非靜態的角度來看待語言、字詞，同一個字詞首先可以是隱喻，然後轉變成字面的使用，主要視乎使用的處境，[96] 就像他常常引用的例子：「小老鼠」（"little mouse"）。小老鼠原為拉丁文 *musculus*，首先是作為隱喻而間接地為生理學家所使用，後來成為解剖學的名詞「肌肉」（"muscle"），如此，才轉變為字面的意義了。[97] 是以，對世界作出真理的宣稱，不在於字詞是字面的或隱喻的，而在於這字詞能否成功地、真正地表達人與實在的互動，[98] 從而能夠言説那真正的世界。[99] 這就涉及世界對字詞可以具有的作用了。

根頓在第二節確立字詞必須具有改變意義的特性，方可真正地、成功地表達那之前尚未為人所認識的、實在的某些性質。在第三節，根頓接著討論世界、事物對語言、字詞的塑造，借用根頓常常引用的學者博迪（Richard Boyd）的話，那就是「完成**語言對世界那偶然結構的屈就的任務**」（to accomplish the task of accommodation of language to the causal structure of the world）。[100] 語言、字詞要完成其使命或任務，就不能落在理性主義的語言觀，認為心靈與世界是直接關連的。於是對想像懷疑，結果不能對世界開放，[101] 不能對世界開放自然不能跟世界互動，進而為其所改變或塑造。這裏所要求的語言乃是開放的、被動的，[102] 因為是開放的、被動的，所以這種語言也是謙卑的、聆聽的，[103] 可以承受實在的奧祕與靜默，而把開放與奧祕、言說與靜默結合起來。[104] 這種結合，其實是在語言的敞開與接受之中，實在賦予語言新的意義，讓新舊意義融合（fusion of notions），這就是隱喻的工作了。[105] 它能夠把語言和世界和諧地融合在一起。[106]

接著，根頓在餘下的兩節轉到神學的討論。在第四節，他首先處理神學中的主觀主義的語言觀，然後處理神學語言的指涉的問題，兩者是一個銅錢的兩面。我們不要忘記，根頓是想要擺脫客觀主義和主觀主義的語言觀框框的，[107] 可是因著神學圈子的種種原因，使得其語言往往落在主觀主義之中，這特別是指向歐洲神學的情況。根頓提出了兩個原因：其一是受到康德知識論的影響，神學語言成了不關涉真實世界的語言，只是人對實在的心靈回應；[108] 另一是藉著類比而把熟悉的用語投射在不熟悉的對象上，結果就把神學語言變成僅僅是人主觀的理想投射而已。[109] 因此，我們需要發展出一種神學的隱喻，像在有限世界中使用隱喻那樣，卻是與別不同地對上帝作出隱喻的言說。[110] 這樣做的目的，是為了避免主觀地把應用在世界的隱喻轉過來用在上帝身上。可是，另一方面，根頓同時要確立隱喻在確定指涉對象的過程中，其所指向的事物究竟處於怎樣的狀態。[111] 我們固然不能預先確定所指，然後才描述這對象，但也不能在描述這對象的過程中，以字面意義來確定所指，否則便會落入鏡映的關係。根頓再次借用博迪的研究來解釋隱喻在確定所指的作用。他強調用來講述世界某些特性的語言，必須能夠改變以至可以對應世界其他的特性。[112] 只有隱喻才不會僵化，可為所指涉的對象所改變，以至能更恰當地言說其對象。[113] 這對神學尤其重要，因為其言說的對象是上帝，所以語言的發現性與可發展性同樣重要。前者表示在一定程度上可以言說上帝，後者讓我們藉著語言的改變和發展，可以更非一般地言說以前未認識的上帝的另一些特性。根頓在這裏特別強調神學的隱喻並非主觀的言說，而是人與上帝互動下的表達。但這種言說在神學活動中究竟怎樣運作，我們便要進到第五節了。

根頓討論神學語言的文章中，一直沒有就神學語言本身誇誇而談，反而連同教義的基督論、拯救論來探討神學語言，這究竟是甚麼原因呢？他在這一節解釋了箇中的原委。理由十分簡單，如果只就神學語言本身來討論，不免落入抽象的景況，[114] 意即這種討論抽離了所要探討的語言所處的文本，以致很容易陷進討論者自身所預設的期望和看法的危險之中。[115] 而且，這種不能抽離使用語言的文本脈絡/處境來了解語言的意義，正是隱喻發生意義的條件。是以，在討論隱喻的性質的時候，根頓特別強調只有展示基督教神學如何使用字詞，才會較那種預先訴諸某種理論框架，來得更有說服力。[116] 他引用亞里士多德對隱喻的古典定義，也不過是運作性的（working definition）。[117] 根頓表示：「自新約的隱喻所表達的具體關係起，我們集中注意力於神學語言曾經實際為人所使用的方式，而這或許也是我們現在應該或可能使用的方式。」[118]

在〈隱喻與神學語言〉這一章的第五節，根頓提出了認識聖經隱喻的四部曲。首先是上文提及的「從新約的隱喻所表達的具體關係來開始」，這具體關係指的並非別的，而是上帝與人的關係。為甚麼了解新約的隱喻要由其所涉及的具體關係開始呢？這進一步跟語言並非純粹任人隨己意使用有關。語言的意義是語言所寓居/內住的世界所賦予的，[119] 因此第二點是語言意義之改變，而隱喻就是容讓所指涉的實在模塑其意義的語言。這樣，聖經的拯救語言，其意義之可以為他者所重塑，一方面在於其所指涉的拯救乃由上帝的拯救行動所發動，這特別指向耶穌基督的道成肉身、十字架與復活的事件，[120] 另一方面則在於這種語言以隱喻的形貌出現。

但是，語言意義的改變並非自動發生的，因為如上所述，語言是寓居/內住於世界之中，由它原來所寓居/內住的世界賦予它意義，這原來所寓居/內住的世界不單是某一特定的傳統，並且是某一具有了解一切事物的世界觀、思考方式在內的傳統。[121] 這特定的傳統構成了語言使用者的處境與了解，因此，對語言使用者來說，語意的改變是透過其處境和了解的改變而達致的。[122] 根頓以上帝的義為例指出，對這觀念的了解取決於人所屬於的傳統，這個傳統不是抽象的，而是人所寓居/內住的傳統，他在傳統之中存活並思想。[123] 而基督教所言說的上帝的義，則是由以色列的傳統所塑造，其高峯則在耶穌的十字架。[124] 問題是，為甚麼屬於日常文化的隱喻不會停止說話、終止為人類的生存創造更多的空間？為甚麼不會變成僵化的隱喻而仍為活的隱喻？[125] 這是轉化的問題。上述的第三點引至第四點。根頓認為神學中隱喻語言的產生，至少部分是由其所指涉的對象所發動的，這是至為重要的。[126] 換句話說，神學的隱喻不完全是由日常文化中的隱喻所決定或投射出來，根頓反過來認為，日常語言的意義倒是由神學的隱喻所規範的。這可從兩方面表述。從歷史的角度來說，根頓引用懷特（Roger White）的研究指出，某些日常使用的字詞，其真正的和原初的意義只能在神學中的使用才能看得出。[127] 他並且引用懷特對拯救乃得勝的意思為例子作說明。根頓由此而進到從神學的角度來表示，這不單只是語言層面的轉變，同時也是思想方式及在世生活方式的更新，而之所以需要更新，乃在於神學的拯救隱喻所指向的，才是「**真正的**犧牲、勝利和公義」，[128] 顯明了我們原來字詞所指涉的乃是不足的，有虧欠的，需要讓語言所指涉的對象不斷重新塑造。[129]

根頓這四部曲旨在說明他對神學語言的了解，以及表明他採用隱喻來了解拯救論的緣由，特別是神學上的而非別的。由此，他的隱喻觀就不純只是借用哲學家的研究成果，而是回到神學上去確立其根據。當然，根頓在這裏的確立只是一種點題式的舉措，卻開啟了研究的方向，需要繼續深化下去。在下面一節，我們繼續追蹤根頓這方面的探討。

五、

根頓最後一篇討論神學語言的文章乃一九九九年的〈道成

肉身與意象：字詞、世界和三一上帝〉。這篇文章嘗試為神學語言尋找神學根據，焦點一如文章的名稱，落在道成肉身與意象之上。在這一節，我們嘗試藉著這篇文章，勾畫根頓對神學語言的神學根據的思考，從而結束對他的隱喻式神學語言觀之介紹。

基本上，根頓從理性與想像的關係出發，藉著他所喜愛及常用的神學家科爾里奇（Samuel Taylor Coleridge）來指出兩者同為真理的媒介。[130] 想像與理性並非互為敵人，前者是我們產生意象的官能，我們通常從物質的世界生發意象，而藉著後者我們產生概念以超越世界。[131] 但根頓認為想像是關鍵的，因為它把我們感官所認識的跟我們思想所發展出來的連結一起，[132] 想像較抽象的反思更能道出人類處境的實況。[133]「語言藉著想像而達致意義」。[134] 那麼，由想像而生的意象或隱喻，是從何而來？這可以分開兩方面來解釋。若就一般語言中的意象來說，隱喻或意象是從人與物質世界的互動底下產生出來的，[135] 而這亦可以從基督教的創造論來予以支持。因為人是不可約化的物質存在者，並且存活在泥土之上，所以我們的語言在任何方面都由我們對周遭環境的身體性及物質性的參與所標記著。[136] 若就聖經的神學語言來說，隱喻或意象是從人與上帝的關係所產生出來，而我們在以色列、耶穌和教會之中都可具體看見這種語言。[137] 聖經中對上帝、人和世界的言說，都是通過敘事、教導、祈禱、先知預言等文學形式而出現，當中沒有不充滿意象和隱喻的。[138] 然而，我們還可以進一步追問，人與上帝的互動，怎樣可以不是純精神性的呢？如果只是精神性的交往，那麼也就不會使用從物質世界而來的意象和隱喻了。根頓在這裏引用愛任紐（Irenaeus）的隱喻：聖子上帝與聖靈上帝是上帝的「一雙手」。根頓特別強調愛任紐所言說的聖子，乃是上帝在耶穌基督裏的物質性臨在（God's material presence in Jesus Christ）：祂永恆的獨生子成了人。[139] 這是說人與上帝相交乃是一種物質性的舉動，因為上帝自己道成肉身，這就跟物質的世界有一物質的關係。[140] 在這樣的基礎上，我們可以進一步表示，我們跟世界打交道的字詞，可以因著上帝在耶穌基督裏的啟示變成神學真理的器具。[141] 那就是說，我們可以透過跟有形有體的耶穌基督交往，從而讓祂來轉化和更新我們的意象和隱喻，以至可以用這些意象和隱喻來表達我們對上帝、對人和對世界的看法。根頓同時意識到這是一個不容易的過程，因為任何的神學字詞也同時屬於某一個社羣的處境，[142] 故此，我們也應該注意到教會這信仰羣體對神學字詞的使用和實踐，[143] 而需要藉著這信仰羣體透過聖經的語言，在崇拜及祈禱等活動中與三一上帝互動，更新、轉化及豐富我們的神學字詞的意思，以免落入非信仰羣體的錯誤扭曲裏。

根頓藉著想像的物質性特性，從而連繫至基督教神學中的創造論與基督論，嘗試為想像的意象和隱喻提供神學根據，從而確立神學隱喻這種語言的基礎。這無疑是繼續發展他那始自《啟蒙與疏離》中對想像的討論，可惜根頓志業未竟，未能繼續在這方面為我們思想下去。

六、

根頓的位格性神學知識論，蘊涵著隱喻式的神學語言觀。反過來說，他的隱喻式神學語言觀，預設了他的位格性神學知識論。本文沒有充分開展這一論題，而是對根頓的位格知識論及其隱喻式的神學語言觀作初步的介紹，當中尤其發現波蘭尼的知識論對根頓有著不可否定的決定性影響。雖然，我們沒有進一步探問根頓如何從神學的角度來建立一種位格性神學知識論，但無可否認的是，至少我們可以說，根頓的隱喻式神學語言觀蘊涵一種波蘭尼式的位格性知識論。而這套知識論的神學基礎，恐怕必須另文處理了。在這裏我們想進一步指出，根頓所言的基督教位格知識論，基本上乃一套拯救的知識論，[144] 那麼，如果這種知識論蘊涵著一種隱喻式的神學語言觀，那它必然同時為具有拯救意涵的語言觀，[145] 而為拯救的語言觀。這樣的了解，其實是跟根頓討論聖經的特性相一致。根頓視聖經為拯救知識的承載者（the bearer of saving knowledge）、道的器皿，[146] 具有拯救的作用，這就意味著聖經的語言乃是拯救的語言，因此，我們不單可以沿著根頓的隱喻式神學語言觀去繼續追問其神學根據，也可以從隱喻語言的拯救意涵，來探究根頓的聖經觀，更多地明白聖經作為上帝話語的本質。依筆者之愚見，讀者可以在根頓於一九九五年出版的《簡要啟示神學》一書中，進一步發現許多有關這兩個研究方向的討論，皆是集中在啟示的焦點底下來開展的。

註釋

1. Colin Gunton, *The One, the Three and the Many: God, Creation and the Culture of Modernity* (Cambridge: Cambridge University Press, 1993).
2. Colin Gunton, *The Promise of Trinitarian Theology* (Edinburgh: T & T Clark, 1991); 2nd ed. (Edinburgh:T &T Clark, 1997).
3. Colin Gunton, *The Christian Faith: An Introduction to Christian Doctrine* (Oxford: Blackwell, 2002).
4. Colin Gunton, *Father, Son, and Holy Spirit: Toward a Fully Trinitarian Theology* (London / New York:T &T Clark, 2003).
5. Colin Gunton, *Theology through the Theologians: Selected Essays 1972～1995* (Edinburgh: T &T Clark, 1996).
6. Colin Gunton, *Intellect and Action: Elucidations on Christian Theology and the Life of Faith* (Edinburgh:T &T Clark, 2000).
7. Colin Gunton, *A Brief Theology of Revelation* (Edinburgh:T &T Clark, 1995).
8. Colin Gunton, "Rudolf Bultmann and the Location of Language about God," *Theology* 75 (Oct., 1972): 535～539.
9. Colin Gunton, "Transcendence, Metaphor, and the Knowability of God," *The Journal of Theological Studies*, N.S., 31 (Oct., 1980): 501～516.
10. Colin Gunton, "*Christus Victor* Revisited: A Study in Metaphor and the Transformation of Meaning," *The Journal of Theological Studies*, N.S., 31 (April 1985): 129～145.
11. Colin Gunton, "Christ the Sacrifice: Aspects of the Language and Imagery of the Bible," in *The Glory of Christ in the New Testament: Studies in Christology in Memory of George Bradford Carid*, ed. L. D. Hurst and N. T. Wright (Eugene: Wipf and Stock Publishers, 1987), 229～238.
12. Colin Gunton, "The Sacrifice and the Sacrifices: From Metaphor to Transcendental?," in *Trinity, Incarnation, and Atonement: Philosophical and Theological Essays*, ed. Ronald J. Feenstra and Cornelius Plantinga, Jr. (Notre Dame: University of Notre Dame, 1989), 210～229.
13. Colin Gunton, *The Actuality of Atonement: A Study of Metaphor, Rationality and the Christian Tradition* (Edinburgh:T &T Clark, 1988).
14. Colin Gunton, *Yesterday and Today: A Study of Continuities in Christology* (Grand Rapids: Eerdmans,1983); 2nd ed. (London: SPCK,1997).
15. Colin Gunton, "Proteus and Procrustes: A Study in the Dialectic of Language in Disagreement with Sallie McFague," in *Speaking the Christian God: The Holy Trinity and the Challenge of Feminism*, ed. Alvin F. Kimel, Jr. (Grand Rapids: Eerdmans, 1992), 65～80.

16. Colin Gunton, " Incarnation and Imagery: Words, The World and the Triune God, " Oxford: Farmington Papers, *Philosophy of Religion* 4 (Oxford: Farmington for Christian Studies, 1999).
17. Colin Gunton, *Enlightenment and Alienation: An Essay Towards a Trinitarian Theology* (Grand Rapids: Eerdmans, 1985).
18. Gunton, " The Sacrifice and the Sacrifices, " 212.
19. 有關這方面的初步探討，請參本書第 4 章。
20. 有關這方面的初步探討，請參本書第 4 及 12 章。
21. 就根頓的神學知識的中介性，另可參趙崇明：〈根頓（Colin Gunton）對現代和後現代知識論及語言觀的神學回應〉，載《後現代文化與基督教》，關啟文、張國棟編（香港：FES Press，2002），頁 213～238；可惜這篇文章沒有論及根頓的語言觀，就這方面，可參趙崇明：〈隱喻與拯救——救贖論的文化意涵〉，載《三一・創造・文化：根頓神學的詮釋》，趙崇明主編（香港：基道，2006），頁 184～203。
22. Colin Gunton, " The Truth of Christology, " in *Belief in Science and in Christian Life: The Relevance of Michael Polanyi's Thought for Christian Faith and Life*, ed. Thomas Torrance (Edinburgh: The Handsel Press, 1980), 91～107.
23. 對根頓的位格性知識的介紹，可參趙崇明：〈建構文化神學的方法與進路〉，載《三一・創造・文化》，頁 53～55。
24. Gunton, " The Truth of Christology, " 91.
25. 根頓在九十年代開展三一式神學的討論，由此而回應啟蒙時代的知識論及自由觀，參鄧紹光：〈三一神學所涵蘊的文化意義——以自由與真理為焦點〉，載《三一・創造・文化》，頁 112～126。
26. Gunton, *Yesterday and Today*, 139.
27. Gunton, *Yesterday and Today*, 139.
28. Gotthold Ephraim Lessing, *Lessing's Theological Writings: Selections in Translation*, trans. Henry Chadwick (London: Adam & Charles Black, 1956), 53；轉引自 Gunton, *Yesterday and Today*, 140。中譯參萊辛：《歷史與啟示：萊辛神學文選》，朱雁冰譯（北京：華夏，2006）。
29. Gunton, *Yesterday and Today*, 141.
30. Gunton, *Yesterday and Today*, 142.
31. Gunton, " The Truth of Christology, " 92；另參根頓在 *The One, the Three and the Many*, Chapter 4, Section 1 對相對主義的討論。
32. Gunton, " The Truth of Christology, " 95～96.
33. Gunton, " The Truth of Christology, " 96.
34. Gunton, " The Truth of Christology, " 99.

35. Gunton, *Yesterday and Today*, 144; Gunton, " The Truth of Christology, " 95.
36. Gunton, *Yesterday and Today*, 145; Gunton, " The Truth of Christology, " 94.
37. Gunton, *Yesterday and Today*, 144; Gunton, *Enlightenment and Alienation*, 39.
38. Gunton, " The Truth of Christology, " 96.
39. 波蘭尼的知識論主要可見諸他以下著述：(1) Michael Polanyi, *Personal Knowledge: Towards a Post Critical Philosophy* (Chicago: University of Chicago Press, 1962)；中譯為邁克爾．波蘭尼：《個人知識：邁向後批判哲學》，許澤民譯（貴陽：貴州人民，2000／台北：商周，2004）。(2) Marjorie Greene, ed., *Knowing and Being: Essays by Michael Polanyi* (Chicago: University of Chicago Press, 1969)。(3) Michael Polanyi, *Science, Faith, and Society* (Chicago: University of Chicago Press, 1964)；中譯為邁克爾．波蘭尼：《科學、信仰與社會》，王靖華譯（南京：南京大學，2004）（此書中譯收其《人之研究》〔The Study of Man〕演講）。(4) Michael Polanyi and Harry Porsche, *Meaning*, new ed. (Chicago University of Chicago Press, 1977)；中譯為《意義》，彭淮棟譯（台北：聯經，1984）。(5) Michael Polanyi, *The Tacit Dimension* (Garden City, NY: Doubleday, 1966 / London: Routledge and Kegan Paul, 1967)。(4) 與 (5)項引述之二書中譯收於《博藍尼演講集：人之研究、科學，信仰與社會、默會致知》，彭淮棟譯（台北：聯經，1985）。
40. 大陸及台灣把 personal knowledge 譯成「個人知識」並不十分準確，趙崇明則譯之為「情格性知識」，參其〈根頓（Colin Gunton）對現代和後現代知識論及語言觀的神學回應〉，頁 226。
41. Gunton, " The Truth of Christology, " 96.
42. Gunton, " The Truth of Christology, " 96.
43. Gunton, " The Truth of Christology, " 96.
44. Gunton, " The Truth of Christology, " 97.
45. Gunton, " The Truth of Christology, " 97；有關托倫斯對位格性知識的解釋，可參 Thomas Torrance, " Notes on Terms and Concepts, " in *Belief in Science and in Christian Life: The Relevance of Michael Polanyi's Thought for Christian Faiths and Life*, ed. Thomas Torrance (Edinburgh: The Handsel Press, 1980), 141～142。
46. Gunton, " The Truth of Christology, " 97.
47. 波蘭尼：《科學、信仰與社會》，頁 122。
48. 波蘭尼：《科學、信仰與社會》，頁 122。
49. Gunton, *Enlightenment and Alienation*, 40.
50. Gunton, *Enlightenment and Alienation*, 40.
51. Torrance, " Notes on Terms and Concepts, " 139.

52. Gunton, *Enlightenment and Alienation*, 41.
53. Gunton, " The Truth of Christology, " 98.
54. Gunton, *Enlightenment and Alienation*, 41.
55. Gunton, *Enlightenment and Alienation*, 41.
56. Gunton, *Enlightenment and Alienation*, 41; Gunton, " The Truth of Christology, " 99.
57. Gunton, " The Truth of Christology, " 98.
58. Gunton, " The Truth of Christology, " 99.
59. Gunton, *Enlightenment and Alienation*, 42.
60. Gunton, *Enlightenment and Alienation*, 43.
61. Gunton, *Enlightenment and Alienation*, 43.
62. Polanyi, *Personal Knowledge*, 46；轉引自 Gunton, *Enlightenment and Alienation*, 43。
63. Gunton, *Enlightenment and Alienation*, 43.
64. Gunton, *Yesterday and Today*, 144.
65. Gunton, *Enlightenment and Alienation*, 144.
66. Gunton, *Enlightenment and Alienation*, 144～145.
67. Gunton, *Enlightenment and Alienation*, 145.
68. Gunton, *Enlightenment and Alienation*, 146～147.
69. Gunton, *Enlightenment and Alienation*, 147.
70. Gunton, *Enlightenment and Alienation*, 147.
71. Gunton, *Yesterday and Today*, 145.
72. Gunton, *Yesterday and Today*, 146.
73. Gunton, *Yesterday and Today*, 144.
74. Gunton, *Yesterday and Today*, 146.
75. Gunton, *Yesterday and Today*, 150.
76. Gunton, *Yesterday and Today*, 150.
77. Gunton, *Yesterday and Today*, 150.
78. Gunton, *Yesterday and Today*, 143.
79. Gunton, *Yesterday and Today*, 152.
80. Gunton, *Yesterday and Today*, 152.
81. Gunton, *Yesterday and Today*, 153.
82. 見其 " Proteus and Procrustes: A Study in the Dialectic of Language in Disagreement with Sallie McFague " 一文。有關這方面的討論參 Chiu Sung Ming, " The Rationality of Metaphor and Its Use in Theology: With Reference to the Works of Sallie McFague and Colin Gunton, " *Jian Dao* 9 (Jan.,1998): 49～68。

83. 波蘭尼的語言寓居／內住的觀點，可參看 John V. Apczynski, *Doers of the Word: Toward a Foundational Theology Based on the Thought of Michael Polanyi* (Missoula, Montana: Scholars Press, 1977), Chapter III B.3. Linguistic indwelling。Gunton, *The Actuality of Atonement*, 48: "Language is not just the tool of the user, to be employed at will, but a subtle instrument whose meaning is in part of the gift of the (indwelt) world to which it seeks to refer"。
84. Gunton, *The Actuality of Atonement*, 29～30.
85. Gunton, *The Actuality of Atonement*, 30.
86. Gunton, *The Actuality of Atonement*, 30.
87. Aristotle, *Poetics* 1457b 7～8；轉引自 Gunton, *The Actuality of Atonement*, 28。
88. Gunton, *The Actuality of Atonement*, 30.
89. Gunton, *The Actuality of Atonement*, 31.
90. Gunton, *The Actuality of Atonement*, 31～32.
91. Gunton, *The Actuality of Atonement*, 32.
92. Gunton, *The Actuality of Atonement*, 35.
93. Gunton, *The Actuality of Atonement*, 34.
94. Gunton, *The Actuality of Atonement*, 33.
95. Gunton, *The Actuality of Atonement*, 33.
96. Gunton, *The Actuality of Atonement*, 33～35.
97. Gunton, *The Actuality of Atonement*, 34.
98. Gunton, *The Actuality of Atonement*, 35.
99. Gunton, *The Actuality of Atonement*, 36.
100. Richard Boyd, "Metaphor and Theory Change: What Is 'Metaphor' for?," in *Metaphor and Thought*, ed. Andrew Ortony (Cambridge: Cambridge University Press, 1974), 358；轉引自 Gunton, *The Actuality of Atonement*, 31。
101. Gunton, *The Actuality of Atonement*, 38～39.
102. Gunton, *The Actuality of Atonement*, 39.
103. Gunton, *The Actuality of Atonement*, 37.
104. Gunton, *The Actuality of Atonement*, 38.
105. Gunton, *The Actuality of Atonement*, 37.
106. Gunton, *The Actuality of Atonement*, 37.
107. Gunton, *The Actuality of Atonement*, 40.
108. Gunton, *The Actuality of Atonement*, 41.
109. Gunton, *The Actuality of Atonement*, 42～43.
110. Gunton, *The Actuality of Atonement*, 43.

111. Gunton, *The Actuality of Atonement*, 43.
112. Gunton, *The Actuality of Atonement*, 45.
113. Gunton, *The Actuality of Atonement*, 45.
114. Gunton, *The Actuality of Atonement*, 48.
115. Gunton, *The Actuality of Atonement*, 48.
116. Gunton, *The Actuality of Atonement*, 28.
117. Gunton, *The Actuality of Atonement*, 28.
118. Gunton, *The Actuality of Atonement*, 48.
119. Gunton, *The Actuality of Atonement*, 48.
120. Gunton, *The Actuality of Atonement*, 49.
121. Gunton, *The Actuality of Atonement*, 49.
122. Gunton, *The Actuality of Atonement*, 49.
123. Gunton, *The Actuality of Atonement*, 49.
124. Gunton, *The Actuality of Atonement*, 49.
125. Gunton, *The Actuality of Atonement*, 50.
126. Gunton, *The Actuality of Atonement*, 50.
127. Gunton, *The Actuality of Atonement*, 51。根頓引用的是 Roger White, "Notes on Analogical Predication and Speaking about God," in *The Philosophical Frontiers of Christian Theology: Essays Presented to D. M. Mackinnon*, ed. Brian Hebblethwaite and Stewart Sutherland (Cambridge: Cambridge University Press, 1982), 197～226。
128. Gunton, *The Actuality of Atonement*, 51～52.
129. Gunton, *The Actuality of Atonement*, 52.
130. Gunton, "Incarnation and Imagery," para. v.
131. Gunton, "Incarnation and Imagery," para. v.
132. Gunton, "Incarnation and Imagery," para. v.
133. Gunton, "Incarnation and Imagery," para. v.
134. Gunton, "Incarnation and Imagery," para. xi.
135. Gunton, "Incarnation and Imagery," para. xii.
136. Gunton, "Incarnation and Imagery," para. vii.
137. Gunton, "Incarnation and Imagery," para. vii
138. Gunton, "Incarnation and Imagery," para. xi.
139. Gunton, "Incarnation and Imagery," para. xiii.
140. Gunton, "Incarnation and Imagery," para. xiii.
141. Gunton, "Incarnation and Imagery," para. xiv.

142. Gunton, " Incarnation and Imagery, " para. xv.
143. Gunton, " Incarnation and Imagery, " para. xv.
144. 有關這方面的討論，參本書第 4 章。
145. 趙崇明即撰文〈隱喻與拯救〉討論隱喻的拯救意義。
146. Gunton, *A Brief Theology of Revelation*, 73.

14.

論處境 I

處境在神學求知活動中的作用

一、前言

「一切神學都是處境的」(all theology is contextual)[1] 這句說話已經十分普遍，但是應該怎樣了解，卻是值得仔細研究。這一句陳述(statement)涉及了「神學是甚麼」，當然也逃避不了「處境是甚麼」這一問題。對於「處境是甚麼」這一問題，二十年前美國神學家田娜(Kathryn Tanner)的《文化諸理論：神學新議程》(*Theories of Culture: A New Agenda for Theology*)，[2] 其主題之一是基督教與處境(或文化)的相遇是複雜的，不能簡單約化，而可以直接在知識上掌握處境(或文化)，這中間有一個中介性的認識，不可輕率繞過去。意即我們不可能對處境的認識和了解，缺乏了某種學科知識的解釋，這是不可能的，因為不帶某種學科解釋而可以認識處境是不可能的。不單解釋是特殊的，處境也是特殊時空底下的處境，並非恆久不變或穩定不移的處境；如果基督教因著其自身的處境而為特殊的，那麼她跟其周遭的特殊處境（或文化）很可能出現對立、衝突的相遇。但是特殊的基督教怎樣解讀特殊的處境，並跟這特殊的處境打交道？

我們感興趣的是，在這樣的論述之中，基督教是否只是（諸）特殊（神學）傳統而已，如果這樣子，神學是甚麼？它跟真理又有甚麼關係？在這裏我們借助英國神學家哈特（Trevor Hart）的神學思考，來幫助我們釐清這個問題。特別當我們把基督教理解為某種特殊的傳統，那麼在甚麼的立場上我們仍然宣稱基督教所講的是真理，在甚麼的立場上我們會尊重在處境（或文化）之中其他的看法。哈特在他討論德國神學家巴特（Karl Barth）的啟示觀及宗教觀時，特別提出了委身的多元主義（committed pluralism）來疏解這種張力。下面我們將深入討論上述跟處境相關的問題，從而釐清基督教神學的求知是一種怎樣的活動。

二、對基督教神學進路的看法：批判的實在主義

英國神學家根頓（Colin Gunton）曾經指出：真理乃永恆的女兒，也是時間的女兒。[3] 這種觀點，基本上也可以在哈特的

神學討論中看到。哈特在他一九九五出版的著作《信故我思：神學思考方法獻議》(*Faith Thinking: The Dynamics of Christian Theology*)，[4]就在第三部「傳統的轉化」(The Transformation of Tradition)之中討論真理/實在(reality)本身、(神學)傳統，以及處境之間的關係。在這裏我們首先處理的是(神學)傳統與處境(或文化)的關係，當中涉及基督教的經典：聖經，在其中的位置。哈特明白的寫道：「把福音傳遞給其他人的責任，也是基督徒羣體自身內部的事情。」[5]嚴格來說，我們是把傳統傳遞開去，而這個「傳統的核心，是基督教的福音本身，這是教會講述關於上帝創造人類與救贖人類的故事，這是一個罪與拯救、罪過與恩典、絕望與盼望的故事，並且是以耶穌基督被釘十字架與復活與繼後上帝的靈傾倒出來臨在世界為高峯的故事」。[6]這個故事首先見於聖經，因此，我們的神學傳統是在閱讀和解釋聖經之中成形的。

哈特視聖經的本性「為信仰羣體在聖靈的能力底下努力留下的遺產，為的是需弄清楚他們聽聞和接收的故事的意思，以及在一個恆常變化的世界中，重述及活出這個故事的含義」，[7]這句說話分別指到聖經書卷的權威性：出於聖靈的加力，以及處境性：在所處世界之中重述及活出這個故事的含義(significance)。因此，教會羣體需要轉向聖經文本：「當文本被解釋，它權威地向羣體說話」，[8]「文本是管道，講述上帝的故事，服事我們對上帝的位格性認識(personal knowing)」。[9]根頓就說，聖經是第一序的，對聖經的解釋而形成的神學傳統是第二序的。[10] 他這樣寫道：「就正如我們同意聖經是遠離直接的神聖言說，而神聖言說卻是發生在以色列和耶穌的歷史之內，因此我們也同意是遠離聖經的一種人類文化的形式。」[11] 這裏清楚指出：神聖的啟示、聖經的默示，以及神學是互有分別的，但我們卻不能忽略其彼此之間的關係：「神聖啟示，是關乎上帝〔……〕在獨特的歷史脈絡中，去跟獨特的人類進入位格性的關係裏，而且明確地祂在耶穌裏讓人認識自己〔……〕對應於此，聖經的默示是指到，（聖）靈促使那些接受神聖言說和行動的作者組成聖經書卷〔……〕」、[12]「神學要尋求的是要將聖經已經講過的事物，以一種適合它所遇上的環境的方式整合起來」。[13]

哈特從傳遞上帝故事（或福音故事）的必要性，進而指出「聖經所傳遞的福音、我們閱讀文本時所接受到的故事，並不直白地（naked）與未加解釋地，來到我們面前。在信仰羣體之中，故事被講述再被講述，而在講述故事的過程中，它必須要經常翻譯〔……〕」。[14] 這涉及了另一個羣體的處境（或文化）；既有非基督徒羣體的，也有基督徒羣體自己內部的。[15] 哈特使用「翻譯」來講述這個傳遞的過程。在這個傳遞的過程，「必須首先培育『聆聽的藝術』，好能恰當地運用他現在居住的地方所講的語言」、[16]「翻譯員的工作，是要保證延續的程度是足夠的，而斷裂的程度並不會模糊阻礙信息的精髓」。[17] 然而，即使基本的信息可以有效地溝通，但其結果「跟我們（個人或是文化上的基督徒羣組）所熟悉的基督教，並非完全相同」，[18]「總是巧妙地有所不同」。[19] 哈特特別提出這一點，是因為他持守特殊性的看法。

無論是某一特殊的（神學）傳統，又或是某一特殊的處境，雙方文化都具有合法的特殊性，而不能精確全面呈現某一特殊（神學）傳統於其文化處境中出現的方式。[20] 重要的是，哈特認為「透過翻譯而進入新的文化處境，傳統會發展與適應，並採取新的形式。如果不這樣做，則不可能生根與成長」，這樣，「福音能夠越過文化界限，並把自己翻譯成思想與生活的形式，而這些思想與生活的形式，構成了那在特殊時間空間底下對福音的解釋」。[21]

由此，哈特說神學傳統的更生：「翻譯的工作，總是涉及傳統自身在形式上與內容上的變革（transition）、發展、改變。」[22] 這種工作乃是神學任務的核心：「把翻譯成對我們時空處境，滿有意義的形式，讓那些住在我們身邊的人，在其處境之中可以聽到、理解與發現福音對他們的相關性（relevance）與意義。」[23] 至於這種翻譯工作，哈特總結為兩個步驟：「首先，我們必須尋找表達福音信息、講述故事的當代方式。然後，其次，我們必須參與同樣關鍵的工作：為一個把世界和人類存在了解為不斷前行的社會，解釋這信息，為這信息更為寬闊的意義與含義，提供某些講述。」[24] 但是，我們不要忘記哈特也提醒我們，「基督教的故事與當代看法的聲音，所具有的元素可能出現的衝突與紛爭」。[25] 而對這種情況，哈特清楚指出：「〔……〕不單辨認類比與等值，以便使用別人熟悉的故事，來傳遞基督教故事，也要確認基督教故事的『不可翻譯性』（untranslatabilities）與不等值（inequivalencies），就是在那些熟悉的故事之中，找不到基督教故事相應的面向，或許只找到衝突的地方。」[26] 這就涉及了，原則上在傳遞基督教的故事的過程之中，其自身的內容與形式是開放的，甚至在面對改革的挑戰與可能性變得脆弱，但問題只是：這是怎樣的改變？[27]「處境化這個任務，在其中基督教傳統的身分與延續性，總是存在風險的。」[28]

哈特拒絕自由主義神學（liberal theology）採取的策略，把基督教故事之中的文化特殊形式廢棄，並提煉出某些普遍的倫理式宗教原則。[29] 這種辨別「純粹福音」的任務是不可能的，因為「基督教要講述的故事，其核心即基督教的本質，至少跟書卷故事（biblical story）其用以表達的文化方式，是十分密切地分不開的。換句話說，沒有『純粹的福音』，只有被摩西、以賽亞、瑪拉基、耶穌、保羅與其他人的聖經文化所污染而成的不純粹版本」。[30] 因此，哈特指引我們要在聖經書卷的故事中辨別兩種元素：哪些元素是屬於持久或恆常的範疇，其有效性或真實性/真理是超越特殊的時間與空間的；哪些元素是可以放手而毫無損失，可以更換一些更為滿意的思考與行為的方式。[31] 這樣的做法，意思就是神學工作不能一面倒，由其中的文化決定調子。哈特指出：「真正的批判神學，不單批判自己所繼承的認定與信念，也同樣批判別的認定與信念。」[32] 但是，在甚麼基礎上，可以作出負責任的判斷：「是否有些基督教傳統的元素，需要被修正或再思，或者事實上，這傳統所提供的視角，其對事物的講述，是否仍然較其他提出的另類視角，更為滿意。」[33]

就此，哈特提出他的答案：「最終來說，只有一種方式測試任何陳述（statement）、故事，或思考事物的方式其真或假，這就是其跟我們感知的實在的形貌，有多相應符合。」[34] 然而，哈特提醒我們，「我們對事物的經歷，以及我們對這些經歷作出的報導，永遠不能直接辨認為『事物之本來面目』，我們只能在我們現時所站之地，對那向我們顯現或彰顯的實在，作出描述」，[35]「我們沒有天賦的能力，以『事物之本來面目』，來跟某人對事物之講述作比較」，[36] 那麼，這是否意味著判斷或測試的工作不可為？哈特斷然表示「不」。[37] 哈特固然認為客觀主義（objectivism）那種「直接訴諸實在，並以經驗為路徑通往實在」為不可取，[38] 但他也沒有因此採取相對主義（relativism）的立場。他認為「真理並不以任何直接的或絕對的方式而可以獲取，並不表示我們不可以追求真理，或是我們完全不能掌握真理」。[39] 哈特深信：「某些立場確較其他立場，對事物提供更佳的看法。某些進路的確較其他進路，更能引領我們有成效地跟實在打交道。因此，相信在我們之外，確實有某些東西要被我們認識、相信確實有真理可以掌握〔……〕」[40]

由此，哈特談到對這最佳的立場或進路委身並推薦給其他人，因為確信這立場或進路所看到接觸到的是有普遍意含（universal intent）（語出波蘭尼〔Michael Polanyi〕）的實在，即不只是「對我們」也「對所有人」來說，都是真理，它具有一種秩序結構〔……〕離開我們對它們的認識，仍是真的。[41] 哈特稱這條道路為「批判的實在主義」（critical realism）：[42]「拒絕把實在自身，跟我們對實在最好的也最忠實的報導，混淆起來，並且接受人類最好的知識產品，也只是暫時的。」[43]「所以我們的成果內在地是可糾正的。經常冒著失敗的風險，並且因而無可避免地，將會最終達致某些觀看事物的更為優勝的方式」。[44] 對於這裏提到的實在，哈特特別指出，不能把自己的特殊視角跟「事物之真實情況」混同起來，否則就聽不到實在的聲音了，[45] 事實上，「偶然地，某些事物闖入了熟悉又已接受的領域，並打擾我們，某些事物拒絕符合我們傳統所提供的現成範疇，某些事物還找不到地方安置」。[46] 這就是傳統與實在之間的對話，[47] 從而變革、發展、改變我們的傳統。這是哈特所講的批判實在論的意思。那麼，我們在哪裏可以聆聽上帝這實在的微小聲音？一方面，基督教傳統宣稱「我們所認識的對象（object）是位格的（personal），這對象就同時是這一關係的主體（subject）了，祂必須給出自己讓人認識祂」。[48] 這是基督教神學的起點。那麼，我們可以在哪裏與如何認識祂？[49] 哈特簡潔地講述：「上帝是在與透過（in and through）我們對信仰羣體之中某些歷史與受造的現象所作的專注，而被認識的。或許閱讀與解釋聖經，在這些專注活動之中是首要的〔……〕還有祈禱〔……〕，[50] 整個基督徒羣體——其崇拜、事工，與向廣大人類羣體作見證、嘗試解釋基督教的故事，以其自身在世的生活描寫這故事的下一章——提供了脈絡、架構、工具與方法，透過這些，上帝的實在可以足以被認識。」[51]

從以上的討論來看，批判實在主義的進路其所帶來的知識，一方面固然具有普遍的意含，但另一方面這普遍的意含並不具有普遍的確定性，無論是人類的理性或經驗都不能保證。上述這種知識的雙重特性，在於以下的雙重原因。首先是因為從特殊的視角、立場出發與實在接觸而認識實在，其次在於這實在自身具有其合理性或理序而不為人所決定，並且在其與人的接觸之中發出聲音要求人糾正其偏差的認識。由於前者，批判實在主義反對有所謂客觀知識的看法，由於後者，批判實在主義反對所有知識都是相對的看法。事實上，批判實在主義既是委身特定特殊的視角、立場，就自然不可能是客觀主義：絕對完全認識實在；既是與實在接觸、互動而修正對實在的看法，就自然不可能是相對主義：絕對完全不認識實在。但是，這種進路獲得的知識不單並非靜止、永恆而是不斷更新、變革，並且沒有普遍的基礎，無論是人類的理性或經驗，因為這種知識之所以可能，乃是出於特殊的視角、立場。正因如此，在沒有普遍的基礎底下，就不能以此來否定其他持守特殊視角、立場的知識追求。批判的實在主義同時也是委身的多元主義（committed pluralism）：既委身於某一特殊視角、立場，又不能否定其他的特殊視角、立場。這種委身，事實上是一種信靠，沒有普遍根基的信靠，因而對於其他的特殊視角、立場，不能採取任何客觀主義的方式去客觀地判斷其對與錯。

三、對巴特就諸宗教的看法[52]的解讀：委身的多元主義

無疑，順著上文的討論，在多元宗教的文化處境之中，

基督教神學並沒有出於人自身的絕對、客觀的知識作為判準（criteria）或尺度，去衡量其他宗教。若要衡量，則只是出於自身特殊視角、立場（即信靠）所建立的知識，那麼這種判斷並沒有客觀主義所要求的普遍性。這種亦稱為「批判的實在主義」的「委身的多元主義」，並不會對其他的宗教採取完全的封閉立場，但是也不會隨意放棄自身的特殊視角、看法。哈特在其文章〈真理、三一，以及多元主義〉（“Truth, the Trinity and Pluralism”），[53] 就延續其在《信故我思》有關神學的進路，討論巴特會是一種怎樣的多元主義：一種軟性的「多元」主義（“soft” pluralism），還是為耶穌基督的普遍真理辯護，從而把一切形式的多元主義都吞噬？[54] 基本上，哈特認為巴特的神學規劃強烈地包含了某種可行的知識論的多元主義（epistemological pluralism）。[55] 但是另一方面，哈特又指出這種知識論的多元主義其實乃是一種「委身式多元主義者的」知識論（“committed pluralist” epistemology），既不接受不可知論也不認同信心滿滿的客觀主義（以及帝國主義式的護教論）；[56]「所有神學陳述都是真理宣稱，具有普遍意含，但卻沒有任何普遍可證性，卻基於一連串的終極的信靠委身，像其他所有的信靠委身，一直是難以避免拒絕與嘲笑的」。[57]

首先，哈特借用了英國宣教士及主教紐畢真（Lesslie Newbigin）在其著作《要講的真理：福音作為公共真理》（*Truth to Tell: The Gospel as Public Truth*）[58] 的兩種多元主義：不可知的多元主義（agnostic pluralism）與委身的多元主義，來進行討論。

事實上，早在哈特的《信故我思》已經發展紐畢真的看法了，這篇文章的第一節「多元主義：不可知的與委身的」（Pluralism agnostic and committed）則提供了簡要但到位的討論。哈特針對的是當代兩種智性的取向：客觀主義與多元主義，前者又可分為經驗的與理性的，後者本質上乃相對的與懷疑的。[59] 於是，只有確定性或是絕望，沒有第三條知識道路。[60] 在神學上的「自由的」（liberals）與「保守主義」（conservatives）都採取了上述的方法來互相批評，但他們卻沒有走出這兩種方法背後的前設。[61] 在這一關節上，哈特指出紐畢真正是把我們的焦點移離客觀主義與相對主義而指向第三條道路：變種的多元主義（variant of pluralism）。[62]

跟著哈特就介紹紐畢真對「無知的多元主義」的介紹：頌揚多元性與多樣性自身，視為人類處境的豐富，而較劃一的理解好得多。[63] 因此，在生命的奧祕面前，我們要敞開、包容、謙卑。[64] 無知的多元主義認為沒有任何途徑可以來到事物本身那裏，只能比較我們彼此之間觀看事物的方式，卻永遠不能跟事物本身對照。[65] 至於另一種多元主義：「委身的多元主義」，清楚知道普遍的客觀主義的失敗，得出沒有抽離、無立足點的尋求知識路向，而不同的視角之間終究也無從比較。[66] 但是委身的多元主義沒有像無知的多元主義，在拒絕客觀主義之後，立即陷進相反的主體／主觀主義（subjectivism）與終極不可知論之中。[67] 哈特指出：「委身的多元主義者仍可被稱為『批判的實在主義者』。」[68] 一方面，委身的多元主義者持守多元性是人類認識事物的特性，另一方面，委身的多元主義則不同意事物是在人類認識之外的，因為人可以跟實在接觸。[69] 就此，哈特引用波蘭尼的《個人知識：邁向後批判哲學》(*Personal Knowledge: Towards a Post-Critical Philosophy*)，[70] 指出這樣的知識宣稱具有「普遍的意含」的：藉著某一特殊角度而非其他角度、使用某些實質的及概念的工具而非其他，把自己置身於實在讓人認識它的地方之中，就可以認識實在了。[71] 無疑，這種知識沒有絕對的確定性，如笛卡爾(René Descartes)等人所追求的，卻是建基於個人的信靠與相信。[72] 波蘭尼認為這才是科學認知的基本運作模式(basic, *modus operandi*)，有別於客觀主義者的神話。[73]

這種委身的多元主義仍然是多元主義，但無可避免地出現宣稱自己所持守的視角較其他的視角更佳。[74] 這是否自大、無知又缺乏包容呢？哈特指出紐畢真、波蘭尼，以及麥金泰爾(Alasdair MacIntyre)認為這才是謙卑與開放，因為這些真理宣稱並非可以證實的，不過是基於認知者個人委身於某些基本認定而已，沒有任何普遍的承認或是智性上的超越。[75] 因此，這種「確定性」並非出於普遍的證實，而只在於相信：相信是確定性的模態。[76] 沒有相信就沒有知識，相信是知識結構的一部分，甚至基礎。

那麼，巴特的神學是否在這樣的一種委身的多元主義之內來運作的？哈特尤其集中在巴特對三一教義與人類宗教上來討論這一議題。[77] 首先，哈特把巴特與林貝克(George Lindbeck)分別開來，指出他們基本的差異在於：後者只重教義內部系統的融貫性，前者則不止於此，更加指向系統之外的實在即上帝本身。[78] 哈特由此帶出：對於巴特來說，需要考量客觀的判準，即一個讓其自己被認識的實在、一個基督教宣講所指向的實在；這是「上帝已經說話，而信仰羣體也聽到了」的基本意思。[79] 因此，對於巴特來說，「神學是始於也終於上帝在其活潑的道之中的自我啟示或自我宣講，這道成了肉身而為耶穌基督，並為聖經及基督徒羣體所見證」。[80] 由此，神學思考必須與上帝在耶穌基督裏的自我啟示或宣講合模，才是真正的符合基督的神學。[81] 這樣一來，「這自我啟示一旦發生，就不容許其自身被了解為只是眾多選項的一種，或是可以不加理會」。[82] 哈特清楚表示不能把上帝的自我啟示跟人的宗教並置一起，視為同一類東西，否則就誤解了啟示的性質。[83] 這是性質上的分別，但並不妨礙上帝的自我啟示以宗教的方式出現。

相對於上帝的自我啟示：上帝自我言說其自己，人的言說上帝或認識上帝，若獨立於上帝的自我啟示，則注定失敗、徒勞，[84] 而人的宗教於此就只是如費爾巴哈（Ludwig Feuerbach）所講的，本質上是偶像崇拜、人的慾望與需要的投射。[85] 哈特由此而言：巴特堅持人的宗教在其自身可以被定性為不信（unbelief）或缺乏忠信（faithlessness, *Unglaube*），而落在十字架的咒詛之中。[86] 但是在這一點上，哈特提醒我們很容易忽略巴特對其他宗教的包容。[87] 這涉及對啟示與宗教之間的關係的講法：啟示是宗教的揚棄（sublation, *Aufhebung*），[88] 而揚棄具有雙重意思：高揚與否棄。哈特清楚指出：啟示的確審判及殺死人的宗教行為，但只在於要生發出一個新的及更為合適的立足點，正如在基督裏我們的人性全然被披戴、審判，並復活進入榮耀的新存在。[89] 哈特沒有忽略，對於巴特來說，基督教同樣可以被視為人的宗教，[90] 因而需要恆常在宣講上帝的話語之時，聆聽並被審判及殺死，以至再生。

正如學者注意到，巴特對宗教的神學分析，主要是處理基督教神學自身內部的難題，[91] 他特別關心西方神學本身，以及特別是新一更正教神學（neo-Protestant theology）其對啟示的神學討論以及整個基督教神學如何受到「宗教」這範疇與後來的「宗教意識」、「宗教經驗」的影響。[92] 他認為重點不在於「宗教」這範疇的全面興起，問題出在這範疇在新一更正教神學所扮演的規範性角色。[93] 這也就是說，「古典神學會要求我們從啟示的角度解釋宗教與諸宗教，新一更正教神學卻鼓勵我們視『宗教的本性與事件……為規範和原則，用來說明上帝的啟示』（*CD* I/2, 284）」。[94] 面對這樣的顛倒，巴特就致力提倡方法論上的修正，因為把啟示換上了宗教的概念，就會使得「神學失去其對象/客體」（theology lost its object）（*CD* I/2, 294）。[95] 是以，「神學的求問，只能是在啟示的角度所啟迪之下的領域或版圖之內來進行」。[96] 一旦啟示與宗教的恰當秩序恢復過來，就可以看見「基督論的披戴肉身（*assumptio carnis*）使得言說啟示作為宗教的揚棄成為可能」（*CD* I/2, 297）。[97] 巴特整個討論的邏輯是啟示的恩典揚棄人性存在的自然組合成分（「宗教的」與其他的）。[98] 巴特對宗教所採取的立場，很清楚是既否定又肯定，對於以宗教形式出現的基督教亦不例外。

由此可見，巴特特別關心啟示是神學活動的前設，神學陳述指涉的是人類經驗以外的實在，這實在引發或產生人類經驗。[99] 神學關心的不是表達或形構經驗的內容，而是順服地回應上帝主動的自我賜予與自我啟示。[100] 這樣看來，巴特的神學好像沒有甚麼空間給予多元主義。哈特從上帝的啟示開始討論，表示「啟示乃是一個認知的封閉圈了」(Revelation as a closed circle of knowing)。[101] 上帝的啟示以人的方式出現在歷史之中，但從來不被這些人的形式所限制，[102] 這也就是說，教會把人指向耶穌這人、聖經的文本及其自身的宣講，但這些都只是上帝的話語在人的領域內呈現出來的形式，而非啟示本身，故此不可以把這些人的形式跟啟示本身這事件或生發(event, *Ereignis*)混淆起來。[103] 受造物的形式其自身(耶穌這人、聖經的文本、教會的宣講)只是服事上帝的自我啟示行動，[104] 而不能規限啟示的內容，雖然如此，這啟示行動從來都是特殊的：向特殊的人或羣體具體地啟示上帝祂自己，永遠不是抽象的內容、知識資訊，任何人都可以獲取。[105]

正因為這個原因，巴特提出啟示事件乃是三一事件：上帝客觀地/對象化其自己而讓他者可以認識，但要完成這工作，上帝乃直接住在我們裏面並在我們裏面創造主觀條件去接受上帝的客觀啟示。[106] 道成肉身就是上帝客觀化/對象化的工作，聖靈創造信靠與順服就是上帝主觀的工作。這樣的啟示不能為人這認知者所能掌握或操控，我們認識只在於我們被上帝認識，而這認識乃一在關係中的認識。[107] 這就是巴特所宣稱的：上帝的真理只能從裏面方才可以得知，而為一個「自我封閉的圈子」。[108] 不單如此，「向我們指涉的真理，向我們展示的討論、其所選擇的語言，全都是徹底的處境的〔……〕」，[109] 因為上帝的啟示從來都是特殊的，並非出於普遍的人性。但是，哈特指出，這並不表示巴特否定神學陳述的普遍意含。[110] 那只表示這些陳述為信仰的陳述，為某一特殊羣體共同分有，這羣體橫跨古今，雖然在許多地方跟世界對立，被視為醜聞。[111] 就神學陳述的內容來說，是普遍而非特殊的，但要能如信仰羣體那樣認知或體會，就必須被帶引進入這「自我封閉的圈子」之中，被打開眼睛，以某種視角來觀看那不曾看到的實在。[112] 因此，揀選及聖靈就使得委身的多元主義成為可能。[113]

雖然巴特真的認為基督教是惟一「真的」宗教，但是他對其他宗教並非採取忽略或高傲的態度，反之乃是尊重與謙卑。[114] 謙卑是因為承認自己不過是罪人中的罪人，是眾人首先擲投石頭的對象。[115] 巴特提醒我們，基督教自身也具有人的面向，就此而言基督教乃是宗教。[116] 這就首先指涉上文所講的：上帝的啟示以人的方式在歷史之中出現，繼而這種在歷史中以人的方式被聚焦固定下來，從原來後於啟示變成先於啟示、後於真理變成先於真理，啟示、真理變得不再自由、無條件，[117] 基督教就變成宗教了。哈特表示，認識真理、產生相信，純粹只是恩典，當基督教作為一個宗教（as a religion），就跟其他的宗教並無兩樣了。[118] 因此，「不信」或「缺乏忠信」，對於巴特來說，首先是針對基督徒的，然後才是非基督徒的：[119] 他們不單只是不願意認同某些真理，更是不願意在神聖恩典的拯救能力與啟示面前降服下來，並不願意把那些純粹只是罪人努力去認識和滿足上帝（即人的宗教與宗教性）都交在上帝手裏。[120] 但是神聖啟示審判宗教並不除去宗教，相反，「『在上帝的啟示之中祂臨到人類宗教的世界』（*CD* I/2, 297）並且進入『一個領域，祂的實在和可能性大致足夠被包含在內，⋯⋯跟人類的實在和可能性相平行和相類似』（*CD* I/2, 282）」。[121]「根據巴特，這是上帝的恩典進入人類的宗教把基督宗教轉變而成啟示的真正宗教，就如罪人的稱義：『我們能夠言說「真的」宗教，只在於我們言說「稱義的罪人」的意思上。』（*CD* I/2, 325）」[122]

由此，哈特寫道：「這一切的結果並非叫人失望的，以為所有宗教傳統卻同樣是錯誤的（也因此同樣是真確的）。〔⋯⋯〕在上帝的恩典揀選裏，教會成了上帝可以不因基督教的宗教性而讓祂自己被認識的地方、羣體。」[123] 也因為這個原因，哈特指出：「那些不站在這裏的，不曾站在這裏的，較那些曾經與現在仍站在這裏的但還是不斷敬拜偶像與不信/缺乏忠信的，更為值得開脫（greater excuse）。」[124] 跟著這個思路，哈特說：「巴特自己必然選取一種包容與尊重的態度來對待那些並不讓他們可以看見真理的觀點〔⋯⋯〕」[125] 這無疑是顯出巴特對宗教的看法，首先針對、批評的是基督徒自身，至於非基督徒，因為他們並不站在這個立場、角度之中，並不站在上帝讓人認識祂自己的圈子之中，相對來說就不及那些領受恩典但又誤用濫用恩典落在缺乏忠信之中的基督徒，難以容忍與尊重了。此外，雖然基督徒置身於三一的啟示圈子之中，但是啟示的「真理」只屬於這個圈子之內的，離開這個圈子就不能掌握及形構這啟示的「真理」，因此，其後教會的神學陳述只是具有普遍意含的真理宣稱，並不具有普遍的可證性，所以出現雙重態度。因著委身於普遍的意含，所以會認定自身的看法是最佳的，優於其他的立場、觀點；因著缺乏普遍的可證性，所以包容、尊重其他的立場、觀點。合此二者，巴特的神學知識論就可以被稱為「委身的多元主義」了。

四、結語

我們在前言的部分曾經説道：「一切神學都是處境的」，我們借用了哈特的神學分析，包括其對巴特的神學進路的解讀，從而更深地了解神學與處境之間的關係。我們沒有討論如何掌握特殊的處境文化，更沒有進一步處理特殊的神學傳統與特殊的處境文化的相遇。反之，我們回到基本的神學求知問題，神學先行還是處境先行？抑或兩者乃是互動地螺旋發展？

在批判的實在主義的進路之中，實在即上帝自身的啟示是首要的，一切特殊的神學傳統都要與之相應。因此，特殊的文化處境雖然在一定程度之內使得特殊的神學傳統得以變革、轉化，但是惟有上帝自身的啟示才可以防止特殊的文化處境主宰了特殊的神學傳統，亦是真正修正舊的特殊神學傳統而成新的特殊神學傳統。惟有在後者這種情況底下，才更能相應於上帝的自我啟示而對新的特殊文化處境作出言說，以及更新塑造。

在委身的多元主義的進路之中，巴特對（諸）宗教的神學處理，並沒有簡單地採取否定或排斥的態度，而是以上帝自身的啟示揚棄（諸）宗教，包括基督教在內。換句話說，上帝自身的啟示是首要的。但是上帝自身的啟示只能因著其工作而使人信靠與順服，人無法在此之外作出任何證明。因此上帝自身的啟示先於人類的宗教處境，而非倒轉過來；並且這種啟示是特殊的具體的位格性知識，而非某種符合人性普遍判準的知識體系或資訊命題。我們只能宣稱這啟示的真理具有普遍的意含，並且不能否定這種知識具有信靠與順服的成分。再者，基督教跟其他宗教沒有兩樣，都需要上帝那恩典的啟示所作的揚棄，才能成為真的宗教。就此而言，基督教不能鄙棄處境之中的其他宗教，反之必需予以包容、尊重。

哈特的解讀，展示了批判的實在主義或委身的多元主義這種神學求知進路的面貌和作用，在這種進路之中，不單沒有忽略處境的作用，並且就其作用作出了界限性的定位。他對巴特有關宗教的神學處理，更就著巴特神學的相關特殊內容，特別是恩典的啟示，來顯出基督徒對於上帝的認識，沒有可以自誇的地方。在同為不信或缺乏忠信的情況之中，基督教與這樣處境中的其他宗教，同樣需要上帝恩典啟示的揚棄，而不可自高自大。

最後，謹以一段英國神學家韋伯斯特（John Webster）講論巴特對處境的看法，以為作結：

〔……〕「言說上帝的可能性只在於上帝自己的言說」。這就是，重要的是，在後現代之中的基督教神學，正如巴特曾經說過，「彷彿沒有甚麼事情發生」，而繼續下去。在巴特的情況，並非因為沒有甚麼事情發生，事實上，在巴特的處境中發生的事情十分嚴峻。但是巴特比任何人更知道，在他的處境之中，更需要神學的服事，不論如何危急，神學總要忍受，不可離開其辨明清楚基督教／徒認信（Christian confession）的任務，正是惟有這樣，就可把福音所言說的審判及恩典的話語指向文化。換句話說，神學的任務既非護教亦非修正的，而是釋經與教義的，安靜並充滿自信地忙於其正確的關注，不是要回避主流文化的緊急，而正是藉此以基督教其具體性、決斷性與盼望來面對當前處境。[126]

註釋

1. Steve Bevans, " Contextual Theology, " .in the forthcoming *New Westminster of Christian Theology*, [document on-line]; available from Aventri website (https://www.eiseverywhere.com/file_uploads/ff735620c88c86884c33857af8c51fde_GS2.pdf); accessed 6 August 2018.
2. Kathryn Tanner, *Theories of Culture: A New Agenda for Theology* (Minneapolis: Fortress Press, 1997).
3. Colin Gunton, *A Brief History of Revelation: The 1993 Warfield Lectures* (Edinburgh: T & T Clark, 1995), 88.

4. Trevor Hart, *Faith Thinking: The Dynamics of Christian Theology* (London: SPCK, 1995)；中譯：哈特：《信故我思：神學思考方法獻議》，歐力仁、鄧紹光譯（香港：基道，2015）。
5. Hart, *Faith Thinking*, 181；哈特：《信故我思》，頁 207。
6. Hart, *Faith Thinking*, 182；哈特：《信故我思》，頁 208。
7. Hart, *Faith Thinking*, 159～160；哈特：《信故我思》，頁 182。
8. Hart, *Faith Thinking*, 161；哈特：《信故我思》，頁 183。
9. Hart, *Faith Thinking*, 161；哈特：《信故我思》，頁 184。
10. Gunton, *A Brief History of Revelation*, 88.
11. Colin Gunton, *The Christian Faith: An Introduction to Christian Doctrine* (Oxford: Blackwell, 2002), 53；中譯：根頓：《如此我信：基督教教義導引》，二版，趙崇明、鄧紹光譯（香港：基道，2013），頁 63。
12. Gunton, *The Christian Faith*, 53；根頓：《如此我信》，頁 63。
13. Gunton, *The Christian Faith*, 53；根頓：《如此我信》，頁 64。
14. Hart, *Faith Thinking*, 182；哈特：《信故我思》，頁 209。
15. Hart, *Faith Thinking*, 181；哈特：《信故我思》，頁 207。
16. Hart, *Faith Thinking*, 186；哈特：《信故我思》，頁 213。
17. Hart, *Faith Thinking*, 187；哈特：《信故我思》，頁 214。
18. Hart, *Faith Thinking*, 187；哈特：《信故我思》，頁 214。
19. Hart, *Faith Thinking*, 187；哈特：《信故我思》，頁 214。
20. Hart, *Faith Thinking*, 187；哈特：《信故我思》，頁 214。
21. Hart, *Faith Thinking*, 187～188；哈特：《信故我思》，頁 214。
22. Hart, *Faith Thinking*, 187；哈特：《信故我思》，頁 214。
23. Hart, *Faith Thinking*, 189；哈特：《信故我思》，頁 215。
24. Hart, *Faith Thinking*, 189；哈特：《信故我思》，頁 215～216。
25. Hart, *Faith Thinking*, 197；哈特：《信故我思》，頁 225。
26. Hart, *Faith Thinking*, 197；哈特：《信故我思》，頁 225～226。
27. Hart, *Faith Thinking*, 198～199；哈特：《信故我思》，頁 228。
28. Hart, *Faith Thinking*, 199；哈特：《信故我思》，頁 228。
29. Hart, *Faith Thinking*, 215；哈特：《信故我思》，頁 247。
30. Hart, *Faith Thinking*, 216；哈特：《信故我思》，頁 247。
31. Hart, *Faith Thinking*, 216～217；哈特：《信故我思》，頁 248。
32. Hart, *Faith Thinking*, 217；哈特：《信故我思》，頁 248。
33. Hart, *Faith Thinking*, 217；哈特：《信故我思》，頁 248～249。
34. Hart, *Faith Thinking*, 221；哈特：《信故我思》，頁 253。

35. Hart, *Faith Thinking*, 222；哈特：《信故我思》，頁 254。
36. Hart, *Faith Thinking*, 222；哈特：《信故我思》，頁 255。
37. Hart, *Faith Thinking*, 222；哈特：《信故我思》，頁 255。
38. Hart, *Faith Thinking*, 222；哈特：《信故我思》，頁 255。
39. Hart, *Faith Thinking*, 222；哈特：《信故我思》，頁 255。
40. Hart, *Faith Thinking*, 223；哈特：《信故我思》，頁 255。
41. Hart, *Faith Thinking*, 223；哈特：《信故我思》，頁 256。
42. Hart, *Faith Thinking*, 224；哈特：《信故我思》，頁 257。
43. Hart, *Faith Thinking*, 224；哈特：《信故我思》，頁 257。
44. Hart, *Faith Thinking*, 224；哈特：《信故我思》，頁 257。
45. Hart, *Faith Thinking*, 227；哈特：《信故我思》，頁 261。
46. Hart, *Faith Thinking*, 227；哈特：《信故我思》，頁 261。
47. Hart, *Faith Thinking*, 228；哈特：《信故我思》，頁 261。
48. Hart, *Faith Thinking*, 229；哈特：《信故我思》，頁 262。
49. Hart, *Faith Thinking*, 229；哈特：《信故我思》，頁 262。
50. Hart, *Faith Thinking*, 229；哈特：《信故我思》，頁 262～263。
51. Hart, *Faith Thinking*, 229～230；哈特：《信故我思》，頁 263。
52. 有關巴特的宗教觀，可參 Garett Green, "Challenging the Religious Studies Canon: Karl Barth's Theory of Religion," *The Journal of Religion* 75(1995): 473～486；Garett Green, "Introduction: Barth as Theorist of Religion," in *On Religion: The Revelation of God as the Sublimation of Religion* annotated edition, by Karl Barth, trans. Garett Green (London & New York: T & T Clark, 2007)；Sven Ensminger, *Karl Barth's Theology as a Resource for a Christian Theology of Religions* (London & New York: T & T Clark, 2014)。
53. Trevor Hart, "Truth, the Trinity and Pluralism," in *Regarding Karl Barth: Essays Toward a Reading of his Theology* by Trevor Hart (Carlisle: Paternoster Press, 1999), 117～138.
54. Hart, "Truth, the Trinity and Pluralism," 117～118.
55. Hart, "Truth, the Trinity and Pluralism," 118.
56. Hart, "Truth, the Trinity and Pluralism," 137.
57. Hart, "Truth, the Trinity and Pluralism," 137.
58. Lesslie Newbigin, *Truth to Tell: The Gospel as Public Truth* (London: SPCK, 1991).
59. Hart, "Truth, the Trinity and Pluralism," 119.
60. Hart, "Truth, the Trinity and Pluralism," 119.
61. Hart, "Truth, the Trinity and Pluralism," 119.
62. Hart, "Truth, the Trinity and Pluralism," 119.

63. Hart, " Truth, the Trinity and Pluralism, " 119.
64. Hart, " Truth, the Trinity and Pluralism, " 120.
65. Hart, " Truth, the Trinity and Pluralism, " 120.
66. Hart, " Truth, the Trinity and Pluralism, " 120.
67. Hart, " Truth, the Trinity and Pluralism, " 121.
68. Hart, " Truth, the Trinity and Pluralism, " 121.
69. Hart, " Truth, the Trinity and Pluralism, " 121.
70. Michael Polanyi, *Personal Knowledge: Towards a Post-Critical Philosophy* (London: Routledge & Kegan Paul, 1958).
71. Hart, " Truth, the Trinity and Pluralism, " 121.
72. Hart, " Truth, the Trinity and Pluralism, " 121.
73. Hart, " Truth, the Trinity and Pluralism, " 121.
74. Hart, " Truth, the Trinity and Pluralism, " 122.
75. Hart, " Truth, the Trinity and Pluralism, " 122.
76. Hart, " Truth, the Trinity and Pluralism, " 122.
77. Hart, " Truth, the Trinity and Pluralism, " 122.
78. Hart, " Truth, the Trinity and Pluralism, " 124.
79. Hart, " Truth, the Trinity and Pluralism, " 124.
80. Hart, " Truth, the Trinity and Pluralism, " 125.
81. Hart, " Truth, the Trinity and Pluralism, " 125.
82. Hart, " Truth, the Trinity and Pluralism, " 125.
83. Hart, " Truth, the Trinity and Pluralism, " 125.
84. Hart, " Truth, the Trinity and Pluralism, " 125.
85. Hart, " Truth, the Trinity and Pluralism, " 125～126.
86. Hart, " Truth, the Trinity and Pluralism, " 126.
87. Hart, " Truth, the Trinity and Pluralism, " 126.
88. Hart, " Truth, the Trinity and Pluralism, " 126；巴特在啟示教義的脈絡底下討論宗教，可見於其 *Church Dogmatics* I/2, para. 17。
89. Hart, " Truth, the Trinity and Pluralism, " 126.
90. Hart, " Truth, the Trinity and Pluralism, " 126.
91. J. A. Di Noia, O. P., " Religion and the Religions, " in *The Cambridge Companion to Karl Barth*, ed. John Webster (Cambridge: Cambridge University Press, 2000), 246.
92. Di Noia, " Religion and the Religious, " 246～247.
93. Di Noia, " Religion and the Religious, " 248.

94. Di Noia, " Religion and the Religious, " 248.
95. Di Noia, " Religion and the Religious, " 248.
96. Di Noia, " Religion and the Religious, " 248.
97. Di Noia, " Religion and the Religious, " 248.
98. Di Noia, " Religion and the Religious, " 249.
99. Hart, " Truth, the Trinity and Pluralism, " 126.
100. Hart, " Truth, the Trinity and Pluralism, " 126.
101. Hart, " Truth, the Trinity and Pluralism, " 127；第四節分題題目。
102. Hart, " Truth, the Trinity and Pluralism, " 128.
103. Hart, " Truth, the Trinity and Pluralism, " 128.
104. Hart, " Truth, the Trinity and Pluralism, " 129.
105. Hart, " Truth, the Trinity and Pluralism, " 129; cf 127～128.
106. Hart, " Truth, the Trinity and Pluralism, " 129.
107. Hart, " Truth, the Trinity and Pluralism, " 129.
108. Hart, " Truth, the Trinity and Pluralism, " 130.
109. Hart, " Truth, the Trinity and Pluralism, " 130.
110. Hart, " Truth, the Trinity and Pluralism, " 130.
111. Hart, " Truth, the Trinity and Pluralism, " 130.
112. Hart, " Truth, the Trinity and Pluralism, " 130.
113. Hart, " Truth, the Trinity and Pluralism, " 130.
114. Hart, " Truth, the Trinity and Pluralism, " 134.
115. Hart, " Truth, the Trinity and Pluralism, " 134.
116. Hart, " Truth, the Trinity and Pluralism, " 134.
117. Hart, " Truth, the Trinity and Pluralism, " 134～135.
118. Hart, " Truth, the Trinity and Pluralism, " 117.
119. Di Noia, " Religion and the Religious, " 249.
120. Di Noia, " Religion and the Religious, " 250.
121. Di Noia, " Religion and the Religious, " 250～251.
122. Di Noia, " Religion and the Religious, " 251; Hart, " Truth, the Trinity and Pluralism, " 135.
123. Hart, " Truth, the Trinity and Pluralism, " 135.
124. Hart, " Truth, the Trinity and Pluralism, " 136.
125. Hart, " Truth, the Trinity and Pluralism, " 136.
126. John Webster, *Word and Church: Essays in Christian Dogmatics* (Edinburgh / New York: T & T Clark, 2001), 267.

延伸閱讀：《信故我思》導讀*

這是一本怎樣的書？

基本上，這是一本探討神學方法或進路（approach）的作品。但是作者在這裏要講的方法，並非一種手冊式、實作式的方法。所以「進路」一詞更為恰當。我們也可以說，這本書是屬於神學知識論的著作，討論神學知識的進路，並由此而無可避免地同時觸及神學知識的本性。事實上，這兩者是雙生的：有怎樣的神學知識進路，就有怎樣的神學知識本性，反之亦然。

---

* 本文原載自：哈特：《信故我思：神學思考方法獻議》，歐力仁、鄧紹光譯（香港：基道，2015），頁 xiii ～ xviii 的「中文版導讀」。

在此需要立即補充或提醒讀者的，就是本書所講的神學，並非狹窄地指到系統或教義神學中的各種教義或論說，而是神學（theology, the doctrine of God, the study of God）這個字的基本意思：對上帝的認識。因此在本書不會找到任何三一論、基督論的討論，也不會找到這些教義或論說如何被建立起來的論述。

從本書的書名說起

本書的英文名字叫 *Faith Thinking*，是弔詭的組合。為甚麼是弔詭的呢？這涉及啟蒙運動（Enlightenment）以來的思考方式。一般來說，大家都會認為信仰與思考是互不相容、彼此排斥的。要嗎是信仰，要嗎是思考，怎可能出現信仰思考這種情況呢？

然而，信仰思考正正是本書的主題。換另一種本書經常出現的說法，就是「信仰尋求理解」（faith seeking understanding）。對於作者來說，這不單只是基督教的說法，更是一切知識的基本結構。未經證實的信仰或信念，是繼後知識的起點。離開了某一特殊的信仰或信念，不再以之為起點，就得轉換另一特殊的信仰或信念來建立知識。因此，信仰或信念是所有知識的立足點。問題只是這是一個怎樣的立足點。

信仰不單是繼後知識的立足點，也推動和軌約（regulate）以後尋求知識的活動。這種做法，無疑是否定知識論之中的客觀主義（objectivism）和相對的多元主義（relativist pluralism）所倡議的進路。前者排斥任何未經證實的信仰或信念，追求絕對確定無疑的知識，此中惟有理性可以勝任這一任務。後者並不相信理性，又拒絕委身於某一特殊而非普遍與必然的立場，而在眾多不同的觀點之間游移往來。本書要走的，是在上述的兩條道路之外的第三條道路。

本書結構、進路

本書除了導論之外，共計四部分十一章。作者把整個做神學的議題，置於文化、哲學的氛圍之中來處理，因此本書並非純粹討論及建構一種神學方法或進路，而也同時是回應及批判特別是啟蒙運動以來的攻擊。是以，本書頭三部分的寫法，都首先展示及闡述這些看法，然後再行分析它們的困難，予以批判，並證立（justify）基督教神學尋索知識的方法或進路。至於第四部分，則各章都夾以批評也提出看法，可說是來回於拆毀與建立之間。

第一部分「信仰的復興」包括三章。第一章為讀者鋪設了當代的知識場景，展示出自啟蒙運動以來信仰或信念（不只是宗教意義上的）失去了應有的尊重，而被劃入私人領域之內，有別於公共領域的知識。這種對知識的看法其來有自，可以回溯至理性哲學家笛卡兒（René Descartes）對確定性的追尋。本書在第二章就分析這種客觀主義的知識論及其背景，以及其後提出異於客觀主義的經驗主義，以及嘗試整合兩者的康德（Immanuel

Kant）的超越觀念論（transcendental idealism）。

作者一直想突出的重點是，這些哲學在追尋知識的過程之中，都低貶及排斥特殊信仰或信念的委身，而渴想、羨慕「從無立足處觀看」。只是客觀主義以為得著了，而相對的多元主義者則承認最終不可得，兩者都不願意委身於某一特殊的信仰或信念立場。前者致力尋找客觀的確定性，要把知識建立在這樣的基礎上面；後者則因為無法得知這樣的基礎，而在眾多的特殊信仰或信念立場之間游移往來，不作停駐。

對於這兩條追尋知識的進路，作者相繼援引了波蘭尼（Michael Polanyi）和麥金太爾（Alasdair MacIntyre）的個人知識（personal knowledge）和傳統（tradition），來批判客觀主義和相對的多元主義，指出究極來説它們都是以特殊信仰或信念為知識的基礎，卻不自知。作者並以他們這兩個觀念所構成的知識論為基礎，吸取納格爾（Thomas Nagel）的自我超越這看法，建構批判的實在主義（critical realism），以表示這種進路並非自我循環。這是第三章的主題。在與實在（reality）的接觸底下，特殊的傳統可以被調整、修改，形成新的傳統。由此，獲取知識就並非靜態的或往後循環的，反之乃是螺旋動態向前的。

相應於第一部分所檢視的兩種當代知識論，而有兩種基督教神學的回應。這是本書第二部分「恢復神學中的信仰」要展示及超越的。這部分由兩章組成。第四章分別以潘寧博（Wolfhart Pannenberg）及麥奎利（John Macquarrie）為追尋客觀（普遍與必然）基礎的神學代表，以林貝克（George Lindbeck）為自閉的相對的多元主義的神學代表。前者高抬普遍共有的理性及經驗而貶低信仰，後者卻自限於特殊的信仰系統並自絕於跟實在的接觸。因此到了第五章，就回到傳統，但因著所接觸的實在而超越傳統這種討論之中。在基督教神學，這涉及了上帝在耶穌基督裏的自我啟示。這上帝的自我啟示既是過去的也是現在的亦是將來的，那麼面對上帝的自我啟示，特殊的神學傳統就落在恆常的調整與修正的過程之中。可是，基督教神學所講的故事，並非惟一的，它需要面對其他學科所講的故事，並且作出整合。但是，首先我們要知道基督教是怎樣講述它的故事，而這就進入了本書的第三部分「弄清楚聖經的意思」了。

本書第一部分和第二部分是要一起閱讀的，並且不能抽離第一部分來閱讀第二部分。這兩部分可說是對當代神學知識論的批判性分析，以及第三條道路的獻議。

如果在第一部和第二部所討論的第三條路，相當形式化而不夠具體，那麼第三部分就進入具體的討論了。這本書的第三部分由兩章組成，討論聖經的解釋，以及聖經的本性。第六章檢視了三種解釋聖經的方法，分別是歷史鑑別法（historical criticism）、讀者—回應鑑別法（reader-response criticism）、文學（正典及敍事）鑑別法（literary〔canonical and narrative〕criticism）。這三種鑑別法，其實相應於客觀主義和相對的多元主義（任意的視角及自閉的觀點）。第七章以第六章為背景而重新檢討聖經的本性，以講章為類比指出聖經結合了事實的記錄與事實的解釋。其實，任何記錄都是解釋，沒有純粹的事實記錄，這是為甚麼歷史鑑別法有所不足、雖屬必然但不足夠。作者指出聖靈加力給信仰羣體，不單寫成聖經也解釋聖經。這就表示閱讀聖經既不能忽略人的因素也不能忽略上帝的因素。聖靈在信仰羣體解釋聖經時，扮演橋梁的角色，使得聖經自身的傳統，在以後信仰羣體的解釋之中，仍然在核心的信息上得以延續不斷。

信仰羣體的傳統就建基於其對聖經的閱讀，由此進而可以討論傳統的轉化，這是本書第四部分「傳統的轉化」的內容。這部分共分四章。作者在第八章重新檢視傳統的灌輸在學習的過程中既是必要的環節，也是日後獨立思考的根基。但由於傳遞給不同羣體的需要，翻譯信息是不能避免的，以致可以從一個文化傳到另一個文化、一代傳到另一代。但這中間卻要留意核心信息的延續的問題。第九章就此即作出分析，並且涉及了這個故事自身的整合（integration）及融貫（coherence）。這要求是出於基督教信仰自身的，是相應於受造世界的結構的，由此而無可避免地要處理其他學科對世界的講論，在這個故事之中可以佔有的層次或位置。福音要講述一個整全、融合的故事。

到了第十章則全面進入整合的討論，但這裏要處理的是，在整合的過程之中涉及了福音故事的相關性（relevance）。面對今天已經不一樣的世界，聖經所講述的故事，為甚麼不是已經陳舊過去，而需要重新包裝，去除與時代脫節的種種，作出全面的更新？這不單是上帝的好消息如何在世界之中傳遞的問題，更是這好消息的內容是否可以脫離特殊的地方、羣體而呈現出來嗎？作者表示沒有去除歷史、文化的純淨福音，不可能提煉出毫無雜質的信息。這種追尋仍然是客觀主義的作祟，因此只有回到特殊的傳統之中，來從事螺旋動態的神學活動。最後的第十一章，作者表明這個進路本身所具有的風險。因為在當中沒有任何客觀的確定性，我們的特殊立場或傳統本身不是惟一的，並且實在也不在我們手中，這一切都使得神學知識是冒險的。然而，這又在於我們相信我們所站之地是最佳的視角，可以信心滿滿的把看到的跟別的看法比較，推薦給別人，並且這一切都不是自閉的，因為我們所接觸的實在／上帝會向我們發出聲音，不斷修正、塑造我們對它／祂的認識。

第三部分與第四部分的關係，可以以聖經的相關性來連繫。聖經自身是一個傳統，但這個傳統跟今日的世界有甚麼相關性？這是作者最後要處理的議題，但我們也可以說，這是全書要處理的議題。

神學是甚麼？沒有信仰的思考是空洞的，沒有思考的信仰是盲目的。神學就是信仰思考，就是信仰尋求理解。

15.

論處境 II

在對應處境中延續經文的意義*

一、

基督教是一個立基於聖經正典的信仰羣體，舉凡其崇拜禮儀、神學思想、組織制度、生活踐行，無不以聖經正典作為最終之依歸。然而，以聖經正典為最終依歸並不能排除解釋聖經正典的擾人問題。無疑，宗教改革強調惟獨聖經（*sola scriptura*）的原則，但此舉首要反對的不是傳統，而是當時的教會

* 本文原以〈在對應處境中延續經文的意義——以潘霍華、巴特、莫特曼對創世記一章26至27節的解釋為例〉為名於二〇〇九年十月十五日於建道神學院舉辦的「釋經：聖經與文化」之中宣講。本文原為鄧紹光：〈在對應處境中延續經文的意義——以潘霍華、巴特、莫特曼對創世記一章26至27節的解釋為例〉，《教牧期刊》第二十七期及《建道學刊》第三十四期合刊（2010年），頁121～146。蒙允轉載。

教導。[1] 聖經不單在實質內容上是充足的（materially sufficient），也是形式地充足的（formally sufficient），[2] 這即是說，只有聖經自己是解釋自己的規範。但是這並不表示聖經不需要解釋，不過任何對聖經的解釋都不是規範的，最終需要被聖經所規範，由此，我們可以使用任何工具解釋文本，特別是人文學界的聖經鑑別學，以及神學家、聖經學者過去的觀點。[3] 因此，在解釋聖經時，我們不得不注意非規範性的條件，傳統為其一，處境為其二。新約學者包衡（Richard Bauckham）重新注意到傳統與處境的關係，他指出：「傳統是進程，在其中福音以**特殊的**形式在教會歷史中不同的時代及地點出現。」[4] 包衡引述舒域特（Robert Schreiter）的說法，指出傳統才真是「一連串的地方神學（local theologies），跟不同的文化情況緊密結連及對之作出回應」，因而傳統的**真正**的延續性是由變化及恆久共同維繫的。[5] 處境在這裏使傳統活起來，不致成為僵化。然而，這樣一來，在做神學、解釋聖經的過程之中，會否偏重了真理或福音的特殊性而失落了普遍性，最終走向相對主義。包衡因此強調神學的雙重性格：處境關連（context-related）及處境超越（context-transcending），[6] 並且只有後者能跟處境保持批判的關係，而這就是聖經的特性，它是超越處境的，至於傳統，則是連繫聖經與處境的。[7] 神學，作為解釋聖經的成果，如果是離不開傳統和處境的，那麼，解釋聖經亦然。換句話說，傳統和處境是解釋聖經的必須條件，不可或缺。那麼，聖經之普遍真理，跟對應教會或解釋者身在的處境之特殊真理，有甚麼關係？

包衡作為一個聖經學者，他很早就討論聖經跟今天處境的關係，也就是適切性的問題。我們在他早期的《政治中的聖經：從政治角度閱讀聖經的原則與範例》（*The Bible in Politics: How to Read the Bible Politically*）[8] 找到這方面的討論和釋經示範。包衡下述一段話表明他對聖經永恆真理與特殊處境之關係的看法：

> 文化相對性留給我們的難題是，愈清楚應用於當時歷史背景的聖經素材，對我們情況的適切性似乎愈少。難道我們必須只以高度概括的特性來尋找聖經永恆與標準？這恐怕會遠離聖經的本質，並叫大部分的聖經內容都不能讓人應用。[9]

包衡在這裏並不同意把聖經記載上帝話語在文化中具體的實踐，抽象普遍化而成永恆的規則，為甚麼？他進而解釋：

> 因為聖經所載的神的信息，是來自特定的歷史情況表達，也給特定歷史情況的人。它的普遍性必須在它的特定性裏和藉著它的特定性尋找，而不是剝掉它的特定性，只保留它最核心的普遍性。[10]

包衡認定上帝信息的普遍性是跟其在文化歷史的特定表現和落實分不開的。那麼該如何對待聖經的記載？包衡接續說：

> 所以合宜的做法應該是首先按當時文化的獨特性理解聖經素材，然後視之為對我們時代的「範例」（“paradigm”，由韋特〔Chris Wright〕提出）或「類比」（“analogy”，由杜瑪斯〔Andre Dumas〕提出）。換句話說，聖經提供了神在特定的政治情況達成祂心意的範例，如此便可以幫助我們在別的情況中發現和實行祂的心意。〔……〕當然，我們需要常常將這些範例，跟聖經裏的一般原則放在一起考慮。[11]

從以上的引述我們可以看見，包衡對歷史處境的重視。一方面，聖經本身所記載的就是上帝給人類生活目的，如何具體在特殊的處境實踐、活現。另一方面，我們今天的讀者除了需要按聖經經文當時的文化處境去理解所記載的，同時也要考慮在我們自己的文化處境中，讓聖經的範例、類比「啟發我們的創意」，找出如何實踐上帝給人的生活目的。[12]

但是，在實際解釋聖經時，讀者在其自己的處境去解讀時，必然會得出某些不同於原本處境中的意思，並且同時失去某些原本處境中的意思，這個時候，該如何看待兩者的關係。包衡提出，「理解詮釋的任務必須有一個先決條件，就是在與新的處境、新的意思層面互相影響時，要堅持和產生一個不變的（或至少是可以恢復的）核心意思。」[13] 包衡這種講法，換上另一種表達，就是在差別中有同一，在斷裂中有延續。若以處境為一端，聖經與傳統為另一端，包衡指出兩端之間為一辯證的運動，但他強調處境雖然在解釋聖經和做神學的過程中有其重要性，但卻提醒我們：「處境化並非嚴謹的科學，而是艱難的藝術——而神學可能參與其中——在當中教會以其忠於福音的整個生命，真實地回應特殊處境的挑戰。」[14] 我們沒有任何可以絕對保證解釋聖經不會偏頗甚或偏離福音的方法或原則或操作步驟，我們只能在處境與聖經及傳統之間來回往復、深思熟慮而作出即興現編式（improvisation）的決定。[15]

二、

這一章嘗試檢視幾位神學家對創世記一章 26 至 27 節的解釋，他們分別是潘霍華（Dietrich Bonhoeffer）、巴特（Karl Barth）、莫特曼（Jürgen Moltmann）。他們在解釋這兩節經文時，都有自己的處境，因此，一方面我們介紹他們各別的釋經成果，以及其釋經成果所隱含或顯明的處境意義，而這些隱含或顯明的處境意義其實是回答他們各別釋經時的歷史處境的。另一方面，我們嘗試進一步探究他們的成果是否符合上一節包衡所言的，與聖經經文在其所處的景況中的意義彼此一致，沒有喪失其核心意思。

巴特在《教會教義學》（*Church Dogmatics*）卷三第一冊對創世記一章 26 至 27 節的解釋，長久以來廣被接納，[16] 影響神學對人性論的建構。然而，巴特的《教會教義學》卷三第一冊在一九四二年出版，當中卻對潘霍華一九三三年成書出版的《創世與墮落：對創世記一至三章的神學的解釋》(*Creation and Fall: A Theological Exposition of Genesis 1 ~ 3*)[17] 表示肯定，這主要是指潘霍華對創世記一章 26 至 27 節上帝的形象的解釋，對他有很重要的幫助。[18] 基本上，巴特是挪用了潘霍華的關係類比(*analogia relationis*)來發展自己的信靠類比(*analogia fidei*)，[19] 並自行對創世記一章 26 至 27 節作出解釋。在尚未進入巴特的解釋之前，讓我們先來了解潘霍華在其獨特的處境下如何解讀創世記的經文。

潘霍華的《創世與墮落》原係名為「創世與罪」的講課，講於柏林大學一九三二/三三年冬學期。柏蘭特(Stephen Plant)對於此書所涉及處境有其解說，他提議此書構成潘霍華事業的轉向。[20] 所謂事業轉向，乃是指潘霍華一直都對公共事務感到興趣，但講授創世記卻使他嘗試公開地評論政治事務。[21] 換句話說，當時德國的政治處境及潘霍華對此處境的關心，是構成潘霍華解讀創世記的不可或缺的背景。一九三三年二月一日潘霍華在電台演講，恰好兩天前希特勒被選為總理，但在此之前潘霍華已定下題目：「年青一代對領袖此一概念的另類觀點」(“The Younger Generation’s Altered View of the Concept of Führer”)。[22] 題目明顯針對德國人民對領袖的看法，是有商榷的地方，需要修正。不久之後，潘霍華在柏林技術學院(Technische Hochschule)演講，作出更深入的反省，並且是對應「創世與罪」的講課觀點。他指到第一次世界大戰前德國人把權力(power)和權柄(authority)限制在職位(office)上，但大戰之後卻改變了他們的態度，領袖的權力和權柄不再由職位而來，反而來自那些忠心跟隨領袖的羣眾，[23] 危險就隨之而來。潘霍華意識到一方面領袖的權柄會變得無限制，另一方面領袖亦反過來依賴其跟隨者。[24] 他擔心的不是民主制度的喪失，而是法律的喪失。[25] 對於潘霍華來說，這樣的情況正好對應亞當墮落後的樣子，領袖自高自大像上帝一般，沒有法律、權力的限制。[26] 這樣的領袖只會誤導年青的一代，像蛇那樣去誘惑年青人活像上帝。[27]

明顯地，潘霍華這種對政治處境的分析，是來自其對創世記的閱讀和講解的，而界限是其核心思想。下面我們就進入他如何解讀創世記一章 26 至 27 節，以及相關的經文。潘霍華在解釋創世記一章 26 至 27 節時，其重點是自由，這是發展自其在《行動與存有》（*Act and Being*）有關對上帝的自由之解釋的。[28] 他從基督之「為人的自由」來把握上帝的自由（God in Christ is free for humankind），[29] 進而由此來說上帝的形象。換句話說，這是基督論式的閱讀，潘霍華自己十分清楚其進路。[30] 潘霍華對上帝的形象給予一內容的規定：為他的自由，並且進而解釋 27 節「上帝就照著自己的形像造人，乃是照著他的形像造男造女」。他扣緊自由來解釋，提問「創造者的自由與被創造者的自由的區別何在，被創造者何以是自由的？」[31] 答案是：「區別在於被創造者是與其他被創造者相關的，人是為了人而自由，創造者創造一個男人和一個女人。」[32] 換句話說，按上帝形象被造的人，是「處在二元狀態（zweiheit），**在這種對另一個人**

的依附狀態中蘊含著人的被造屬性（Geschöpflichkeit）」。[33] 由於人與上帝相像之處在於他是自由的，[34] 而這自由乃是「為人的自由」，故此，上帝依據其形象造人，必然是造男造女。潘霍華這樣說：「被創造物與被創造物的關係是上帝規定的關係，因為這種關係在於自由，而自由則來自上帝。」[35]

值得注意的是，潘霍華對人與上帝的形象的相像並沒有停留在男人與女人的「對立—相聯—相依—存在」[36] 的了解，他進一步注意到 26 節中人與大地的關係。潘霍華說：「他（人）對另個被創造的世界的自由則是**擺脱**它而自由：這就是説，他是它的主宰，他可以支配它。這一點正是人之被創造為上帝映像的品格的另一面。」[37] 可是，他並沒有注意到 28 節同樣談及人對大地的管理，並且是與上帝的賜福和人的生養連繫在一起。這表明了潘霍華沒有把創世記一章 26 至 28 節當作一個單元來處理，在分段上，他事實上是把一章 26 至 27 節當作一段，賦予的標題是「上帝在塵世間的形象」，而把一章 28 節至二章 4 節上當作另一段，標題是「祝福與完成」。這樣一來，潘霍華對人與上帝形象的相似的解釋，就沒有考慮生育的向度，而純是社羣、倫理的向度。即沒有從「上帝創造生命」這一角度來了解上帝的形象，以至上帝照其形象造男造女為的是生養眾多，而這就是上帝的賜福。潘霍華依據社羣、倫理的向度，進深地解釋創世記二章 18 至 25 節。在這解釋，出現了「界限」的概念，進一步深化他對人之二元狀態的講法。

對這一段經文的解釋，潘霍華的焦點是「幫助」，他卻從

「界限」的角度來切入：「女人之所以成為男人的幫手在於承載加給他的界限」，[38]「這一幫手既是亞當界限之肉體化，同時也必然是他愛的對象。這就是說對女人的愛應是人的（最本質意義上的）生命本身」。[39] 如此一來，就把生命跟界限連繫上了，並且是把界限設定為生命本身的不可或缺的元素所規定，但這界限不在一元生命之內，卻在此一生命之外。這就是把人之二元狀態深化的舉動。另一生命在此一生命之外，卻又是此一生命所愛的；那麼，另一生命就既是此一生命之界限，卻又是此一生命所愛的，如此即活出與上帝形象相似的「為他的自由」。當然，這樣了解是意含著社羣（community）的一體。男人和女人在愛之中相互從屬，「保持為二**體**的這兩個人作為上帝的創造物為一**體**」，[40] 這不啻是指向了只有社羣（男與女）才能映現出上帝的形象，或者準確地說，只有在界限中連繫起來的羣體才能映現出上帝的形象。潘霍華這一解讀上帝創造人的時候對人的規定，對他那個時候德國的政治處境是十分應合的。我們可以想像，潘霍華正是看到希特勒在羣眾的擁護支持底下逐漸獲取在其職分之外更多更大的權力，也就是越過了界限，而使得潘霍華在解讀創世記上帝的形象時，聚焦於為他的自由、人的二元狀態、界限等關鍵觀念。

相對於潘霍華的政治權限的解讀，巴特對創世記一章 26 及 27 節的疏解則受其文化關注所影響。無疑，巴特跟潘霍華都同樣生活於二十世紀上半葉的歐洲，然而兩人在解讀創世記一章 26 及 27 節的場景卻十分不同。基本上，巴特是在撰寫《教會教義學》卷三才正式嚴肅地處理這段經文，那時他已因被禁在德國大學授課及公開演說而返回瑞士，時維一九三五年。[41]《教會教義學》卷三第一冊在一九四五年出版。不過，巴特於《教會教義學》卷三中討論上帝形象所流露對女性地位的高抬姿態，按照詩凌嘉（Suzanne Selinger）的研究，早在一九三〇年代早期，是時巴特已承認女性在價值上跟男性相同，較教會和文化所容許的更具價值。[42] 巴特極有可能是從文化層面，特別是男性和女性關係的現象、處境，來審視創世記有關經文。更值得注意的是，早在巴特在一九二五年至三〇年任教於明斯特大學（University of Münster）時，基詩包琳（Charlotte von Kirschbaum）就開始協助巴特研究。後來巴特在《教會教義學》卷三第三冊的序言公開承認及讚賞她的幫助，特別在處理〈男人與女人〉一節上，[43] 在一九五一年出版的《教會教義學》卷三第四冊更把基詩包琳作為一權威而引述，討論上帝的形象乃男性與女性的我－你關係。[44] 可以說，基詩包琳在神學上對女性的關心，在解經上對上帝形象的敏感，是巴特討論創世記一章 26 至 27 節的背景。當然，如上文所述，潘霍華的《創世與墮落》也是巴特處理這段經文不可或缺的神學知識處境。

巴特對上帝形象成熟的了解，首先出現在《教會教義學》卷三第一冊上對創世記一章 26 節及其後和二章 18 節及其後的解釋。[45] 基本上，我們可以這樣了解，巴特是在修正潘霍華對創世記的解釋上來接受和補充、發展潘霍華的釋經成果。這方面我們主要引述詩凌嘉的研究成果。一方面，巴特同意潘霍華視上帝的形象為上帝為其受造物的自由；上帝為了讓人這受造物享有真正為他的自由，故此創造了男人和女人。[46] 巴特認為潘霍華相當扣緊文本創世記一章 27 節以及創世記五章 1 至 2 節從而把「造男造女」解釋為「上帝按其形象和樣式所創造的，表示的是在對峙中的存在（existence in confrontation）」。[47] 巴特亦在《教會教義學》卷三第二冊指出潘霍華所講的共在人性（cohumanity）並非只是共同生活、互相幫助，而是彼此決定。[48] 另一方面，巴特又不滿意潘霍華釋經的缺漏而需要有所補充及聚焦。[49] 這分兩方面來講。首先是沒有注意 26 節的神聖眾數的重要性：「讓我們……」（"Let us ..."；編按：《和合本》沒有「讓」一字），其次是沒有重視上帝形象中的男／女分別（male / female differentiation）。[50] 巴特是從 26 節的「讓我們」來進一步解讀 27 節的「形象」。26 節的「我們」，對巴特來說，是具有三一論及其中的互滲互存／寓居內住（*perichoretic*）意義的，指向了上帝自身的分別及關係；神聖存有：我與祢，跟人性存有：男與女的對應關係，由此而出現。[51] 前者成為後者的基礎。在這一基礎上，上帝的形象就包含分別與關係，而其所造的人，必然是男與女，人之為人就必然包含分別與關係。結果巴特在解釋上帝形象時強調的是分別與關係，落在人的身上，則是男人與女人的性別與合一。

潘霍華以人的二元狀態來了解上帝的形象，一方面沒有追溯至三一的上帝而只在為人的基督，另一方面其所解釋的「造男造女」指向的社羣性（sociality）乃是人性的基礎本性。[52] 巴特在這兩方面都有不同的推進，而有別於潘霍華。一方面他從基督的為人的自由，進至基督在三一上帝內在的羣體及關係，以此作為上帝造男造女的基礎。[53] 另一方面他視男性跟女性的性別差異為本質的，這就意含著關係性（relationality）較羣體（communal）更有價值，原初人的差異性別的單一性（human unit）是共同、社羣的生活的先決條件。[54] 整個解釋聖經的過程除了基督論及三一論的滲透外，還涉及是否可以只把男性及女性的受造，扣緊上帝的形象，而不是連繫著 28 節「生養眾多」的賜福來解讀呢？[55] 如果 26 節和 27 節必須連繫著 28 節來處理，那麼是否還容得下基督論和三一論的解讀呢？

在這裏，我們很清楚看見神學處境同樣起著作用。神學知識的處境跟政治、文化的處境結合起來，而影響著神學家對聖經經文的解釋。當然，這種影響的釋經結果是否過度詮釋經文，抑或是相當抑制地尊重經文本身的處境而達致一良性的發掘，是需要進一步分析的。我們現在只能肯定，潘霍華跟巴特都沒有考慮創世記一章的處境，但這並不一定在解釋結果上與原來處境之意義衝突或斷裂。

三、

相對於潘霍華與巴特的政治和文化處境而言，另一位德國神學家莫特曼卻置身於截然不同的生態處境之中來反思上帝的形象。莫特曼對創世記一章 26 至 27 節的解釋，可見於其《創造中的上帝：生態的創造論》（*God in Creation: An Ecological Doctrine of Creation*），此書德文本於一九八五年出版。在此書中文版的前言中，莫特曼自言：「一九七四年以後，我就基督教的創造論作過演講。但正是對現代文明帶給地球生態危機的充分認識，才導致我於一九八四年在蘇格蘭的愛丁堡發表了吉福德演講，然後又在一九八五年第一次出版本書。」[56] 按這段說話，莫特曼是在充分認識生態危機後演講及出版《創造中的上帝》，以基督教的創造論回應這一全球的處境。這是有意識地針對當時處境而作的神學研究出版。事實上，從書名副題〈生態的創造論〉及目錄中所見，生態的處境絕對是不容忽視過去的，如第二章即以〈在生態危機中〉（"In the Ecological Crisis"）為題。對於這種生態危機的成因，普遍都認同這是緣於人對自然世界的宰制，而這種以人為中心的宰制舉動，其中之一的合法理據，又出自猶太—基督教的傳統。對猶太—基督教所尊的聖經，批判者指出創世記一章 28 節的「生養眾多，遍滿地面，治理這地」，「為今天的生態危機奠定了理性基礎即無節制地生育，地球上人口過剩，以及對自然的征服」。[57]

面對這種批評，莫特曼如何回應，並指出基督教的人論實有助疏解人類中心性的錯失呢？這就無可避免地要回到對創世記一章 26 至 27 節的解釋去。莫特曼簡要地指出：「『統治』的職責只能在創世記一章 26 節找到，上帝說：『我們要照著我們的形像，按著我們的樣式造人，使他們管理海裏的魚、空中的鳥、地上的牲畜，和全地，並地上所爬的一切昆蟲。』但是，在這裏，『管理』是和人與世界的創造者與保存者上帝之間的一致性有關的——『一致性』是指人被描繪成上帝的形象。因為人類和動物都要靠地上的果實生存，所以人對動物的統治只能是和平的統治，而沒有任何『生殺予奪大權』。人所應當起的作用是『和平的正義』的作用。」[58]

莫特曼透過上帝與人的一致性來限制人管理世界的意思，防止滑入人對世界的主宰，造成生態危機，從而避免猶太一基督教所遭受的責難。這並不表示莫特曼否認或忽視過去基督教神學思想需要背負生態危機的理論責任，而是正視創世記一章26及27節的恰當解釋，一方面是糾正過去的錯誤理解並以之合法化一切人對自然世界的破壞與宰制，另一方藉此而指出人與上帝的受造世界應有的合宜關係。而上帝與人的一致性，就是「上帝的形象」。但何謂「上帝的形象」？莫特曼《創造中的上帝》的第九章一節「對人類的最初限定：神的形象」對這段經文作出解說。莫特曼在疏解這段經文得出的結果，既跟潘霍華和巴特有其一脈相承的地方，也跟他們有所不同。莫特曼最後得出的結果是「成為人，就意味著性別上的分化，**並且**分享共同的人性；這兩者是同等首要的」，[59]「個人也不比羣體更為優先。相反，個人和羣體是同一生命過程的兩個方面」。[60] 他並不偏於潘霍華之重視社羣性又不單重於巴特的關係性，而是兩者並重，不能分離，這是既繼承二者又超越二者的看法。那麼莫特曼如何得出這樣理解的上帝的形象、上帝與人的一致性，以致可以避免人對世界主宰的觀點。

莫特曼在疏解創世記一章 26 至 27 節時，跟巴特同樣注意到複數形式的說法，而他的解釋也集中在這兩節經文的複數和單數之間的轉變。他指出 26 節的「我們要照著我們的形像，按著我們的樣式造人」中的「我們」是一個複數形式的單數或是一種單數形式的複數，是上帝的自我交談；這種自我交談預設自己跟自己的關係，並進而預設自我分化和自我認同。[61] 其後果就是「上帝的形象（單數）被認為是和上帝的『內在』的複數相對應的，但仍然是一個**單個**的形象」。[62] 26 節的「上帝」是複數式的單數，而上帝的形象則是單數，到了 27 節則反過來：「上帝（單數）創造了人（單數），他創造了他們（複數），作為男人和女人（複數）。」[63] 這表明自我決斷創造人的上帝是單數形式的複數，但是祂在地上的形象卻是複數式的單數，[64] 即是說男人女人是和神聖單數相對應的複數。[65] 莫特曼強調這單數、複數之間的語法轉換是有意的、重要的，[66] 他表示，「從創造一開始，成為人就意味著性別分化和性的關係。〔……〕從單數到複數的變換被用來表明這樣一個事實，成為人，就意味著性別上的分化，**並且**分享共同的人性，這兩者是同等首要的。」[67] 莫特曼更進一步扣緊 28 節來解釋，他提出為甚麼造人的時候特別提到兩性而造萬物時只說「各從其類」？[68] 為甚麼生養眾多的祝福是「額外」給予這種被造物的？[69] 這表明性關係不是和生育連在一起的，也不是理所當然的（像在動物物種的情形中那種理所當然），那麼，其重點就在「性差別和羣居性屬於上帝的形象本身」。[70] 莫特曼沒有否定性差別跟人類生育的關聯，但他認為遠不止此，而更在於差別的兩性之羣居，是對應上帝，是在地上代表上帝，[71] 這是首要的意思。因此和上帝的相像首先意味著上帝同人類的關係，其次還意味著人類之間的關係。[72] 對於莫特曼來說，「上帝的形象」的意義僅此而已，不能把在其後 28 節及 29 節對人統治動物的委任，命令人治理全地的任命，歸入上帝的形象，而應視這些委任為對上帝的形象的特別補充，受限於上帝的形象的意思。[73] 這樣就意味著：「只有作為整個的人類，只有作為平等的人類，並且只有在人類的共同體之中〔……〕人類才能施行具有神聖合法性的統治。」[74] 如果上帝的形象在於差別中的同一、同一中的差別，那麼，人類合法統治動物、全地的方式，也應當反映出這種生命形態，而不應是單向的宰制式治理。

莫特曼在解釋這段經文時沒有明顯地從基督論及三一論切入，反之，他明確地指出「從歷史上說，而且按照律法書來看，在這段經文中是找不到任何三位一體教義的」。[75] 然而，莫特曼也進一步提問：「以男人和女人的形式出現在其形象中的上帝，他的本質是甚麼呢？」[76] 為了避免落入上帝既是男神又是女神的講法但又能保留分別性與統一性，莫特曼認為最好的理解上帝的方式是三位一體的教義。[77] 他指出：「在人類和上帝的相像性中，應當在關係的分化以及分化的豐富關係中才能找到類比。在三位一體的上帝中，正是這構成了父、子、靈的永恆生命；在人類當中，正是這決定了男人和女人〔……〕」[78] 莫特曼注意到祭司著作的神學特色：「（雖然）祭司著作的創造故事背後並沒有成熟的三位一體教義；但是，它包含這種教義的可能性」。[79] 因此，莫特曼只是從分別與統一的特性來指出祭司著作的創造故事與後來三位一體教義的可能關係，既非單方面先入為主地從後者讀入前者，也不是否定兩者有一相容的可能性。這就讓後來進一步的發展提供了空間和預備。雖然莫特曼解釋此段經文的用心來自其對生態處境的關心，特別是人跟其他受造物的生態關係，並沒有把上帝的形象直接跟大地掛鈎，而是透過把上帝的形象跟管治大地脱鈎，以差別與統一為其內容，並以此來決定「管治」的意義，由此而回應學界對創世記此兩節應當承擔生態危機的批評，並給予一個合乎生態處境的釋經。

四、

在這部分，我們嘗試把上述三位神學家對創世記一章 26 及 27 節的解釋跟聖經學者的研究成果作一比較，而根據包衡的要求，我們特別注重聖經學者對這段經文的原初處境（寫作、編修及正典處境等）的發掘下所得出的意義，由此而衡量三位神學家在其自身不同的處境下的解讀，其有效性如何。

聖經學者都同意這段經文有兩個疑難，一是「我們」是甚麼意思，另一是「形象」、「樣式」是甚麼意思，並且這兩個疑難互相牽連，涉及人與上帝對應的問題。[80] 對於「我們」，歷來有不同的解釋，有的說四種，[81] 有的說五種，[82] 有的說六種，[83] 有的說八種。[84] 威士德曼（Claus Westermann）總結四種如下：（一）

早期教會及巴特所講的三位一體的神聖眾數；(二)上帝及其天庭的眾天使；(三)強調上帝有別於人的赫顯、威嚴；(四)文法結構的一種：眾數用來表達思考、決意，上帝的自言自語。其他的解釋或是從四點引申而出，或是屬於多神論的講法。在聖經學者中間，有的選擇三位一體的神聖眾數，[85] 有的選擇上帝及其天庭的眾天使。[86] 然而，前者沒有任向聖經根據，創世記一章 1 節至二章 4 節上屬於祭司典(簡稱 P 典)，並沒有任何三位一體的觀念，只能是從正典閱讀得出的結果。[87] 威士德曼指出天庭的觀念很可能是這節經文的背景，但他認為不是有必要援引這一解釋，祭司典不可能有意地、企圖地這樣使用。[88] 威士德曼選取了第四種解釋，是一種勉勵式的思量。[89] 這種解釋更有其他同樣使用的經文佐證，如以斯拉記四章 18 節，另可參考以賽亞書六章 8 節，撒母耳記下二十四章 14 節，較為清楚的是創世記十一章 17 節。[90] 此外，還有詩篇四十二篇 5、11 節，四十三篇 5 節。[91] 這種解釋從眾數的文法使用出發而得出，較其他的閱讀優勝。雖然祭司典的寫作背景很有可能是天庭式的上帝觀，然而一來創世記一章的創造敍事沒有提及任何創造天使的痕迹，因此這種講法難以成立，任何理由都很可能是正典閱讀的後果。[92] 二來這種解釋會引起更多問題，如難道天使有分創造世界的嗎？如果上帝是獨一無二的創造者，即任何其他受造物均無需幫助創造，創世記一章的「藉話語創造」正表明這一點；這解釋其中難以處理的是：「上帝的形象樣式」是否和「天使的形象樣式」相同。[93] 學者中間另外還有很值得注意的解釋是：「如果根據上下文來解釋，『我們』乃指上帝和三位一體中的『靈』（在第 2 節已出現）。」[94] 雖然這種說法很吸引，因為有創世記一章 2 節的支持，但問題是「靈」亦可譯作「風」；即或亦可譯作「靈」，可是，這究竟意指上帝自己的靈，還是三位一體中的聖靈？祭司典不可能持有三位一體的觀念，而舊約聖經中講到上帝的靈，表示的就是上帝自己，因此把「我們」解釋為上帝與上帝的靈是有困難的。最後有學者認為「我們」是指「上帝」，複數是「顯赫」的複數（majestic plural）或「圓滿性」的複數（plural of fullness）。[95] 雖然祭司典中的「上帝」（*Elohim*）在原文是複數，而跟著的動詞是單數，故有學者建議把這名字看作「顯赫的複數」，表明「上帝的權能」，但接受這種說法的學者愈來愈少。[96] 有學者反對希伯來文的複數有此含義，[97] 原因是「我們」作為「顯赫的複數」的代名詞在使用時絕不會跟動詞連結在一起的，[98] 這是訴諸使用的習慣，是有其理由的。

在溫漢（Gordon Wenham）的判斷當中，他考慮到獨一神論的信仰處境，以及好處和困難。[99] 如果從獨一神論的處境來考慮，那麼嚴格來説，就只有採取「自言自語」、「自我決斷」、「自我勉勵」的解釋，雖然這解釋沒有甚麼特別突出的地方，但相對來説卻沒有甚麼困難。[100] 溫漢的考慮關注到經文處境的重要性，這處境包括了包衡所講的「成為正典前的處境」和「正典的處境」。[101] 無論是前者或後者都涉及獨一神論的信仰處境。溫漢指出：「創世記在記述對傳統的始源故事大手筆地作出了**神學**新釋。整個古代近東都信奉無數的神，男神女神都有，這可見於

〔……〕美索不達米亞故事中。但創世記卻只有一位至高無上的上帝，祂創造萬物，掌管萬有。」[102] 換句話說，創世記成為正典前的處境乃是多神論的，創世記祭司典的獨一神論正是針對多神論而作出與別不同的宣告。至於創世記所在的五經，溫漢指出人們普遍接受的是在公元前五世紀的處境寫成，[103] 那是猶太人被擄回歸的時代，同樣是重申耶和華是獨一上帝的信仰，藉著撰寫和閱讀五經來提醒灰心氣餒的猶太人，若果遵守摩西律法、以耶和華為獨一上帝，則上帝必定賜福復興。[104] 如果我們接受溫漢這獨一神論信仰處境的看法，以此來決定經文中的「我們」的意思，那麼我們就可以讓莫特曼的解釋接上了，亦可表明莫特曼等人並無背離創世記祭司典獨一神論的信仰處境來解釋這兩節經文。

如果，「我們」可以採取「自言自語」的解釋，那麼對於「上帝的形象」有沒有決定性的影響？嚴格來說，就創世記一章 26 及 27 節，沒有清楚具體說出上帝的形象的內容是甚麼。[105] 單就一章祭司典的創造敘事來說，我們只可說上帝創造人是跟創造其他萬物有所分別的，而這個分別就表現在上帝是按照其自己的形象造人，而其他萬物卻是直接地為上帝的話語被造。聖經學者整理了上帝的形象的不同解釋，[106] 這些解釋都沒有連繫到「造男造女」的片語來進行。如果單就創世記一章 1 至 26 節來說，這段經文就指出了人跟其他萬物分別的地方，乃在於只有人是按照上帝的形象被造。但這上帝的形象是甚麼，卻不得而知。那麼，若果我們把 27 節一併考慮，是否可以對上帝的形象有更好一點的了解？甚或是把 28 節也連結在一起，組成一個段落來思考，又會否更好？從表面觀察，26 節是上帝的說話，27 節及 28 節是上帝的行動，兩者是互相對應的或者彼此平行的。如果我們認同這樣的結構，那麼，就有理由要連帶著 27 節的「造男造女」來思考上帝的形象。但在進行解釋之前，我們必須知道祭司典的神學特色，其中之一乃是上帝與人的分別，[107] 上帝為獨一無二的。由此而論，上帝乃是「按照」上帝的形象造人，而不是以祂的形象造人，那麼，人只是上帝形象的摹本而不是上帝的摹本，也不是上帝的形象。這樣的解釋是有助界定上帝的形象，並不涉及實體上的相似。上帝的形象極可能只是某些形式性的東西而非實體性的東西，而為上帝所有的，當上帝按照這些東西創造人，那人即由此而跟其他受造物有所分別。

對於 27 節，表面的觀察就是人是按照上帝的形象被造，不單男人如此，並且女人也是如此，[108] 表明兩性地位平等。[109] 這節由三句組成，是並置平行的，首兩句為交叉平行，強調的是人是照上帝的形象被造。第三句則與第二句平行，特別強調女人也是照上帝的形象被造。[110] 但是，若果細心地觀察，第三句與第二句平行的話，那與「照上帝的形象」平行的不是「女人」，而是「男人與女人」，而跟「人」(單數) 平行的則是「人」(複數)。英文的翻譯可以見出：

So God created man in his own image,

In the image of God he created him;

Male and female he created them.

這裏的問題是，照上帝的形象造的是男人，照上帝的形象造的是女人，還是照上帝的形象造的是「男人和女人」? 如果第二句是上帝照著祂的形象造「人」，與第三句的「人」平行，那麼從單數轉成複數是否包含某些意思在內呢？第二句的單數的「人」並沒有表示「人」包括「男」和「女」，但第三句的複數的「人」則意含著「人」包括「男」和「女」。「人」既是單數的，亦是複數的。但按照這節經文來看，複數不單只是數量多於一這麼簡單，更是包含彼此互相差別的個體在內的複數，即複數的「人」是包含互有差別的「男」和「女」在內的。這是從第三句得出來的解釋。由複數的「人」即構成單數的「人」(第二句)，使單數的「人」變成單數形式的複數而包含互有差別的「男」和「女」(第三句)。結果就是，「男人和女人」是按照上帝的形象被造而為人。倒過來說，則是上帝按照上帝的形象創造「男人和女人」、單數形式複數的「人」。如果是這樣子，那麼上帝的形象就是指「人」的單數形式複數，包括差異在內的統合性。這樣所了解的上帝的形象，就不是實體性的而是形式性的，可以避免混淆人跟上帝的存有的(ontological)差異，而這種形式性的內容則是差異性與統合性。這樣的解釋創世記一章 26 及 27 節，明顯地並不是訴諸這兩節表面清楚的表達，在遣詞用字上這兩節經文並沒有直接講述人的差異性及統合性。上述得出來有關「上帝的形象」的解釋，而為差異性與統合性，完全是藉著單數與複數的轉換，以及平行的句子結構而來的。值得注意的是，這裏所講的單數的人與複數的人，最終若為單數形式的複數或複數形式的單數，那就對應 26 節上帝的「我們」的單數形式的複數或複數形式的單數。兩者有其一致性，由兩者的一致性而可強化「上帝的形象」乃差異性與統合性的解釋。

如果經文可以容許這樣的解釋，那我們就得以進一步衡量潘霍華、巴特和莫特曼的處境性解釋。簡單來說，潘霍華和巴特的解釋都是偏於一邊，這並非表示他們不知道另一邊，而是他們更強調某一邊。當潘霍華注意到男女之二元狀態，他所關心的是社羣性的結構。換句話說，潘霍華是在關心社羣性底下來注意到差異界限的重要性。這是他所在的政治處境生發的思想方向。巴特則反過來強調關係性、差異性，這是他首先注意的。如前所述，這涉及其神學原來就存在的差異：人與上帝的差異、我與祢之差異。而這是衝著自由神學而來的一種典範性轉移，再加上基詩包琳的女性關注本來就落在差異上面，使得巴特在解釋創世記一章 26 及 27 節的「上帝的形象」，跟潘霍華有所不同。至於莫特曼，他的生態關注並沒有直接影響其釋經，而是起著間接的作用。莫特曼的解釋結果是結合了潘霍華及巴特從而超越了他們。莫特曼因著關注人的管理、治理大地是甚麼意思，進而涉及人與上帝的一致性的問題。換句話說，他處理生態危機中有關人的管理、治理大地的角色、功能，是置於上帝的形象底下來審視，而不是倒過來，由管治來定義上帝的形象。莫特曼就著對經文的單數及複數的分析，得出上帝按照其形象造人，乃是按照其差異性及統合性來造人，所以是造男造女。這樣的解釋就跟我們上述對經文的解釋相一致。雖然上述的解釋跟莫特曼的解釋都只是依據經文的平行結構及單數和複數的分析，再無其他遣詞用字是直接指向包含差異性的統合性、預設統合性的差異性，或者差異中的統一、統一中的差異，但是這種解釋卻又不會產生甚麼困難。如果我們進一步考慮到創世記二章有關亞當與夏娃創造的記述，那麼這樣子解釋上帝的形象，是可以跟二章所講的因為單是男人並不美好所以創造女人，並且這女人是從男人而出卻有別於這男人但又不能跟這男人分離，很能配合。並且，在這樣理解底下的上帝形象，提供了空間發展出後來新約的三一論。我們無須把後來的三一論讀進更早之前的聖經文本，但卻可以發掘出相容的發展空間，那就是「差異性與統合性」這一概念。反過來，我們可以把這一概念讀進三一論去，為三一論的教義提供一間接的聖經根據。

最後，我們需要思考在這個例子之中，「處境」在解釋經文的過程中，怎樣才能幫助我們更恰當地發掘經文可能蘊含的意義呢？無可置疑，解釋者的處境就像一面鏡子、一個角度，我們是無法擺脫這面鏡子、這個角度的，問題是這面鏡子、這個角度有沒有可能被修改？如果解釋聖經不是一人一時的活動，而是涉及羣體或眾多羣體，涉及長時間的不同閱讀，那麼，修正就有其可能。在我們的例子中，對上帝的形象作社羣性及關係性的解讀是過去長時間沒有注意的，潘霍華、巴特及莫特曼的閱讀帶領我們進入一個新的眼界，從「理性」、「自由」/「意志」的實體類比、「主宰」的比例類比，轉成關係類比。[111] 這種轉變並不是簡單的使用早期教會的三一論來解釋「我們」，來疏解「上帝的形象」，而是考慮到經文的平行結構及詞語的單數和複數的轉換，有比較合理的基礎。然而這是一個修正的過程，潘霍華沒有注意文法的結構及用詞的單數和複數，巴特注意到「我們」的複數卻又沒有進一步就「男人」和「女人」的單數和複數作出分析，要到莫特曼才提出這個分析，並且把潘霍華、巴特的看法綜合起來。從潘霍華經巴特到莫特曼，就是一個不斷修正的過程。這個修正的過程，極有可能同時是一個邁向更為符合經文意義的過程，當然這裏沒有必然的保證。這涉及了修正解釋是循哪一個方向和程序來進行的問題。

無論如何，一方面，諸多不同解釋者自身的不同處境固然提供了不同的解讀角度，但另一方面也需要扣緊文本來進行，這即是有意識地考查文本自身的處境，包括包衡所講的「成為正典前的處境」和「正典的處境」。[112] 這同樣是一個進程，在這進程當中不同的學者作出了貢獻，而我們必須尊重聖經學者的研究成果，他們對經文文本成為正典前的處境及正典的處境的研究有很重要的貢獻。這呈現了聖經學者亦是處境地了解聖經的文本，不過他們更為看重文本成為正典前的處境和成為正典時的處境。對於神學家來說，他們可能更為從自身的處境出發，然而，他們不可能忽略聖經學者的研究成果，而應該予以吸納，並嘗試把自己的解說跟聖經學者的解說整合起來，予以貫連，而所達致新的解說是可以被在正典前處境底下的解說及在正典處境底下的解說所容許，並且相互貫通起來。從這個角度來看，聖經學者和教義/系統神學家應該互相合作，以處境作為共同關注的焦點，嘗試共同發掘出經文文本一以貫之的解釋，即同一聖經文本在不同處境中所具有的連貫一致意思。

註釋

1. Richard Bauckham, *God and the Crisis of Freedom: Biblical and Contemporary Perspectives* (Louisville: Westminster John Knox, 2002), 94～95.
2. Bauckham, *God and the Crisis of Freedom*, 95.
3. Bauckham, *God and the Crisis of Freedom*, 95～96.
4. Bauckham, *God and the Crisis of Freedom*, 101.
5. Bauckham, *God and the Crisis of Freedom*, 102.
6. Bauckham, *God and the Crisis of Freedom*, 111.
7. Bauckham, *God and the Crisis of Freedom*, 111.
8. Richard Bauckham, *The Bible in Politics: How to Read the Bible Politically* (London: SPCK, 1989)；中譯：包衡：《政治中的聖經：從政治角度閱讀聖經的原則與範例》，廖惠堂譯（香港：基道，2001）。
9. 包衡：《政治中的聖經》，頁 18。
10. 包衡：《政治中的聖經》，頁 18～19。
11. 包衡：《政治中的聖經》，頁 19。
12. 包衡：《政治中的聖經》，頁 19。
13. 包衡：《政治中的聖經》，頁 22。
14. Bauckham, *God and the Crisis of Freedom*, 115.
15. 參 Bauckham, *God and the Crisis of Freedom*, 115 n.68。
16. Phyllis Bird, *Missing Persons and Mistaken Identities: Women and Gender in Ancient Israel* (Minneapolis: Fortress, 1997), 126.
17. Dietrich Bonhoeffer, *Creation and Fall: A Theological Exposition of Genesis 1 ～ 3*, trans. Douglas Stephen Bax (Minneapolis: Fortress, 1997).

18. Karl Barth, *Church Dogmatics* III/1, ed. Thomas F. Torrance and Geoffrey W. Bromiley (Edinburgh: T & T Clark, 1957～1977), 194.
19. Clifford Green, *Bonhoeffer: A Theology of Sociality* (Grand Rapids: Eerdmans, 1999), 192～193, n. 19.
20. Stephen Plant, *Bonhoeffer* (London/ New York: Continuum, 2004), 88.
21. Plant, *Bonhoeffer*, 88.
22. Plant, *Bonhoeffer*, 88.
23. Plant, *Bonhoeffer*, 88～89.
24. Plant, *Bonhoeffer*, 89.
25. Plant, *Bonhoeffer*, 89.
26. Plant, *Bonhoeffer*, 89.
27. Plant, *Bonhoeffer*, 89.
28. Green, *Bonhoeffer*, 191.
29. Bonhoeffer, *Creation and Fall*, 63；中譯收朋霍費爾：《第一亞當與第二亞當》，王彤、朱雁冰譯（香港：漢語基督教文化研究所，2001），頁 139。
30. 參 Bonhoeffer, *Creation and Fall*, 62；中譯，頁 138。
31. Bonhoeffer, *Creation and Fall*, 64；朋霍費爾：《第一亞當與第二亞當》，頁 139。
32. Bonhoeffer, *Creation and Fall*, 64；朋霍費爾：《第一亞當與第二亞當》，頁 139。
33. Bonhoeffer, *Creation and Fall*, 64；朋霍費爾：《第一亞當與第二亞當》，頁 140。
34. Bonhoeffer, *Creation and Fall*, 62；朋霍費爾：《第一亞當與第二亞當》，頁 138。
35. Bonhoeffer, *Creation and Fall*, 66；朋霍費爾：《第一亞當與第二亞當》，頁 140。
36. Bonhoeffer, *Creation and Fall*, 64；朋霍費爾：《第一亞當與第二亞當》，頁 140。
37. Bonhoeffer, *Creation and Fall*, 66；朋霍費爾：《第一亞當與第二亞當》，頁 141。
38. Bonhoeffer, *Creation and Fall*, 98；朋霍費爾：《第一亞當與第二亞當》，頁 165。
39. Bonhoeffer, *Creation and Fall*, 98；朋霍費爾：《第一亞當與第二亞當》，頁 166。
40. Bonhoeffer, *Creation and Fall*, 99；朋霍費爾：《第一亞當與第二亞當》，頁 166。
41. Clifford Green, "Karl Barth's Life and Theology," in *Karl Barth: Theology of Freedom*, ed. Clifford Green (London: Collins, 1989), 20.
42. Suzanne Selinger, *Charlotte von Kirschbaum and Karl Barth: A Study in Biography and the History of Theology* (University Park: The Pennsylvania State University Press, 1998), 107.
43. Green, "Karl Barth's Life and Theology," 19.
44. Selinger, *Charlotte von Kirschbanm and Karl Barth*, 89～90.
45. Selinger, *Charlotte von Kirschbanm and Karl Barth*, 90.
46. Selinger, *Charlotte von Kirschbanm and Karl Barth*, 138.

47. Selinger, *Charlotte von Kirschbanm and Karl Barth*, 138，見 Barth, *Church Dogmatics* III/1, 195。
48. Selinger, *Charlotte von Kirschbanm and Karl Barth*, 138，見 Barth, *Church Dogmatics* III/2, 268。
49. Selinger, *Charlotte von Kirschbanm and Karl Barth*, 138，見 Barth, *Church Dogmatics* III/1, 197。
50. Selinger, *Charlotte von Kirschbanm and Karl Barth*, 138～139.
51. Selinger, *Charlotte von Kirschbanm and Karl Barth*, 139，見 Barth, *Church Dogmatics* III/1, 196。
52. Selinger, Charlotte von Kirschbanm and Karl Barth, 136.
53. Selinger, Charlotte von Kirschbanm and Karl Barth, 137，見 Barth, *Church Dogmatics* III/2, 324。Clifford Green, "Liberation Theology Karl Barth on Women and Men," *Union Seminary Quarterly Review* 29/3 ～ 4 (Spring ～ Summer 1974): 224，參 *Barth, Church Dogmatics* III/2, 324。
54. Selinger, *Charlotte von Kirschbanm and Karl Barth*, 136.
55. 如 Bird 在 *Missing Persons and Mistaken Identities* 對巴特的批評，見頁 127～128。
56. 莫爾特曼：〈中譯本前言〉，《創造中的上帝：生態的創造論》，隗仁蓮等譯（香港：漢語基督教文化研究所，1999），頁xviii。
57. 莫爾特曼：《創造中的上帝》，頁 43～44。
58. 莫爾特曼：《創造中的上帝》，頁 44。
59. 莫爾特曼：《創造中的上帝》，頁 301。
60. 莫爾特曼：《創造中的上帝》，頁 302。
61. 莫爾特曼：《創造中的上帝》，頁 295。
62. 莫爾特曼：《創造中的上帝》，頁 295。
63. 莫爾特曼：《創造中的上帝》，頁 295。
64. 莫爾特曼：《創造中的上帝》，頁 295。
65. 莫爾特曼：《創造中的上帝》，頁 300。
66. 莫爾特曼：《創造中的上帝》，頁 295、300。
67. 莫爾特曼：《創造中的上帝》，頁 300～301。
68. 莫爾特曼：《創造中的上帝》，頁 301。
69. 莫爾特曼：《創造中的上帝》，頁 301。
70. 莫爾特曼：《創造中的上帝》，頁 301。
71. 莫爾特曼：《創造中的上帝》，頁 301。
72. 莫爾特曼：《創造中的上帝》，頁 302。
73. 莫爾特曼：《創造中的上帝》，頁 303。
74. 莫爾特曼：《創造中的上帝》，頁 304。
75. 莫爾特曼：《創造中的上帝》，頁 296。
76. 莫爾特曼：《創造中的上帝》，頁 302。

77. 莫爾特曼：《創造中的上帝》，頁 302。
78. 莫爾特曼：《創造中的上帝》，頁 302。
79. 莫爾特曼：《創造中的上帝》，頁 303。
80. 參 Kenneth A. Mathews, *The New American Commentary*, vol. 1A: *Genesis 1 ～ 11: 26* (Nashrille: Broadman & Holman Publishes, 1996), 160。
81. Claus Westermann, *Genesis 1～11: A Commentary*, trans. John J. Scullion S.J. (Minneapolis: Augsburg, 1984), 144～145.
82. Gordon J. Wenham, *Genesis 1～15*, WBC (Waco: Word Books, 1987), 27～28.
83. Mathews, *Genesis 1～11: 26*, 161.
84. 鄺炳釗：《創世記（卷一）》，天道聖經註釋（香港：天道書樓，1997），頁 115、118。
85. 如 Mathews。
86. 如 Meredith G. Kline, "Creation in the Image of the Glory-Spirit," *Westminster Theological Journal* 39(1977): 250～272；轉引自鄺炳釗：《創世記（卷一）》，頁 116 註腳 92。
87. Mathews, *Genesis 1～11: 26*, 162～163.
88. Westermann, *Genesis , 1～11*, 145.
89. Westermann, *Genesis, 1～11*, 145，亦參 Umberto Cassuto, *A Commentary on the Book of Genesis*, vol.1 (Jerusalem: The Magnes Press. 1964), 55。
90. Westermann, *Genesis, 1～11*, 145.
91. Mathews, *Genesis 1～11: 26*, 161.
92. 如鄺炳釗：《創世記（卷一）》，頁 116～117，引用創世記一章以外的經文予以間接支持，但他也有所保留。
93. 如鄺炳釗：《創世記（卷一）》，頁 118。
94. 如鄺炳釗：《創世記（卷一）》，頁 116。此為 David Clines 提出的，見 Wenham, Genesis 1～15, 280。
95. 鄺炳釗：《創世記（卷一）》，頁 116 及註腳 86。
96. 鄺炳釗：《創世記（卷一）》，頁 66。
97. Michael Maher, *Genesis: Old Testament*, vol. 2 (Wilmington: Michael Glazier, 1982), 28；轉引自鄺炳釗：《創世記（卷一）》，頁 115 註腳 86。
98. 參 P. P. Joüon 的反對，見 Wenham, *Genesis 1～15*, 28。
99. Wenham, *Genesis 1～15*, 28.
100. David Clines, "The Image of God in Man," *Tyndale Bulletin* 19 (1968): 53～103, esp. 68.
101. 包衡：《政治中的聖經》，頁 24～25。
102. 溫漢：《舊約文學與神學：五經》，尹妙珍譯（香港：天道書樓，2008），頁 21，另參頁 22、23。

103. 溫漢：《舊約文學與神學》，頁 308。

104. 溫漢：《舊約文學與神學》，頁 306～307。

105. Wenham, *Genesis 1～15*, 38.

106. Wenham, *Genesis 1～15*, 29～31；鄺炳釗：《創世記（卷一）》，頁 119～120。

107. Wenham, *Genesis 1～15*, 32, 28～29.

108. Wenham, *Genesis 1～15*, 33.

109. 鄺炳釗：《創世記（卷一）》，頁 123。

110. Wenham, *Genesis 1～15*, 33.

111. 參莫爾特曼：《創造中的上帝》，頁 298。

112. 包衡：《政治中的聖經》，頁 24～25。

附錄一

從後現代反思路德的神學*

一、引言

筆者在這篇文章嘗試從後現代的角度切入，反思路德的神學。這種反思，並非一種內部的反思，而是從外而內的進路。當然，從外而內的進路，也可以進一步分為兩種，其一是在基督宗教內部(東正教、羅馬公教、新教)之中來進行，即站在路德神學之外的其他諸基督宗教傳統，來對路德神學進行反省，另一是在基督宗教外面，站在其他立場來審視路德神學。本文採取的是後一種進路，嘗試從後現代的角度切入，一方面表示後現代不一定是基督宗教的敵人，反之，在許多方面特別與路

---

* 本文講於二〇一一年一月二十一日信義宗神學院週五專題講座：「路德的得失」。本文原刊於《神學與生活》第 35 期(2012)，頁 399～409。蒙允轉載。

德的神學可以親近，另一方面則在於發掘和展示路德神學，在後現代的文化中仍然有其豐富生動的活力。[1]

關於後現代，眾說紛紜，我們在這裏是借用史密斯（James Smith）對後現代的分析，從三個角度來與路德的神學作一對照。第一個角度是德希達（Jacques Derrida）的文本以外無一物，第二個角度是利奧塔（Jean-François Lyotard）的對宏大敘事的存疑。第三個角度是福柯（Michel Foucault）的權力/知識/規訓。史密斯亦指出上述三個看法對基督宗教的信仰意義。我們會同時借用這一洞見，來探討路德神學這方面相關的主張。關於後現代哲學的介紹，史密斯二〇〇六年出版了 *Who's Afraid of Postmodernism: Taking Derrida, Lyotard, and Foucault to Church*，[2] 以及稍早前於二〇〇五年出版的 *Jacques Derrida: Live Theory*。[3] 我們在這篇文章主要是引用前者，因為這本薄薄的著作精要地介紹了三位上述所講的後現代哲學家，並且嘗試就他們的核心主張聯繫到基督宗教相關的信仰及實踐。我們藉著這些研究成果，進一步聚焦於路德的神學，試圖指出在其著作之中，同樣具有跟上述德希達、利奧塔及福柯相類似、相一致的觀點和主張。

二、文本以外無一物

德希達提出「文本以外無一物」，很多人以為他是「語言上的唯心主義者（認為只有語言，沒有事物）」，[4] 史密斯的一段解說十分到位，茲引述如下：

> 德希達宣稱文本以外無一物時，表示沒有現實是並非已經透過語言的鏡片作為中介而得詮釋的。對德希達來說，文本性聯繫到詮釋，宣稱文本以外無一物，表示一切都是文本；但並非一切都是書，或者我們生活在一本巨大、無所不包的書中；而是表示一切都必須得到詮釋，才能夠被經驗。[5]

> 需要詮釋的文本不是插在我們和世界之間的東西；世界倒是一個需要詮釋的文本。甚至「親身」或「在肉身」經驗 隻杯子，都要求我將那物件詮釋為杯子，而這詮釋是由好些不同事物決定的；我遇到那物件的環境，我自己的過去和背景，我帶到那經驗的一套假設，和其他東西。我經驗的事物都需要詮釋——因而也會有不同的詮釋。[6]

一言以蔽之，「文本以外無一物」可以轉換成「一切都是詮釋」，[7] 而一切的詮釋都是來自一個框架，[8] 史密斯由此進而提問：「聖經文本是否真的決定我們怎樣看世界。〔……〕德希達的宣稱可以呼應改教者惟獨聖經這個宣稱。這個宣稱實際上強調上帝的特別啟示對我們理解世界和在其中生活的優先性。」[9] 宗教改革者路德對聖經的看法，可以在此引入，以見出德希達所宣告的「文本以外無一物」、「一切都是詮釋」，實在亦可見於路德的神學。

路德神學專家拜耳（Oswald Bayer）在其文章〈路德作為聖經的解釋者〉（"Luther as an Interpreter of Holy Scripture"）的首節標題和結語標題，十分有啟發性，展示了他對路德的聖經觀的看法，分別是「聖經作為世界的鏡子」和「沒有話語就沒有世界」。[10] 拜耳指出，歌德（Goethe）連繫到路德的著作，指出聖經是「一面世界的鏡子」。[11] 對於路德，聖經是「一面世界的鏡子」，是甚麼意思？聖經帶領人對世界有所認識，這是一種解釋性的認識，即是說，聖經以其獨特的角度展現出世界的面貌：聖經見證的是上帝與人類的歷史並且塑造這歷史，[12] 它不單涉及以色列和教會的歷史，更講到自然及人類整個歷史，包括受造物的墮落，被拯救，以及盼望終末的實現。[13] 對於路德來說，十分明顯，聖經是一本解釋世界的文本，而這種解釋並非一種現代性所倡言的「鏡映」的動作，因此上文所說的「鏡子」是一面帶有某一角度的鏡子，展現出某種角度底下的世界和歷史。只是，我們相信其為真實的，或者更準確地說，我們相信聖經對世界的解釋、聖經以其獨特的角度所呈現的世界，是真實的。

路德對聖經作為解釋世界的鏡子，亦可從其對世界的看法而反面地窺見。拜耳清楚指出，路德沒有陷入尋求比上帝話語更為清晰的東西，在他來說，世界並非透明的，不是全然可以計算的和可理解的（calculable and intelligible）。[14] 這表示我們並不能就世界而認識世界，一方面世界不是自明的，另一方面我們也不可能不帶著我們的觀點和眼光去看待和解釋這個世界。拜耳指出，路德不承認有甚麼事物是中性的，是可以在咒詛與恩典之外的（neutral beyond wrath and grace）。[15] 我們可以進一步指出，正因為事物並非中性的，我們就需要一個解釋的框架，幫助我們去認識這個包括我們自己在內的世界，從而可以活在這個世界之內。聖經——上帝應許的話語——就是這樣的一個解釋框架。

對於「文本以外無一物」這句說話，我們甚至可以轉成「聖經文本以外無一物」。聖經文本是解釋一切事物的文本，聖經文本是成就一切事物的文本；一切事物都在聖經這個文本/脈絡底下被解釋、被成就。這樣，宗教改革家所提出的「惟獨聖經」（*sola scriptura*），在後現代世界之中就可被了解而具有意義。

三、對宏大敍事的存疑

宏大敍事（meta-narrative）是甚麼？史密斯這樣寫道：

> 對利奧塔來說，宏大敍事是現代一個獨特現象：它們不單講述宏大的事（因為甚至前現代和部落故事也是這樣），也宣稱能夠藉著訴諸普遍理性，支持或證明故事的宣稱。[16]
>
> 對利奧塔來說，主要張力不在大故事和小故事之間，或

> 整體敘事相對於地區敘事之間。他闡述的張力是科學和敘事之間的衝突。〔……〕現代和後現代的關係這個問題圍繞「合法性」這個課題。那麼，現代性訴諸科學來支持自己的宣稱——而我們所說的「科學」只是表示普遍、自明的理性這個觀念。那麼，科學是敘事的對立，敘事並不試圖證明自己的宣稱，而是在敘事中宣告自己的宣稱。[17]

利奧塔認為「科學知識自詡為比敘事知識優勝，但本身卻暗地裏建基於敘事（也就是原創的神話）」，[18] 因而被稱為宏大敘事。那麼，「如果後現代是對宏大敘事存疑，後現代主義是否象徵拒絕基督教信仰，因為它是建基於聖經的大故事？」[19] 史密斯對這個問題的回答是：「答案明顯是否定的」，因為聖經的敘事和基督教信仰並非訴諸普遍、自明的理性，而是訴諸信心（或者可以翻譯為神話或敘事）來支持自己的宣稱。」[20] 那麼，路德的神學又如何？他如何看待聖經？他又如何看待神學？

皮尤（Jeffrey Pugh）認為，「路德訴諸〔聖經的〕故事，並非視之為基督教王國建立世界的敘事（world-building narrative of Christendom），而是視之為好消息的宣告，這好消息是在福音書對拿撒勒的耶穌的記載」。[21] 路德視聖經為好消息的宣告，對於這個宣告的權威性，路德並沒有將之建基於任何的聖經教義理論，[22] 而在於生發/喚起信徒心中聖經的自我證實（the self-authentication of Scripture in utterances of faith）。[23] 對於路德來說，聖經的權威並不訴諸普遍、自明的理性，而是訴諸信心；因此，聖經的權威不是形式的——普遍、自明的理性是形式的，而在於其內容；當聖經的內容——特別是福音的宣告——喚起人的信心，就顯明其權威。[24] 由此可見，路德對聖經的看法，跟現代性所高舉的科學知識不同；路德對聖經權威的看法，是在於聖經生發/喚起讀者的信心來支持聖經所宣告的。

同樣地，路德對神學的看法，也摒棄理性作為絕對的判準。拜耳指出路德並不接納行動的神學（theology of *actio*）或沉思的神學（theology of *contemplatio*），卻是走第三條路：被動的生命（*vita passiva*）。[25] 神學的方法是被動的道路，通過被動的道路而認識上帝，這條道路就是信的道路。[26] 在這條道路上，人不能以其思想或行動來證成（justify）其自己，他只能接受並忍受上帝從外而來在他身上所作的工。[27] 對路德來說，理性是危險的，需要被啟蒙以致可以服事神學，[28]「理性並不能夠掌握三一教義、神人二性教義，或基督在聖餐中的臨在，這些以及其他的教義，都只能藉由信來掌握，理性只能『跟隨』這些教義來『思想』」。[29] 這樣，理性只是嘗試解釋，而不是作為奠基之用的。

此外，路德的神學並沒有一種當代意義的「系統」。他沒有以精細條文（treaties）的方式來發展和呈現他的教導，也沒有邏輯地安排及面面俱全地照顧其教導。他因應不同的具體處境而發展其神學，但卻很少依據特殊已形成的教義來進行。這就使得其神學並不能以「系統」來整理。[30] 我們只能說，路德愈來愈被要求道出其所關注的，那就是福音；他也以各種不同方式來表達他對福音的了解。[31] 是以，路德是因應不同的議題、情境，不斷回到聖經去，但卻不是聖經基要主義（biblical fundamentalism），而是跟隨聖經來思想，以致他沒有一套系統的路德式教義、倫理學，諸如此類，反而是一種動態方式的回答，既是啟發新起的一代的寶貴財產，亦是值得珍藏的教會的和屬靈的傳統。[32] 路德的神學並不是一種宏大敘事，他沒有以理性為規範來開展一套統攝一切的神學系統，卻是不斷活在聖經的文本世界之中，不單相信其中所宣告的耶穌基督，並且相信這位耶穌基督所宣講的信息。然後隨著這些相信而思考、回應各種處境。從這一角度來說，路德的神學固然並非宏大敘事，不言而喻，他也對宏大敘事存疑，反對任何以普遍的、自明的理性或類似的準則所建構的宏大敘事。路德自己經常、不斷地講到廢棄自己的作品，正顯明了這種心思：「我寧願我所有的著作消失，讓人只讀聖經。」[33]

四、權力／知識／規訓

福柯對規訓（discipline）十分關注。福柯透過個案研究，而得出權力就是知識這個看法：「權力和知識直接必然包含對方；如果沒有知識領域的相關建構便沒有權力關係；也沒有知識是不同時預設和建構權力關係的。」[34] 史密斯的說法十分清楚：「算為知識的東西是在一個權力網絡——社會、政治和經濟——內構成的。」[35] 權力網絡不單構成知識，反過來亦然；權力網絡也進行規訓，形塑、安排社會。「規訓社會和該社會裏的機構的目標是藉著權力的機制形成個人。社會按著自己的形象製造個人，而這種製造的工具是權力的規訓。」[36]

然而，史密斯指出：「福柯對規訓的機制怎樣模塑個人的分析絕對是正確的，但他從負面看待所有規訓和模塑則是錯誤的。」[37] 因此，「我們需要從福柯那裏學習的第一件事情是：規訓模塑在我們的文化內是多麼普遍——從公共教育到音樂電視」，[38]「但除了只是看見這種文化模塑普遍存在外，我們也需要看見這些規訓的 telos 或目標基本上是與福音的信息，以及福音指明為人類的正當目的不符（甚至是互相競爭）的」，[39]「但教會也必須做第三件事：實行抗衡的措施，實行能夠模塑我們成為神呼召我們成為那種人的逆向規訓」。[40]

在這樣的角度底下，路德的神學又會出現甚麼面貌？皮尤指出，路德相信我們對福音的接受並非一次過的行動，而是一生之久不斷持續的接受，即是持續地學習作基督的門徒。[41] 對路德來說，基督徒的首要責任是住在耶穌基督生、死和復活的故事中。[42] 這就是說，成為基督徒乃在於一生都住在耶穌基督的故事之中，藉著這樣，我們就被改變過來。路德非常重視被聖經所束縛，良知被上帝的話語所俘擄。[43] 這種住在耶穌基督的故事的作為，是透過信而可能的，這種信不是持定某些東西為真的信，而是能當下生發生命與拯救的。[44] 路德這樣說：「信，意思是信靠耶穌的人性，耶穌的人性是賜給我們作為我們的生命與拯救。因為祂自己——藉著信靠祂的道成肉身——是我們的生命、我們的義和我們的復活。」[45] 藉信，我們住在耶穌基督的故事中，隨著祂的死亡而死亡，隨著祂的復活而復活，而這就是作門徒，被模造成不一樣的生命。

路德這樣說道：「被釘死在十字架上，是『奧祕』/『聖禮』(*sacramentum*)，因為它指向悔改的十字架，在上面靈魂向罪死去；它是『榜樣/樣式』(*exemplum*)，因為它呼喚〔我們〕因著真理的緣故把自己的肉身獻給死亡或十字架。」[46] 耶穌基督的十字架事件自身並非終點，而是記號，指向人自己被十字架影響、塑造的事件。[47] 這樣，信就跟作門徒緊緊聯結在一起，作門徒正正包含了「把自己獻給十字架」，[48] 轉化自己的生命：釘死自己老舊的生命、生出新的生命。路德在信的基礎上，進而談及捨棄(*raptus*)及被移離(*translatio*)，[49] 意思就是脱去舊人。只有在信底下才能完全放下自己、不靠自己脱去舊人，因為這信是被動的，是出於基督的呼喚、福音的宣告。路德所講的這一切，全都是規訓，並且是從外而來的，因為對他來説，只有轉離自己——捨棄、被移離，單單仰望基督，生命才能得救，亦是因為這個理由，路德的靈性學(spirituality)，總是聖禮式的，不單是洗禮和聖餐，更包括宣講福音，上帝都藉著地上的元素而臨在，[50] 帶來轉化、塑造生命的恩典。無可置疑，這些洗禮、聖餐、崇拜的宣講，都是規訓，卻是一種逆向規訓，使人不單擺脱這個世界、這個社會先前給予的規訓，更要把人從先前的規訓果效中抖落，與基督聯合，在祂的十字架和復活之中成形，活出不一樣的生命。

上述路德所主張的「規訓」受到批評（事實上他未必喜歡「規訓」這個帶有中世紀修道主義味道的字眼），例如魏樂德（Dallas Willard）指出：「路德與他的追隨者似乎認為，教導與宣講福音，再加上去執行聖禮，對於靈性生命的塑造來説，就已經綽綽有餘」，[51] 言下之意，這些並不足夠，他指出路德的觀點與精神，使得「新教認為紀律與操練，對我們在基督裏的新生命來説並不重要，無疑是犯了另一種錯誤」。[52] 魏樂德的看法同樣見於侯特（Bradley Holt），他寫道：「路德的優點及缺點都多少承繼自奧古斯丁，他集中全副精神面對罪、赦免及十字架，卻絕少提及醫治、更新及復活。他對基督徒生活的期望如此之低，導致眾多『不冷不熱』的信義宗信徒的產生。」[53] 但是，即使路德所講的生命轉化的實踐，並不足夠，卻也不能否認其為必要的起點，並且不能否認這些實踐，在本質上具有一種轉化的作用，只是這種轉化是否足夠，抑或需要在這基礎上援引其他的紀律和操練，就並非這篇文章需要討論的問題。

五、總結

路德所處的是一個前現代的時代，或中世紀晚期的時代，然而，從後現代的哲學來看，他的信仰思考並非過時的，有許多是跟現代那崇尚理性、以理性為主導為惟一框架並把人規訓成理性人的作為，是不一樣的，甚至是對立的。我們無意指出這是閱讀路德的惟一進路，卻要指出這是其中一條富有成果的道路。從後現代的角度來閱讀路德，可以使得其神學得以擺脫在現代所受到的攻擊，避免在現代的壓力下把路德的神學削足就履，例如強行將之系統化，滿足理性的要求。此外，從正面來講，這樣的閱讀，則可以重新肯定路德的神學思考，無論方式或是內容，都有其穿透時代的活力，是我們需要再次深思的。

註釋

1. 如 Jeffery Pugh, *The Matrix of Faith: Reclaiming a Christian Vision* (New York: Crossroad, 2001)的嘗試。
2. James Smith, *Who's Afraid of Postmodernism?: Taking Derrida, Lyotard, and Foucault to Church* (Grand Rapids: Baker Academic, 2006)。中譯：史密斯：《與後現代大師一起上教會》，陳永財譯（香港：基道，2007）。
3. James Smith, *Jacques Derrida: Live Theory* (New York / London: Continuum, 2005).
4. 史密斯：《與後現代大師一起上教會》，頁 24；Smith, *Who's Afraid of Postmodernism?*, 35。
5. 史密斯：《與後現代大師一起上教會》，頁 28 ～ 29；Smith, *Who's Afraid of Postmodernism?*, 39。
6. 史密斯：《與後現代大師一起上教會》，頁 29；Smith, *Who's Afraid of Postmodernism?*, 39～41。
7. 史密斯：《與後現代大師一起上教會》，頁 31；Smith, *Who's Afraid of Postmodernism?*, 42。
8. 史密斯：《與後現代大師一起上教會》，頁 44；Smith, *Who's Afraid of Postmodernism?*, 54。
9. 史密斯：《與後現代大師一起上教會》，頁 45；Smith, *Who's Afraid of Postmodernism?*, 55。
10. Oswald Bayer, "Luther as an Interpreter of Holy Scripture," in *The Cambridge Companion to Martin Luther*, ed. Donald K. McKim (Cambridge: Cambridge University Press, 2003), 73, 81.
11. Bayer, "Luther as an Interpreter of Holy Scripture," 73.
12. Bayer, "Luther as an Interpreter of Holy Scripture," 79.
13. Bayer, "Luther as an Interpreter of Holy Scripture," 79～80.

14. Bayer, " Luther as an Interpreter of Holy Scripture, " 82.
15. Bayer, " Luther as an Interpreter of Holy Scripture, " 82.
16. 史密斯：《與後現代大師一起上教會》，頁 57；Smith, *Who's Afraid of Postmodernism?*, 65。
17. 史密斯：《與後現代大師一起上教會》，頁 58；Smith, *Who's Afraid of Postmodernism?*, 65。
18. 史密斯：《與後現代大師一起上教會》，頁 60；Smith, *Who's Afraid of Postmodernism?*, 68。
19. 史密斯：《與後現代大師一起上教會》，頁 61；Smith, *Who's Afraid of Postmodernism?*, 68。
20. 史密斯：《與後現代大師一起上教會》，頁 61；Smith, *Who's Afraid of Postmodernism?*, 68。
21. Pugh, *The Matrix of Faith*, 112.
22. Pugh, *The Matrix of Faith*, 117.
23. Bernhard Lohse, *Martin Luther's Theology: Its Historical and Systematic Development*, trans. and ed. Roy A. Harrisville (Minneapolis: Fortress, 1999), 188.
24. Oswald Bayer, *Martin Luther's Theology: A Contemporary Interpretation*, trans. Thomas Trapp (Grand Rapids / Cambridge: Eerdmans, 2008), 69.
25. Bayer, *Martin Luther's Theology*, 42.
26. Bayer, *Martin Luther's Theology*, 43.
27. Bayer, *Martin Luther's Theology*, 43.
28. Lohse, *Martin Luther's Theology*, 203.
29. Lohse, *Martin Luther's Theology*, 204.
30. Markus Wriedt, " Luther's Theology, " in *The Cambridge Companion to Martin Luther*, 87; Timothy Lull, " Luther's Writings, " in *The Cambridge Companion to Martin Luther*, 39.
31. Wriedt, " Luther's Theology, " 88.
32. Lull, " Luther's Writing, " 114.
33. 轉引自 Lull, " Luther's Writings, " 40。
34. 轉引自史密斯：《與後現代大師一起上教會》，頁 80；Smith, *Who's Afraid of Postmodernism?*, 86。
35. 史密斯：《與後現代大師一起上教會》，頁 80；Smith, *Who's Afraid of Postmodernism?*, 85。
36. 史密斯：《與後現代大師一起上教會》，頁 85；Smith, *Who's Afraid of Postmodernism?*, 90。
37. 史密斯：《與後現代大師一起上教會》，頁 93；Smith, *Who's Afraid of Postmodernism?*, 99。
38. 史密斯：《與後現代大師一起上教會》，頁 99；Smith, *Who's Afraid of Postmodernism?*, 105。
39. 史密斯：《與後現代大師一起上教會》，頁 99；Smith, *Who's Afraid of Postmodernism?*, 105～106。
40. 史密斯：《與後現代大師一起上教會》，頁 99；Smith, *Who's Afraid of Postmodernism?*, 106。

41. Pugh, *The Matrix of Faith*, 112.
42. Pugh, *The Matrix of Faith*, 112～113.
43. Pugh, *The Matrix of Faith*, 108.
44. Lohse, *Martin Luther's Theology*, 47。
45. 轉引自 Lohse, *Martin Luther's Theology*, 47。
46. 轉引自 Lohse, *Martin Luther's Theology*, 48。
47. Lohse, *Martin Luther's Theology*, 48.
48. Lohse, *Martin Luther's Theology*, 48.
49. 轉引自 E. Iserloh, " Luther's Christ Mysticism, " in *Catholic Scholar Dialogue with Luther*, ed. J. Wicks (Chicago: Loyola University Press, 1970), 45。
50. Jane Strohl, " Luther's Spiritual Journey, " in *Cambridge Companion to Martin Luther*, 153.
51. 魏樂德：《靈性操練真諦》，文子梁、應仁祥譯（台北：校園書房，2006），頁 239。
52. 魏樂德：《靈性操練真諦》，頁 241。
53. 侯特：《基督宗教靈修神學簡史》，楊長慧譯（香港：道風山基督教叢林，1997），頁 99。

附錄二

站在巨人加爾文肩膊上的再思*

一、引言

根據韓國神學家鍾叔護（Sung-wook Chung，漢語名字為音譯）的博士論文，巴特（Karl Barth）跟加爾文（John Calvin）的神學關係長久為人忽略，[1] 要到一九九三年編輯及出版巴特論加爾文的哥廷根講義（Göttingen Lectures on Calvin），[2] 才開始受到注意起來。從鍾叔護對此一課題的研究顯示，加爾文的神學在巴特整個神學生涯的發展中，扮演了舉足輕重的角色。巴特既細緻批判又充滿欣賞與敬意地挪用加爾文的神學，以建構自己的

* 本文原題為〈站在巨人肩膊上的再思——從加爾文研究及加爾文神學再思漢語神學的建構〉，載《加爾文與漢語神學》，陳佐人、孫毅編（香港：道風書社，2010），頁 107～131。蒙允轉載。

神學論據。[3] 這表示了一位神學巨人站在另一位神學巨人的肩膊上，以期作更遠闊的眺望，在批判地繼承傳統之餘作出創造性的發展，以期能為其所屬的時代，建立適切的神學。

如果從巴特對加爾文的挪用這一角度切入，我們必須重新估量加爾文對基督教神學發展的重要性，而這一重要性又不意在純粹「一位」神學家在「另一位」神學家的啟發下發展其自身的神學思想。從教會歷史可以知道，加爾文和巴特都是身處歷史轉折的時代，既是教會歷史轉折的時代，也是人類歷史轉折的時代；前者分別涉及新教的興起和辯證神學的出現，後者分別為現代性的冒起及後現代性的浮現。他們的努力都為日後的基督教神學發展留下了寶貴的資源，具有一典範性的指導作用，以回應世界的轉折、文化變遷。就此而論，若巴特對二十世紀至二十一世紀的神學發展的貢獻，乃在於面對現代性的知識論的議題，重新確定基督教神學知識論的獨特性和合法性，[4] 那麼這就不單只是一種護教的舉動，更是對整個現代性知識論的偏頗有所扭轉與修正，這種工作亦可見於巴特的後來者托倫斯（Thomas Torrance）及根頓（Colin Gunton）的持續努力，那麼，加爾文作為巴特這位巨人腳下的巨人，自然是不可隨便忽略過去的。

然而，本文不準備匆匆地直接經由巴特或其他深受加爾文啟發或影響的神學家，追溯加爾文的神學思想，從而探討其對二十一世紀我們的年代所具有的意涵。相反，我們必須首先檢視過去對加爾文的研究，藉此而反顯出加爾文做神學的方法，並由此而對照我們這一代做神學的進路，特別是在啟蒙運動以後，華人教會透過西方神學的薰陶底下所形成的神學思考和神學教育的格局，以及二十世紀九十年代開始的漢語神學的倡議、實踐與嘗試，都可以由此一對照而見出可供反省細想的地方。毫無疑問，我們仍然處身於時代轉變之中，在時代轉變之中神學的思考該如何進行，相信是一需要持續不斷探討、省思，以及嘗試、實踐的課題，而歷史中的鑑辨是不可少的一環。是以，與神學巨人的對話成了我們檢視當下、眺望前路的必要舉動；只有站在巨人的肩膊上，我們才不致自以為是巨人，我們才不致自以為自己的視界可以完全勝過巨人的視界。這樣的提醒並非妄自菲薄，而是要避免妄自尊大，陷入只看見當下而不見別的的盲目與短視之中。

二、從慕勒的《不容屈就的加爾文》談起

美國加爾文神學院的歷史神學教授慕勒（Richard Muller）二〇〇〇年出版了其對加爾文神學思想成形的研究成果：《不容屈就的加爾文：對一個神學傳統的基礎的研究》（*The Unaccommodated Calvin: Studies in the Foundation of a Theological Tradition*）。[5] 在這本備受學界重視的加爾文研究的文集之中，慕勒一方面展示對加爾文神學研究恰當的研究方法，另一方面亦檢視過去相當長的日子學界的加爾文研究陷入偏差的路向。用慕勒自己的詞語來說，就是「屈就」了加爾文，因此，慕勒

的書名就叫《不容屈就的加爾文》，第一章章題為〈研究加爾文的進路：論克服現代的屈就〉（“An Approach to Calvin: On Overcoming Modern Accommodation”）。

事實上，加爾文研究出現的屈就情況，舉一反三，也可由此而反省漢語學界相類似的現象。筆者在此特別關注二十世紀九十年代興起的「漢語神學運動」，是否也一度走上屈就基督教神學的研究路向，或者是否有走上屈就基督教神學的偏差傾向或可能。這不能不是再三思想的重要議題。今日，加爾文對我們有甚麼意涵？大抵我們可以首先從加爾文研究的現象談起。他山之石，可以攻錯；再者，見不賢，內自省。首先，我們借用慕勒及近日研究加爾文的學者就加爾文研究進路的反省，一方面展示偏差的現象其問題何在，另一方面藉此而引發我們檢視這十多年漢語神學對了解西方基督教神學的進路。然後我們再進一步在時下研究加爾文神學的學者如慕勒的成果底下，查考加爾文自身做神學的方法，從而映照我們漢語神學的建構甚或神學教育的進路，以激起進一步的思考和討論。

慕勒在他的著作中指出，過去及現在的加爾文研究犯上了兩個毛病，分別是「教義學的屈就」（Dogmatic Accommodation）和「部分或過度簡化歷史諸處境的屈就」（Accommodation to Partial or Overly Generalized Historical Contexts）。[6] 前者犯的毛病是完全忽略加爾文神學發展的歷史處境，後者注意到歷史處境但卻簡化了其複雜性。自十九世紀以來，學者就傾向以某些教義核心來分析加爾文的思想，或是視之為一套根據連串基本概念邏輯地推演出來的東西。[7] 這明顯是把十九世紀對神學的了解和做神學的方法，強加於十六世紀加爾文的作品身上。不單十九世紀的加爾文研究如此，二十世紀的主流亦在同一條路上進發，巴特式（Barthian）或新正統主義（neo-orthodoxy）先開其路，然後取而代之的是「士來馬赫式」（Schleiermacherian），或「智訓式」（sapiential）或「福音派的」（evangelical）。[8] 對這種研究加爾文的現象，慕勒這樣批評：

> 一言以蔽之，加爾文的思想被十九世紀和二十世紀的作者熱心解釋，以尋找一個神學或宗教的盟友，或者，偶然地，為現在的神學嘗試尋找一些歷史資源。[9]

慕勒的意思是要回到加爾文的著作本身，而不能削足就履，運用現代的神學架構來屈就加爾文的思想，以致出現了應該可以避免的扭曲。[10] 這並非閱讀加爾文的校勘著作就可回到加爾文的思想，而是把這些著作置於十六世紀的特殊處境、脈絡之中來審視，以避免過度運用現代神學的架構、概念、工具，強加於加爾文這些著作之中。[11] 慕勒舉了一個例子指出當代對加爾文神學的分析的偏差，典型的是只基於《基督教要義》（*Institutes of the Christian Religion*），而極少注意到其相關而不可忽略的其他著作：聖經註釋、講章、論說（treatises）。[12] 這種忽略表示了當代學者沒有意識他們自己做神學的方式是有別於十六世紀的，以為加爾文做神學的方式跟自己習以為常的並無分別。就以上的例子而言，當代的學者只集中於《基督教要義》來了解加爾文的神學，背後的思想是認為教義研究、神學寫作是獨立於聖經研究、實踐神學的。因此若把加爾文界定為教義學家或系統神學家，又或是先入為主地以為加爾文的教義研究，跟其聖經註釋、講章及短論，並無任何內在關係，並不構成一有機的整體，而是自足圓滿的一部神學作品，那麼自然順理成章獨立出來作出研究。再者，若以為教義或神學的建構是可以跟聖經的疏解註釋分道揚鑣、各自為政的話，加上以為前者更能系統地表達神學家的思想，亦很自然順理成章地只以《基督教要義》為主要材料甚至惟一材料，來分析加爾文的神學。

另一方面，慕勒指出當代的加爾文研究化約了加爾文神學思想的晚期中世紀的背景：文藝復興及宗教改革的背景。[13] 大多數學者採取宏大、一般化的範疇如「經院主義」(scholasticism)和「人文主義」(humanism)來突出加爾文思想和獨特性，[14] 慕勒發現這樣的結果是把加爾文安置而成一人文主義的及宗教改革式的加爾文，跟黑暗的、愚昧主義的、迷信的，以及經院式的中世紀相對立，或是把加爾文弄成自相矛盾、衝突的面目，或是學者彼此爭議加爾文思想中的不同向度之間的張力。[15] 不幸的是，這只會嚴重地忽略了加爾文跟不同的特殊傳統的正面、積極、深沉的關係。[16] 這是把傳統看得太簡化，也把傳統跟加爾文的關係看得太簡單。當我們簡化了加爾文的背景，自然就是若不把兩者視為對立就把兩者視為親近，從而出現加爾文思想自身的對立、張力的現象，但這卻是不必然的。若果我們細心去檢視一下龐大的中世紀，就會發現那可不是鐵板一塊，可以用上一些簡單的概念或典範來統合起來。然而，加爾文的研究顯示了這樣的弊病，變成不能很合理地解說加爾文跟中世紀思想那種錯綜複雜的關係，以致造成學者之間的分歧與爭辯。只有釐析清楚中世紀的許多不同的傳統，並這些傳統跟加爾文之間的諸種各異的關係，我們才能合理地呈現加爾文神學的面貌。

上述這個現象慕勒稱為把加爾文屈就於簡化的歷史脈絡或處境。我們更感興趣的是，這是一個涉及傳統在神學建構中的角色的問題。明顯地，當代加爾文神學研究的學者傾向以一種非此即彼的態度來看待神學建構與傳統的關係，要不是全然擁抱就是全然拒絕。然而，我們發現也可以出現第三條路，就是擁抱某些傳統而拒絕某些傳統。換句話說，延續與中斷可以同時出現，因為傳統是眾數的。這使得承繼傳統不一定是傳統主義，拒絕傳統也不一定是推倒重來。研究加爾文的學者所犯的毛病，無論是屈就於簡化的歷史脈絡或處境，還是屈就於某種教義或神學架構，都是或多或少地反映出他們自身做神學的方法，就忽略傳統在做神學的複雜角色這一向度而言，兩者的態度是如出一轍的。

三、加爾文做神學的特性

在麥金（Donald McKim）編輯並於二○○四年出版的《加爾文劍橋伴讀手冊》（*The Cambridge Companion to John Calvin*），[17]

內中多篇文章或直接或間接涉及加爾文做神學的方法，如基夫（Wulfert Greef）的〈加爾文的寫作〉（“Calvin's Writings”）、湯遜（John Thompson）的〈作為聖經解釋者的加爾文〉（“Calvin as a Biblical Interpreter”）、希慎淩（I. John Hesselink）的〈加爾文的神學〉（“Calvin's Theology”）等。他們對加爾文的研究反映了二十世紀九十年代的其中一種轉向。[18] 這種研究轉向帶給我們一個不一樣的加爾文，尤其是跟今日在學院中從事神學研究和寫作的學者，很有距離，甚至可以說是兩種甚有分別的神學家模式。基夫在介紹加爾文的寫作時開首即呈現一個熱心聖經解釋和關注教會改革的神學家，他的著作大部分與此有關。[19] 這只是從量上來說或從比重來說，如果我們注意到他的《基督教要義》特別是第二、第三、第四版，將會發現加爾文的聖經研究、解釋跟他的教義闡釋與教導不可分割。[20] 再者，就加爾文的聖經註釋來說，無疑他是運用他那時候最好的工具來從事這方面的工作。這是得力於他的人文主義的訓練，透過文獻、原文、文字音韻學、歷史背景，以及校勘學等工具來研究聖經。[21] 然而，另一方面，加爾文並沒有完全撇棄傳統，並非如許多人對宗教改革的印象，以為「惟獨聖經」的口號是要廢除和拋棄使徒之後的傳統與寫作。[22] 加爾文的聖經解釋和神學寫作，是不能互相分割的，並且與傳統既有延續亦有斷裂的關係，而最終這一切都是為教會而作的。在這裏我們要呈現的加爾文並非一個純然的教義神學家，他同時解釋聖經，並且又是一個在教會中宣講聖經的牧者，他沒有把自己跟大公教會的傳統切斷，這一切都展示了一種跟今天自啟蒙運動以來那種四分五裂各自為政的神學建構有所分別。下面我們首先再較為仔細地介紹對加爾文神學的研究，然後才回過頭來檢視我們漢語自身的神學發展狀況。

因為許多人都認為《基督教要義》足以代表加爾文的神學思想，我們就由這本著作開始著手討論加爾文做神學的方法。《基督教要義》這一著作可以涉及許多做神學的問題及向度。加爾文是為了甚麼目的而寫作的？跟教會教導有何關係？這一著作是否純然教義性的？抑或跟加爾文的聖經註釋甚或講章寫作有互相呼應、不能分割的關係？再進一步，《基督教要義》是否跟整個中世紀的神學思想一刀兩斷的宣言？其所建構的神學真的屬於推倒重來的那一種？並且，《基督教要義》自身是一本怎樣結構的作品？它的寫作方式是否就如自十八世紀以來的教義或系統神學的著作？抑或相當程度繼承中世紀同時代的寫作風格，而有別於我們今天所言的「系統」？

就《基督教要義》的寫作目的而言，其實是跟其體系、結構及風格不能分割的。加爾文很清楚教導（*institutio*）、註釋（*commentarius*）、講義（*praelectio*）、議論（*tractatus*），以及宣講（*sermo*）等不同文學體裁在形式上及所盛載的內容上的分別，特別是他自己的作品的分別。[23] 他的《基督教要義》正確恰當的翻譯名稱是《基督宗教的教導》，目的是對基督宗教作出正式的教導，當中包含共同主題（*loci communes*）及爭辯（*disputationes*），而以一種適合教導的秩序安排起來。[24] 這樣，《基督教要義》就不只教義的建構，也是教義的教導。在要義一書的不同版本中，加爾文不斷擴大篇幅，但都是以教導為目的，第一版（1536 年）和第二版（1539 年）以教理問答（catechism）的架構為本，到了最後版本（1559 年）則以使徒信經作出分類而為四個部分。[25] 至於內容的表達方式，則仍然是共同主題和爭辯。[26] 這種神學系統，並不是現代神學所使用的，並非如士來馬赫的《基督教信仰》（*The Christian Faith*）或田立克（Paul Tillich，或譯蒂利希）的《系統神學》（*Systematic Theology*）。[27] 那麼，兩者的分別在哪裏呢？後者從前提出發，邏輯地推演出結論，或者從證據歸納而至一普遍原則，由此而形成教義或教條（dogma），[28] 但加爾文及中世紀對這種意義的神學系統或系統神學並不認識。[29] 慕勒提出，在一一五〇年至一七〇〇年間，無論「系統」（*Systema*）、「共同主題」（*Loci communes*）、大全（*Summa*）、體系（*Corpus*）、「精要」（*Medulla*）或「大要」（*Compendium*）都不是現代神學意義底下的系統神學。[30] 這些用語都是指教會信仰的主題彙集，而「共同主題」特別指到在解釋聖經文本的過程中把神學的主題抽取出來，至於「爭辯」則主要指到在教導時的討論及爭議。[31] 由此可見，要義一書的寫作方式是用作教會教導的，甚至部分材料也可能來自教導的處境中的。而其眾多神學主題的討論，往往是依據聖經經卷的次序，從上帝的創造，到教會和末後事情，這表示了神學主題的呈現並非出於邏輯辯論的進程，而是從聖經中抽取出其神學主題。[32] 這種做法在十六世紀相當通行。[33] 重要的是，這裏表示了兩點，第一，加爾文的神學建構跟聖經解釋是分不開的，雖然他並沒有在要義中詳細解釋聖經；第二，加爾文這種做法並非他個人獨創的，同代人亦採取同樣的手法，更重要的是，這在晚期教父如奧古斯丁（Augustine）及大馬色的約翰（John of Damascus），或中世紀倫巴都（Lambard）等人的著作，都找到先例。[34] 由此可見，加爾文至少在寫作的方式上沒有與先前的中世紀傳統採取一刀切的做法。

這裏我們循兩方面繼續深入討論加爾文的神學方法。一方面是聖經跟神學的關係，另一方面是傳統跟神學的關係。慕勒指出，加爾文的整個神學研究包含了許多不同寫作形式的作品，聖經註釋、講章、講義、議論等，這些作品互有關係，彼此牽涉。沒有這一些較那一些更為重要、更有優先性。[35] 證之於加爾文的作品，這顯示出他的神學一直處在不斷的發展、修訂、擴充之中。[36] 在要義跟聖經註釋、講章之動態關聯之中，羅馬書註釋的寫作是一個很好的例子。當加爾文在寫作第二版（1539 年）的要義時，他的目的是想要神學生熟悉聖經教義的要點，[37] 但他同時對羅馬書作出註解。[38] 事實上，慕勒指出從一五三七年直至一五四一年這段日子是加爾文神學發展的關鍵年頭，其間加爾文同時撰寫要義及註釋書。[39] 這兩種不同著作之間的關係，究竟是怎樣的呢？簡單來說，它們是彼此交織、互相倚待的，[40] 不單是第二版要義與羅馬書註釋如此，其後要義的不同版本亦跟同時期先後寫作的註釋互有關連。[41] 穆勒詳細分析這兩者的關係。一方面較後期寫作的註釋常常指示讀者回到要義中去，另一方面，要義卻在加爾文釋經的亮光下不斷擴充，而這擴充又可分為兩類。[42] 第一類明顯地加爾文把在釋經中按主題整理過的經文，收編進要義中去。這方法避免了或減少了把主題強加進釋經著作中去。[43] 第二類是加爾文在要義中加插了或強化了其對某些經文的解說或論辯，這通常在對某卷書全盤解讀或宣講過後。但更為擴充的神學處理通常在註釋書中出現，而非在要義中。[44] 從以上所述，我們可以得知加爾文是不斷來回於聖經註釋、宣講、神學解釋之間。而不可把其不同文學形式寫作的作品過度分割，或是獨立處理。正如加爾文在其最後版本的要義的〈敬告讀者〉這一序言中表明，要義最終目的不只是為基督教教義提供一撮要，亦在於指引閱讀聖經，因而要義必須跟其聖經註釋的作品一起閱讀。[45] 除此之外，加爾文的講章、專論與教理問答都是了解其神學的闊度和深度的不可錯過的著作。[46] 因此，正如慕勒所言：「要義中的神學論據不應視之為加爾文思想的首要標記，以為較之於其在釋經書、講章或專論的論據更為重要。」[47] 由此而言，「加爾文神學就不能只簡單地閱讀要義就可以得出的，也不能把其要義、釋經書、專論及講章調和差異地閱讀而得出，加爾文自己指明其思想是根植於兩組平行的實踐——不斷的宣講、教學、註釋聖經經文，以及爭辯的作品及基於釋經洞見的主題（loci）〔……〕。離開了加爾文的解釋及演繹聖經的努力，要義是不能完全被了解的；離開了他不斷增寫的要義，也不能理解其解釋及演繹聖經的努力成果。」[48]

加爾文的神學研究也跟傳統不可分割，離開了傳統我們不可能明白和了解他的原創性在哪裏。慕勒如此說道：「加爾文的神學規劃的複雜性——要義、註釋、講章、講義和專論——必須置於釋經的和神學的傳統，那是他恆常挪用的，也要置於它們屬於的當代知識運動之中。」[49] 這就帶領我們回到歷史的加爾文，他跟眾多不同的傳統，究竟是怎麼樣的關係。在加爾文的文化知識的處境中，核心關鍵的是人文主義及經院哲學。[50] 如果衡量一下加爾文的神學方法，人文主義較為吃重還是經院主義較為吃重，通常都是認為基本上人文主義較為重要，特別是邏輯學及修辭學。[51] 而經院主義的邏輯學及修辭學則透過晚期的中世紀思想與文藝復興的過濾而進入加爾文的著作之中。[52] 因此，十六世紀釋經學者及神學家其所承繼的經院主義和人文主義之間，是有高度延續性的。[53] 事實上，單是訴諸人文主義的影響，慕勒發現並不能充分了解加爾文的作品。[54] 為甚麼呢？這主要是因為人文主義基本上是一套語言文字音韻的方法，用來處理資料來源及論證方法，[55] 而加爾文所成就的卻是知識文化匯聚底下所展示的神學的及釋經的例子，可以以文藝復興的亞里士多德主義（Renaissance Aristotelianism）為指涉。[56] 這就不只是人文主義可以解釋得了的，人文主義的方法只是加爾文所使用的其中一種方法，而不是惟一的。加爾文對人文主義有所繼承，但也有所拒絕。基本上，他只在方法上接受人文主義而在其對古代異教德性的稱頌推許上持否定的立場。[57] 因此，他雖然處身於人文主義的文化中，卻十分倚重經過人文主義方法學洗禮的經院式的思想與釋經傳統。[58]

下面我們引述慕勒的研究，展示加爾文跟傳統的關係，需要注意的地方。首先，宗教改革家都敬佩古教會的傳統，從奧古斯丁到十二世末。路德（Martin Luther）和加爾文就高度讚賞克勒窩的伯爾納（Bernard of Clairvaux）的神學和敬虔。[59] 宗教改革家對經院主義的攻擊極有可能只是針對當時羅馬大公教會的神學而非早期的經院神學。[60] 因此，必須理解改教者自己對舊有中世紀經院主義跟十三世紀發展出來的形式，以及十三世紀在神學圈子流行的經院傳統之間的區別。[61] 其次，經院傳統基本的及首先的工作是疏解聖經並能解明從聖經整理出來的神學主題，是以，對加爾文及經院主義的關係的探討，必須涉及中世紀的釋經傳統、《講義註解》（*Glossa Ordinaria*），以及十六世紀仍然閱讀的重要釋經著作。[62] 我們發現中世紀的釋經進路跟改教者著重文本、字面、文法的釋經有著清楚不過的延續性，不單在方法上如此，在釋經結果上也是如此。[63] 加爾文的講章及講義的進路，其根基即在中世紀經院主義所實踐的聖經疏解，把經文逐節或逐段解釋，從風格到分段到結果都能看到當中的延續性。[64] 再者，改教家的神學仍然依賴晚期經院神學的哲學思想模式及技術區別。[65] 加爾文神學中具有許多對晚期經院的司各脫主義（Scotism）及奧古斯丁主義（Augustinianism）的神學及知識論的正面反省。[66] 他往往是透過挪用及批評中世紀的概念來掌握更為古舊的神學，就如無可置疑地他是在受到中世紀亞里士多德主義的正面影響底下來使用亞里士多德的十範疇。[67] 最後，我們必須區分中世紀晚期及十六、十七世紀包括改教者等之間使用「經院主義」的分別。[68] 加爾文及改教家所廢棄的是中世紀時代的神學及哲學的內容，而非其方法，也即在方法上繼承經院主義而在內容上廢棄經院主義。[69] 加爾文和改教者所了解的宗教改革乃是古舊的教會，既是保守的亦是大公的；加爾文依附古舊的、保守的、大公教會的教導，沒有任何迹象他的思想是屬於前宗教改革的、革新的人文主義的。[70] 加爾文在其《心靈分析》(*Psychopannychia*)，辯說改革的教會奠基於聖經、教父，及早期教會的會議。這些考慮在惟獨聖經的意思中反映出來，也在一五三九年的要義中對預定論的解說中看到，他要求在聖經及教父(主要是奧古斯丁)之間取得平衡。[71] 從神學的角度來看，基於《心靈分析》及要義，我們可以得出加爾文倡議的是保守的改教運動。[72] 這映示出加爾文神學的傳統是承繼早期教父特別是奧古斯丁的思想，包括聖經優先於傳統的規範，以及奧古斯丁的預定論及中世紀奧古斯丁主義的拯救論，[73] 而為一大公的改教家。[74] 換句話說，在方法上加爾文繼承經院主義，但在內容上他卻是繼承早期教父特別是奧古斯丁的大公傳統。

四、對漢語神學研究及神學教育的啟迪

我們這篇文章所講的「漢語神學」主要是指到當前以漢語研究和書寫的神學，而同時包括兩種形態：教會傳統的漢語神學及二十世紀八十年代末以來以大陸人文學界為首所開展出來的

基督教研究。就大陸人文學界的基督教研究而言，我們都知道其出現及至今的發展，大部分學人的「研究導向並不是要尋找信仰的家園，而是把基督宗教作為一個『新』知識體系來探究和學習。其中更有部分學者帶著自己的問題意識在基督教思想中尋找資源以建構自身的學術體系；也有人相信中國文化在面對現代化和全球化的衝擊下，有必要吸收外來的思想資源，從而促成中國學術與西方學術的交流」。[75] 我們現在的問題不在於是否需要「認信」方才能夠研究基督教思想，即我們在這裏暫且放下「認信」是否研究基督教思想的惟一合法立場或出發點，或「認信」是否研究基督教思想的必須或/與充分條件。我們感興趣的是，漢語人文學界對基督教思想的研究，是否也出現過或仍然出現「屈就」了基督教思想的現象，一如學界對加爾文的研究那樣。所謂「屈就」，按照上述我們對加爾文個案的反省，就是指大而化之的解讀，而這裏情況可以在以下三個互有關連的層次發生：整個西方基督教、個別的基督教神學家，以及基督教神學建構活動。

大而化之的解讀，其特點是把對象的多元性或多樣性忽略，嘗試予以普遍化、本質化，磨掉當中的差異性。這種解讀西方基督教的現象，在內地人文學界始自二十世紀八十年代末的基督教熱潮。在引介及吸收西方文化、哲學思潮的大潮流底下而視西方的基督教為其中一條支流或路向，往往忽略其內在的眾多傳統。這種現象直到二十世九十年代末仍然相當普遍，只需翻查一下這些年間漢語人文學界這方面的著作就很清楚。

不過我們也同時注意到亦有個別學者已經意識到基督教思想、神學的內在複雜性、差異性，不能視之為鐵板一塊，但這主要要到九十年代中期才漸見端倪。相信這與漢語基督教文化研究所的成立和工作有一定的關係。回到大而化之的屈就式解讀西方基督教思想的問題，這主要不在於研究者是人文學界所導至的，也不在於人文學界研究者的研究動機的問題，而在於普遍的學術規範的問題。任何一門學問都有其自身的研究規範，西方學界對西方基督教思想的研究，早已經建立一套學術規範，當然我們可以對之質疑，特別是在後現代的場景底下我們對啟蒙運動以來的學術分科已經出現許多的批判，而企圖及嘗試進行跨科際的研究，或是挑戰以理性為主的價值中立的學術研究方法，而提出必須同時考慮研究者其自身的價值立場在學術研究中的角色和作用，諸如此類，但這並非表示我們需要全然廢棄行之已久的學術研究規範，而另起爐灶。我們恐怕漢語人文學界早期對基督教思想的研究，是陷在啟蒙的階段而未能進入專業的領域所致的。啟蒙者的使命在於但開風氣，讓另類不一的思想為社會所認識，甚至接受，因此並不在意新思想的內部細節及多種樣態，其論述策略多是突出其與既存思想的差異性及處境的相干性，故多作一整體性的把握，而以三數人物的思想著作為代表予以介紹申述。簡單來說，早期漢語人文學界並沒有進入嚴謹的學術規範領域來認識、吸收，以及介紹、發展西方基督教思想。我們無意過度批評學界這一現象，因為任何異類思想學問之進入而至普遍接受而可以成為學界的合法研究對象，恐怕啟蒙是不可避免，有其必需性。然而，我們應當留心的是，在進入嚴謹的學術研究的階段，啟蒙的風氣或思想形態會否以另一種方式潛藏其中而主導這一階段的研究。

黑格爾（Georg Hegel）曾經說過：哲學乃哲學之歷史。仿此，我們可以說：基督教乃基督教之歷史。毋庸置疑，基督教乃一在歷史中呈現及開展其自己之宗教。正如加爾文的神學也在一不斷的發展過程之中，而不可簡單地斷言某一階段某些著作足以代表其思想。[76] 同樣，基督教亦不可以某一階段某一支流某一宗派某些人物某些思想某些著作足以代表基督教的神學思想。那麼，我們就必須正視這個基督教在歷史中呈現及開展其自己的歷程，在其中的各種類型的神學。如果在這一歷程中既有教會傳統的教義神學也有人文哲理概念的神學，或如弗萊（Hans Frei）在其名著《基督教神學的類型》（*Types of Christian Theology*）[77] 中提出的連續的譜系，包括了五種類型的神學，那麼漢語人文學界在學習、認識及研究西方基督教神學之時，就不能有所偏重，甚或以偏蓋全，而必需全面掌握和深入了解歷史中出現的各種型態的神學。這樣的講法並沒有否定漢語人文學界最終可以因應自己處境和問題意識而對西方基督教神學思想作出自己的挪用。然而，在挪用之先，漢語人文學術界必須遵從學術規範，盡量全面恰當地了解和掌握西方基督教神學思想多樣性的面貌。沒有這一學術的中介過程，恐怕漢語的人文神學建構仍然只是非學術的，未能進入真正的公共學術討論之中。正因人文學界的漢語神學首要遵守的是學術的規範與準繩，那麼在面對西方基督教神學思想在歷史中的呈現與開展，就必須正視此一歷史多樣性現象而予以全面掌握及深入了解，方為應有的學術表現。

循此一角度而言，則對西方個別神學家的研究，亦當反省是否偏於某一類型而顯得不足。過去內地漢語人文神學對某些神學家有獨特的愛好，譬如說田立克，而忽略其他類型的神學家，是具體而微地反映這一不平衡的現象。漢語基督教文化研究所於一九九五年在香港成立，翻譯歷代基督教的神學著作，不區限於某一種類型的神學，並定期出版《道風》引介各種神學流派、不同時代的神學家，起著逐漸匡正上述以偏蓋全的研究情況的作用。然而，撇開這一全面性研究的問題不談，我們對個別神學家的研究又是否陷入這篇文章一直關心的陷阱：或多或少、或有意或無意的屈就所研究的對象，就如研究加爾文神學的情況？

就以田立克為例，陳家富二〇〇八年出版的《田立克：邊緣上的神學》在最後一章檢視了近年西方與漢語學界的研究。他指出「上世紀八十年代〔……〕，田立克的神學開始進入港台的基督教界，〔……〕當時的引介大多把他理解為一位『存在主義式的神學家』，甚至視之為『新自由主義』的神學家，在沒有認真閱讀的情況下，把田立克的神學視為一種否定基督教傳統而只懂借用存在主義概念來建立的思想，他的神學被理解為『啟示是一種人的自我超越』、否定聖經的地位和具有泛神論的危險。」[78] 撇開信仰背景與學術傳統不談，這種現象就是我們在這篇文章透過檢視加爾文研究的案例所顯示的「屈就」。我們知道任何純然客觀的研究是不存在的也不可能的，但學術研究理應檢視查看自己先存的信念或立場，然後嘗試一方面跟研究的對象保持批判的距離（critical distance），避免無意識地扭曲地閱讀研究的對象，另一方面則因為研究者始終無法完全擺脱其自身的信念或立場，所以需要有意識地審視自己的信念或立場，如何或在哪一方面會對研究對象扭曲或屈就。陳家富沒有就大陸漢語人文學界對田立克的研究嚴厲批評，但仍然指出有作者「持守某種過時的馬克思的宗教鴉片來作為批評田立克神學的判準，以致未能正視田立克神學的底蘊」。[79] 內地漢語人文學者的處境意識和由此而生的問題意識十分強烈及明確，這就引申出挪用的問題。我們在這裏無意低貶處境意識及由此而生的問題意識的重要性，然而我們也不能因此而犧牲嚴謹、恰當地閱讀、理解田立克或其他神學家的實踐。正如慕勒在談到挪用加爾文神學的情況所說的：「也許有人會反對，這樣批評較早時期的學術的方法和假設，以及這裏所倡議的嚴謹的歷史的和處境的進路，使得不可能對加爾文就二十世紀神學所涵有的影響或潛在影響作出任何有意義的了解。對這樣的反對意見的回應，有兩個方向。首先，下述的見解是可以辯論的：不能夠從歷史處境的角度來進入加爾文的思想，就改變了任何嘗試評估其對當下的影響而成一種解構的企劃。歷史的工作必然先於系統的工作，並且，更要獨立於系統的工作以保存其整全性（integrity）。其次，當代神學家渴求在表達基督教教義時應當具備歷史的和文本的準確性，他們需要有心理準備，就是在任何情況下，加爾文對當代的討論並沒有直接的影響，並且事實上，並沒有清晰的相干性。無論如何，加爾文思想對當前的真正用處，只能在其思想被恰當了解後才可以評估。」[80]

最後，我們要談到建構神學或做神學的問題。這不單針對內地的漢語人文學界，也同時對應港台的漢語教會傳統的神學界。對後者來說，這還進一步涉及神學教育的問題。加爾文的整個神學建構並非採取啟蒙時代以來做神學的方式。自十八世紀開始，整個做神學的方式出現了一種分工的實踐：聖經研究、教會歷史、教義/系統神學、實踐神學，神學教育亦是如此。美國當代神學家花里（Edward Farley）早於上世紀八十年代在其著作《神學：神學教育的碎片化及統合性》（*Theologia: The Fragmentation and Unity of Theological Education*），[81] 指出這一現象。加爾文的個案一方面展示了整個中世紀及早期教會建構神學的方式，另一方面揭示了當代學界並不熟悉這一建構神學的方式，而以啟蒙時代以來的神學四分法來定位加爾文的神學建構，或一體平鋪地以《基督教要義》為代表作出整合、磨平眾多著作之間的差異，或各歸各類而各不相干。簡單來說，加爾文的神學建構是一個包括各種形式著作的整體，這個整體的各部是互相關連的，並且是一種在時間發展中的動態關連。因此，我們無法以當代習慣、持以之故的神學方法來掌握其著作及思想。加爾文的做法基本上是前啟蒙時代的。西方的神學研究和教育是在啟蒙時代及其後才走上現今專精研究的局面，過分專業的後果是把整個神學研究全盤割裂，造成的負面影響就是以為研究基督教的神學思想可以不用理會聖經文本的解釋與梳理，甚或對各時代的神學思想只作一整體的橫切面的把握，而忽略其縱向傳統的錯綜複雜的糾纏。在大陸漢語人文學界的基督教研究尤其如此。舉些簡單的例子，《道風》直到二〇〇五年秋季號在其〈約稿及稿例〉中第二點還在標示：「不採納講章、靈修文章和純釋經文章，提倡論文之知識性、學術性和文化性。」到了二〇〇六年春季號才修改為「不採納講章和靈修文章，提倡論文之知識性、學術性和文化性」。換句話說，《道風》超過十年把聖經文本的研究拒諸門外，言下之意就是認為純釋經文章對「漢語神學的學術建設，促進基督神學之漢語人文—社會科學化」並無任何裨益。這樣的舉動使得內地的漢語人文神學在起始階段就已經脫離基督教（無論是羅馬天主教，東正教或是新教）的聖經文本來進行。一方面這是沒有注意到過去基督教的神學教義建構跟聖經文本的解釋與演繹有著不可分割的關係，另一方面這無疑是合理化內地漢語人文神學抽離聖經文本來從事神學研究和建構。對於聖經於神學建構的重要性，內地漢語人文神學學界亦只是到了近年方才稍為醒覺，這可見於二〇〇五年九月的「第三屆漢語基督教文化研究圓桌會議」的文章，包括賴品超的〈漢語神學、《聖經》和普世基督教傳統〉、謝品然的〈漢語、《聖經》、神學——邁向一個批判的漢語公共《聖經》神學之建構〉、鍾志邦的〈《聖經》語言：國內漢語神學研究的缺環〉、林子淳的〈《聖經》作為神學研究文本的問題意識——

論漢語神學與普世基督教傳統的承傳與交流問題〉。[82] 這中間如學者所言，涉及的是漢語神學「在華人教會中的認受性問題」，「漢語神學研究者處理《聖經》文本背後所涉及的問題意識」。[83] 但有趣的是，上述在漢語圓桌會議上發表文章的學者均為內地之外的神學家，這顯示了內地漢語人文神學者這方面的意識仍然不是主動積極的。這問題的重要性，一方面正如林子淳在上述文章所言：「沒有傳承基督教傳統意向的學者，他們對耶穌和基督教的理解當然不必囿限於《聖經》書卷和信仰傳統範疇以內〔⋯⋯〕；但他們不能否認的是，《聖經》編纂的過程本身已有其信仰和教義目的，故此非認信性研究亦可從與信仰傳統的交流中獲得重要研究資訊。」[84] 另一方面，正如其他宗教都建基於其自身的經典，如中國的儒、道、釋都各自有其經典，並且其中不同宗派又各自宗於不同的經典以創建獨特的義理體系。這種不斷回到經典文本的建構和推進其思想，是十分平常的事情。即使不是認信者，也不能抽離該宗教所宗的經典，繞道而行，作純粹的哲學性玄思的研究。因此，漢語人文神學的研究、建構或挪用，亦自然被要求有相同的知性實踐。加爾文雖然是一個教會傳統神學的人物，其神學的建構亦是在這一類型底下，但是由於聖經乃基督教立教之經典，故此只存在對此一經典的多元解釋問題，[85] 而不存在可以離開此一經典而能夠了解明白過去西方基督教的神學思想，以及建構、發展漢語的人文神學。職是之故，加爾文那種不離聖經解釋的神學建構的實踐，仍然是漢語人文神學以及漢語教會傳統神學所應該共同遵守的規範。[86]

註釋

1. Sung Wook Chung, *Admiration and Challenge: Karl Barth's Theological Relationship with John Calvin* (New York: Peter Lang, 2002), 3.
2. Karl Barth, *The Theology of John Calvin*, trans. Geoffrey W. Bromiley (Grand Rapids: Eerdmans, 1995).
3. Chung, *Admiration and Challenge*, 4.
4. 就此而論，巴特與加爾文的神學關係可聚焦於兩人對宗教及上帝知識的看法，參 Matthew Boulton, *God Against Religion: Rethinking Christian Theology through Worship* (Grand Rapids: Eerdmans, 2008), 25～35。
5. Richard Muller, *The Unaccommodated Calvin: Studies in the Foundation of a Theological Tradition* (New York: Oxford University Press, 2000).
6. 這兩點分別是慕勒於 *The Unaccommodated Calvin* 第一章第二及第三節的標題。
7. Thomas Parker, "The Approach to Calvin," *Evangelical Quarterly* 16 (1944): 169；引自 Muller, *The Unaccommodated Calvin*, 4。
8. Muller, *The Unaccommodated Calvin*, viii, 7.
9. Muller, *The Unaccommodated Calvin*, 4.
10. Muller, *The Unaccommodated Calvin*, 4.
11. Muller, *The Unaccommodated Calvin*, 4.
12. Muller, *The Unaccommodated Calvin*, 4.
13. Muller, *The Unaccommodated Calvin*, 9.
14. Muller, *The Unaccommodated Calvin*, 9.
15. Muller, *The Unaccommodated Calvin*, 9.
16. Muller, *The Unaccommodated Calvin*, 9.
17. Donald McKim, ed., *The Cambridge Companion to John Calvin* (Cambridge: Cambridge University Press, 2004).
18. 參 Muller, The *The Unaccommodated Calvin*, vii。
19. Wulfert Greef, "Calvin's Writings," in *The Cambridge Companion to John Calvin*, ed. Donald McKim (Cambridge: Cambridge University Press, 2004), 41.
20. Greef, "Calvin's Writings," 43.
21. John Thompson, "Calvin as a Biblical Interpreter," in *The Cambridge Companion to John Calvin*, ed. Donald McKim (Cambridge: Cambridge University Press, 2004), 59.
22. Thompson, "Calvin as a Biblical Interpreter," 62.
23. Muller, *The Unaccommodated Calvin*, 181～182.

24. Muller, *The Unaccommodated Calvin*, 179.
25. Greef , " Calvin's Writings, " 43; Muller, *The Unaccommodated Calvin*, 178.
26. Muller, *The Unaccommodated Calvin*, 177.
27. Muller, *The Unaccommodated Calvin*, 178.
28. Muller, *The Unaccommodated Calvin*, 178.
29. Muller, *The Unaccommodated Calvin*, 178.
30. Muller, *The Unaccommodated Calvin*, 178.
31. Muller, *The Unaccommodated Calvin*, 178.
32. Muller, *The Unaccommodated Calvin*, 178.
33. Muller, *The Unaccommodated Calvin*, 179.
34. Muller, *The Unaccommodated Calvin*, 179.
35. Muller, *The Unaccommodated Calvin*, 182.
36. 參 Muller, *The Unaccommodated Calvin*, 182。
37. Greef , " Calvin's Writings, " 43.
38. I. John Hesselink, " Calvin's Theology, " in *The Cambridge Companion to John Calvin*, ed. Donald McKim (Cambridge: Cambridge University Press, 2004), 74～75.
39. Muller, *The Unaccommodated Calvin*, 186.
40. Thompson, " Calvin as a Biblical Interpreter, " 62.
41. Hesselink, " Calvin's Theology, " 74～75.
42. Muller, *The Unaccommodated Calvin*, 182.
43. Muller, *The Unaccommodated Calvin*, 182.
44. Muller, *The Unaccommodated Calvin*, 182.
45. Hesselink, " Calvin's Theology, " 74.
46. Hesselink, " Calvin's Theology, " 75.
47. Muller, *The Unaccommodated Calvin*, 182.
48. Muller, *The Unaccommodated Calvin*, 186.
49. Muller, *The Unaccommodated Calvin*, 187.
50. Muller, *The Unaccommodated Calvin*, 174.
51. Muller, *The Unaccommodated Calvin*, 174.
52. Muller, *The Unaccommodated Calvin*, 174.
53. Muller, *The Unaccommodated Calvin*, 174.
54. Muller, *The Unaccommodated Calvin*, 175.
55. Muller, *The Unaccommodated Calvin*, 175.
56. Muller, *The Unaccommodated Calvin*, 175.

57. Muller, *The Unaccommodated Calvin*, 175.
58. Muller, *The Unaccommodated Calvin*, 175.
59. Muller, *The Unaccommodated Calvin*, 175.
60. Muller, *The Unaccommodated Calvin*, 175.
61. Muller, *The Unaccommodated Calvin*, 175.
62. Muller, *The Unaccommodated Calvin*, 175.
63. Muller, *The Unaccommodated Calvin*, 176.
64. Muller, *The Unaccommodated Calvin*, 176.
65. Muller, *The Unaccommodated Calvin*, 176.
66. Muller, *The Unaccommodated Calvin*, 176.
67. Muller, *The Unaccommodated Calvin*, 176.
68. Muller, *The Unaccommodated Calvin*, 176.
69. Muller, *The Unaccommodated Calvin*, 176.
70. Richard A. Muller, "The Starting Point of Calvin's Theology: An Essay–Review," *Calvin Theological Journal* 36 (2001): 337.
71. Muller, "The Starting Point of Calvin's Theology," 338.
72. Muller, "The Starting Point of Calvin's Theology," 338.
73. Muller, "The Starting Point of Calvin's Theology," 340.
74. Muller, "The Starting Point of Calvin's Theology," 340.
75. 楊熙楠：〈序言〉，載《漢語神學讀本》，何光滬、楊熙楠編（香港：漢語基督教文化研究所，2009）。
76. Muller, *The Unaccommodated Calvin*, 187.
77. Hans Feri, Types of Christian Theology (New Haven: Yale University Press, 1992)；有關弗萊對漢語基督教神學類型的啟迪，參林子淳：〈漢語基督教神學類型神學〉，《基督教文化評論》第二十三期（2005 年秋），頁 165～182。亦收氏著《多元性漢語神學詮釋》（香港：道風書社，2008），頁 111～134。
78. 陳家富：《田立克：邊緣上的神學》（香港：基道，2008），頁 221～222。
79. 陳家富：《田立克》，頁 223～224。
80. Muller, *The Unaccommodated Calvin*, 10～11.
81. Edward Farley, *Theologia: The Fragmentation and Unity of Theological Education* (Philadelphia: Fortress, 1983)；此書的一章 "Theologia – The History of a Concept," 收於 *Readings in Christian Theology*, ed. Peter C. Hodgson and Robert H. King (Minneapolis: Fortress, 1985), 1～15。
82. 見謝志斌：〈第三屆漢語基督教文化研究圓桌會議〉，《漢語基督教文化研究所通訊》，第二期（2005 年），頁 4。

83. 謝志斌：〈第三屆漢語基督教文化研究圓桌會議〉，頁 4。

84. 林子淳：《多元性漢語神學詮釋》，頁 132。《漢語基督教文化研究所通訊》，2009 年春，頁 8，報導漢語基督教文化研究所於二〇〇八年十二月十日舉行工作會議，討論國內學者撰寫聖經教科書的計劃。

85. 參林子淳：〈《聖經》作為神學研文本的問題意識〉，收氏著《多元性漢語神學詮釋》。

86. 本文完稿個多月後，收到《基督教文化評論》第 31 期（2009 年秋），主題為「《聖經》研究與中國學術」，當中多篇聖經文本研究的文章，展示了大陸學界這方面質的突破，亦顯示大陸學界開始意識聖經文本研究對漢語（神）學術的重要性。

附錄三

化危為機——葛倫斯「後現代非基礎主義」的福音派神學路向*

一、

浸信宗神學家艾力遜（Millard Erickson）一九九八年著有 *Postmodernizing the Faith: Evangelical Responses to the Challenge of Postmodernism*，[1] 檢視福音派神學家如何回應後現代的挑戰。艾力遜在此書評介了六位神學家，其中之一即為葛倫斯（Stanley Grenz）。葛倫斯為浸信宗神學家，被視為年青一代的福音派學者，卻不幸於二〇〇五年三月十二日因腦溢血而離世。葛倫斯離世前任教於加拿大的加里神學院（Carey Theological College），他曾師事當代德國神學家潘寧博（Wolfhart

---

* 本文原為鄧紹光：〈化危為機——葛倫斯「後現代非基礎主義」的福音派神學路向〉，《中國神學研究院期刊》第三十九期（2005 年），頁 52～74，蒙允轉載。

Pannenberg，或譯潘能伯格、潘能博），撰有博士論文〈艾薩克．巴庫斯：清教徒與浸信者〉（"Isaac Backus—Puritan and Baptist," 1978）。[2] 葛倫斯在求學和教學期間均多次獲得獎項殊榮，足證其學術研究表現卓越。

葛倫斯生前個人撰寫或與人合作的著述共有二十五本，研究興趣廣泛，既有深入的神學專題論述，亦有信徒當識的神學入門指南；既以浸信宗角度建構系統神學，亦為福音派重新定位；既關心二十世紀的神學發展，亦探索當代的倫理議題。[3] 由於本文著眼點在於檢視葛倫斯作為一福音派神學家對後現代性的回應，從而展望福音信仰神學的前景，所以也就只集中討論他在這方面相關的著作，包括 *Revisioning Evangelical Theology: A Fresh Agenda for the 21st Century*（1993 年）；[4] *A Primer on Postmodernism*（1996 年）；[5] *Renewing the Center: Evangelical Theology in a Post-Theological Era*（2000 年）；[6] *Beyond Foundationalism: Shaping Theology in a Postmodern Context*（2001 年）。[7] 這幾本著作顯明葛倫斯對福音信仰神學與後現代主義的思考是交替進行的，即葛倫斯是在後現代主義的文化場景底下，重新審視福音派神學的現況和將來，同時又在福音派的神學底下，檢視後現代主義中可取與不可取的地方。葛倫斯經過這一交叉相互閱讀的過程後，隨即進一步撰寫三一論式神學，已出版的有：*The Social God and the Relational Self: A Trinitarian Theology of the Imago Dei*（2001 年）[8] 及 *Rediscovering the Triune God: The Trinity in Contemporary Theology*（2004 年），[9]

這就脫離了神學方法論的討論，而進至神學內容的建構。可惜葛倫斯英年早逝，未及全面建立自己的三一神學以及三一論式神學（前者確立三位一體的教義，後者以三一論的架構來開展基督信仰的各項教義），僅只勾畫出後現代基督教（福音派）神學的輪廓及線條，指出了努力的方向，誠然不無遺憾。華人教會多以福音信仰自居，但很多時流於口號的叫喊而缺乏神學的自省，葛倫斯於此不無啟迪、參考與示範的作用，顯明福音信仰在後現代的文化處境中所具有的生命與活力。

二、

在上述四本葛倫斯的著作中，我們發現他是逐步擴闊和深入討論福音派神學可以怎樣在後現代的情境底下向前發展。在 *Revisioning Evangelical Theology*（1993 年）一書，葛倫斯率先以前瞻性的眼光來審視福音派神學，並勾畫其當走的方向。該書對後現代著墨不多，只在兩頁篇幅內點出其特性，[10] 雖然如此，全書的討論卻是針對後現代時代對福音派所造成的身分危機而開展的。譬如說，後現代質疑啟蒙時代以理性為真理的權威，反對個人主義那種自主自我的神話，[11] 葛倫斯即提出社羣性的觀念來回應，包括福音派的身分和做神學的方法，最後更以教會論作結。[12] 葛倫斯這一神學取向，充分顯現於其系統神學教科書 *Theology for the Community of God*（1994 年）[13] 的出版上。兩年後，葛倫斯出版 *A Primer of Postmodernism*（1996 年），對後現代的思想和哲學作出全面的描繪，為他其後所提出的福音派神學新視野提供紮實的文化處境分析。該書最後一章為"The Gospel and the Postmodern Context"，內容跟他在一九九五年發表的文章"Star Trek and the Next Generation: Postmodernism and the Future of Evangelical Theology"[14] 大致相同，只是在個別的要點上分析得更為仔細。值得注意的是，在這一章之中，葛倫斯是在全面分析後現代處境底下勾畫出後現代的福音，其特色是後個人主義的、後理性主義的、後二元論的、後意識中心的。在這裏，葛倫斯強調的是社羣、整全而非個別、片面。雖然葛倫斯尚未以基礎主義（foundationalism）、後基礎主義（post-foundationalism）等字眼來討論問題，但卻已經隱然指向這一層面。

葛倫斯在回顧的時候指出：

> 特別從一九九三年我出版了自己規劃性的著作 *Revisioning Evangelical Theology*，我即對福音派神學在當代處境的成形抱有熱切的興趣，這可見於我自己的神學「三部曲」：*Theology for the Community of God*（1994、2000 年）、*Created for Community*（1996 年，二版 1998 年），以及 *What Christians Really Believe and Why*（1998 年），還有就是 *A Primer on Postmodernism*（1996 年），該書可說是為本書（引按：指 *Renewing the Center* 一書，見下文）提供了最清晰的背景。[15]

由是，葛倫斯以 *Revisioning Evangelical Theology* 開首，經過 *A Primer on Postmodernism* 的寫作研究而至 *Renewing the Center*（2000 年），一脈相承，展示出他對福音派神學在後現代處境的發展，有著不可否定的負擔，最終建立起一套神學方法論，為後現代福音派神學奠下可供發展的基礎。

二〇〇〇年，葛倫斯發表了兩篇文章，其一為“Articulating the Christian Belief-Mosaic: Theological Method after the Demise of Foundationalism”，[16] 另一為“Conversing in Christian Style: Toward a Baptist Theological Method for the Postmodern Context”。[17] 兩篇文章內容基本上是相同的；前者經修正擴張後，成為作者於同年出版的 *Renewing the Center* 一書的第六章“Evangelical Theological Method after the Demise”，這一章後來又發展成為另一本著作，即 *Beyond Foundationalism: Shaping Theology in a Postmodern Context*（2001 年），是葛倫斯與法蘭基（John Franke）合著的，葛倫斯表明那篇文章是他對神學方法關鍵之處的梗概思考。[18] 經過對後現代的深入了解，葛倫斯繼續就此而思想福音派神學作為一種護教神學的發展方向，而這就是 *Renewing the Center* 一書的目的所在。*Renewing the Center* 共分十章。第一至五章分別討論當代福音派神學的精神：堅持真正的聖經福音與高舉聖經為神學的權威，以及檢視當代福音派神學家的思想發展。第六至十章為下半部，葛倫斯清楚指出這下半部的目的「是勾畫出我們對後現代處境批判地使用的圓周，以便促成一種福音派護教神學的發展，這是為了教會在當代處境中的福音使命的好處而實踐的。」[19] 換句話說，經過幾年之後，葛倫斯仍繼續 *Revisioning Evangelical Theology* 一書中的基本關懷，念茲在茲，無時不在想著福音派的神學如何在回應後現代的處境之中繼往開來。因此，「在這一意義下，本書（按：指 *Renewing the Center*）預設了一建基於早前拙著 *Revisioning Evangelical Theology* 一書的討論，並將之進一步向前推展。」[20]

在這一連串的著作中，葛倫斯引進了哲學界常用的詞彙如「基礎」、「基礎主義」、「後基礎」、「後基礎主義」等，標誌著他在發展福音派神學時的重心所在；其與法蘭基合著的神學方法論 *Beyond Foundationalism* 一書，單是書名就已將這一重心表露無遺。我們可以說，葛倫斯最終是環繞基礎主義與後基礎主義這一對觀念來處理福音派神學與後現代處境的關係，並審視福音派的神學發展及指出方向；當中有好幾個主導思想值得我們注意，包括「社羣」（community）、「社羣性轉向」（communitarian turn）、「彩色拼圖」（mosaic）及「對話傾談」（conversation）。這些字眼表明了非基礎、後基礎的意味。福音派神學如何是非基礎、後基礎的神學？這就需要了解葛倫斯如何透過「社羣」、「彩色拼圖」及「對話傾談」來展示出一幅更新的福音派神學的圖畫了。

在這裏我們可以看見，葛倫斯首先以「社羣」這一意象開拓福音派神學在當代處境中的路向，經過多年探索，逐漸迫近後現代的核心精神——後基礎主義，由此提取所需，使得他在神學方法論上日漸成形，建立起自己的看法，從中標誌出他的後現代福音派神學。簡單而言，葛倫斯的後基礎神學，從反面來說是要超越基礎主義及基礎主義的神學；從正面來說，是把其「社羣」的意象進一步發展成「彩色拼圖」與「對話傾談」，以之應用在神學方法論的不同層面上，初步確立他的後現代福音派神學的進路。

三、

葛倫斯提出了新的福音派神學研究路向，主要在於回應時代的轉變：從現代轉向後現代，以及當中所引發的身分危機。葛倫斯在檢視當代福音派學者的神學思想時，特別是福音與文化的關係時，指出：「這些作者所有的一個共同點——即或在強度上各不一樣——就是意識到神學事業推進的所在處境正在轉變。〔……〕後現代世界已經冒起，成為福音派神學必須注視的處境。」[21]對葛倫斯來說，傳統福音派的思想是現代的，追隨啟蒙時代的觀點，在知識上以理性為真理的權威，在社會倫理上以自主自我的個體為基礎。[22]是以，一旦後現代否定人類理性的霸權以及強調社羣或傳統，福音派神學就陷進身分危機之中。當福音派神學不再身處於現代性的社會，其早前在這個社會獲得的合法性地位就備受質疑，不再可以在一新的後現代文化或邁向後現代性的社會的過程中，具有任何言說的資格。葛倫斯後來就特別集中在方法論上，提出福音派必須走出啟蒙時代的基礎主義的知識論，這在他 *Renewing the Center*

的第六章“Evangelical Theological Method after the Demise of Foundationalism”和 *Beyond Foundationalism* 的第二章“Beyond Foundationalism”，都清楚表明出來。換句話說，葛倫斯把整個福音派神學的檢視和展望集中在知識論、方法論這一層面來討論，而當中的焦點又具體置於基礎主義之上。

葛倫斯指出基礎主義的核心在於克服因人為錯誤而生的不確定，因而欲求不可置疑的確定性以建立穩固的知識，從而解決這一困難。[23] 知識必須建立在穩固的基礎上，這知識論的基礎所包含的，是不容爭辯的信念或不受攻擊的第一原理，是普遍的（universal）、不受處境掣肘的（context-free），至少原則上是任何理性的人均可掌握的。[24] 值得注意的是，伴隨這一基礎主義的知識論的，是實在論的形而上學（realist metaphysic）及對應真理論（correspondence theory of truth）。[25] 前者肯定外在於人的主觀認識有一客觀的實在，後者認為個別命題之真值（truth value）在於其是否如實反映事實。葛倫斯認為對應真理論十分重要，因為它假設了客觀世界的存在；而真理乃是對這一客觀世界如其所如地繪畫出來。[26] 基礎主義的知識論，就是尋找認識這客觀實在的穩固基礎，以建立如實對應客觀實在的知識。

葛倫斯發現啟蒙時代的這種真理觀對十九世紀的神學發展有決定性的影響，不單自由神學如此，就是「保守的神學家也為神學尋找基礎，以致當神學被置於普遍人類理性這準繩底下時，仍然站立得穩」。[27] 葛倫斯舉何治（Charles Hodge）為例，說明保守神學家大膽肯定聖經，因為聖經是由聖靈感動而寫成，所以具有特殊地位，是無誤的，可以訴諸理性論辯而得以證立。[28] 聖經因此成為保守神學家的基礎所在；在實在論的形而上學與對應真理論的引領下，保守神學家進一步把神學發展成科學，這可見於何治的主張：他提議「正如自然科學家發現有關於自然世界的事實，神學家也當照亮那內在於聖經之中的神學事實」。[29] 於是，保守神學家就認為他們從聖經中抽取出來的神學命題是普遍的，甚至是永恆的事實。[30] 當他們以聖經為穩固的基礎，他們就滿有信心地去演繹聖經中有關上帝和世界的永恆真理。[31] 這當中的真理觀其實是對應真理觀，把神學活動化為理性演繹聖經的舉動，以為這樣就能了解、認識、掌握客觀的真實——上帝和世界。

葛倫斯進一步指出二十世紀福音派神學的調子，主要是由何治和其他十九世紀的保守神學家所定下來的，這可在當代的理性主義或命題主義神學家得到印證。[32] 葛倫斯舉了劉高登（Gordon Lewis）和鄧孟偉（Bruce Demarest）為例。他們堅持神學的目的在於累積真值述句。這些述句是一連串的事實命題；[33] 而了解聖經，就在於以邏輯及科學方法把當中的啟示組織成為神學述句，從而建立起一套完整、無時間限制的教義體系。[34] 葛倫斯針對他們這種神學方法中對理性的強調，發掘出其背後對上帝及人的本性的看法：理性的上帝與理性的人性。劉高登和鄧孟偉認為「上帝能夠向那些以其形象被造的人傳遞資訊。他們如此被造，是為了可以追隨上帝而思考祂的心意」；[35] 人之所以可以運用邏輯原理去思考，因為這是普遍的，是「終極地根源於創造主的心靈和本性」。[36] 十分清楚，理性被高抬而成為發現真理的能力，而真理就是命題式真理，聖經則不外是啟示的資訊，讓人可以運用其理性在當中整理出一套命題式教義。

傳統福音派的危機，在於採取了啟蒙時代的世界觀和真理觀來確立信仰的可靠性，以回應時代的衝擊和挑戰，一旦這種世界觀和真理觀遭受攻擊，建基於其上的傳統福音派也就岌岌可危了。按葛倫斯的分析，這就是因為時代的轉變：從現代轉向後現代，從實在主義的真理觀轉向建構主義的真理觀。事實上，這兩種真理觀也可以被稱為客觀主義與相對主義。實在主義的核心有兩個相互關連的看法，即世界的客觀性及人類理性的超卓能力。葛倫斯指出：

> 現代實在主義假設世界是既予的實在，存於人心靈之外。這客觀世界滿有秩序，而這秩序是內在於客觀世界的，由世界展示出來，秩序之運作完全獨立於人的認知活動之外。除此之外，實在主義假設人的理性有能力辨別這客觀秩序，特別因為這秩序以自然的「律則」顯現其自己。這也就是說，人的思想可以準確地反映外在客觀的非人實在。語言作為人的思想的產物，提供了一足夠的工具去宣告世界的模樣。這兩個看法幾乎無可避免地引致對應真理論。根據這理論，真理基本上是命題或肯斷的質素。〔……〕一個肯斷是真的，因為它「對應」世界，即準確地再現或正確地描述世界。[37]

這麼長的引文，目的是讓大家明白實在主義的思想，其形上學與認識論是互為表裏的：客觀世界可以被人的理性如實反映出來，而表之以命題真理。可是，實在主義卻遭受後來冒起的建構主義所攻擊。建構主義認為人不可能有客觀的知識，因為知識是參與性的。[38]

> 他們反對人可站在亞基米德式的局外點（Archimedean vantage point）去對「外在」的實在獲得完全客觀的看法。相反，人透過他們自己所擁有的概念來建立起他們的世界。再者，實在主義的批判者否認在語言和世界之間存在一種簡單、一一對應的關係，他們否定任何簡單的語言可以提供一張關於世界的準確「地圖」。[39]

> 極端的建構主義宣稱所謂「真實世界」只是一不斷轉變的、社會的創造物〔……〕。結果，一切對實在的解釋都只是建構。這些建構可能很有用，但它們並非客觀地為真的。[40]

再進一步說，不同的族羣會建構不同的世界，而因為人沒有能力踏出自己建構的實在去接觸真正的實在，那也再沒有任何客觀的實在可以作為標準去衡量誰對誰錯了。[41] 於是，絕對的相對主義就出現了。

福音派神學可以怎樣回應這樣的一種情況？徹底的建構

主義否定有一客觀的實在存在，其真理觀就是相對主義，按著各別的處境去建構實在、真理。「這樣的後現代情境是危還是機？」[42] 葛倫斯的回應顯然是正面和積極的。福音派神學正處於十字路口，而其中的關鍵乃在於如何看待後現代的氛圍。[43] 雖然葛倫斯不同意繼續走在「福音派的現代主義」（evangelical modernists）[44] 的路上，但他所推許的「後現代的福音派」（postmodern evangelicals）[45] 並非要完全擁抱後現代。葛倫斯指出這種神學是要從學術的囚禁中被釋放出來，回歸其應當屬於的場景：信仰的羣體、教會。[46] 這裏面隱含的意思是神學絕不能以公共學術的規範來制約，它應當屬於教會生活這一領域。[47] 但另一方面，這又並非表示神學是自閉於教會僵化的傳統之中。葛倫斯表示：

> 〔……〕，今日我們需要的是延續和傳遞，把新福音派運動建築師所開創的護教神學延續和傳遞至當前的處境中，讓古典的正統主義與當代處境對話。然而，要想實現這種延續和傳遞，就需要推進神學的使命，藉著傳統的改革者（traditional reformists）和改革的傳統主義者（reforming traditionalist），也藉著那些看重傳統、又具有改革心靈的神學家，以及那些熱中於不斷改革、又以傳統為基石的思想家，從而得以完成。[48]

這裏要講的，就是從教會的傳統出發，在後現代的情景底下繼續傳講，而且是以一種對話的方式進行。因此，葛倫斯嘗試用以回應後現代挑戰的「後現代福音派」，其起點就是在特定處境底下的信仰羣體及其傳統。

四、

葛倫斯面對後現代，基本上是從其對啟蒙時代的批判中，尋找正面建立和發展福音派神學的方向。啟蒙時代以知識為確定的、客觀的和美好的，後現代卻並不信任這種知識，[49] 因為都是建基在人性之上，包括人類的理性、人的獨立自主和人的美善。[50] 葛倫斯在這裏轉向了關係、網絡、社羣等非基礎性意象，這些意象指向的是「整全」，而非「個別」。這並非表示葛倫斯否定個別，而是重新調整個別的位置，指出個別是不能離開整全而存在、獲取其自身的身分、認識或被認識。因此，葛倫斯在初步勾畫後現代的福音派神學時，就用了帶有反基礎意義的詞語如：後個體的（post-individualistic）、後理性的（post-rationalistic）、後二元論的（post-dualistic）、後意識中心的（post-noeticentric）。從正面來說，後個體強調的是「在社羣中的個體」（the individual-within-community）；後理性強調的是經驗與解釋概念的相互關連；後二元論強調的是「身一心」或「靈一肉」的整全一體，並引申至「在關係中的人」（person-in-relationship）；後意識中心強調的是「智慧」（wisdom），認為知識不只是意識，更是存在於生命、生活的每一層面。[51]

在這裏，我們看見葛倫斯對後現代福音神學的基本想法。深入分析葛倫斯這四個神學特性，我們可以進一步指出，後個體或在社羣中的個體是有其涵括性的，意即所謂在社羣中的個體，這個體是理性與經驗一體的、心靈與身體一體的、知識與生活一體的；這個體是在每一層面——無論內在外在——都活在關係之中。由此，我們可以明白葛倫斯在其第一本討論更新福音派神學的著作中，即率先表示：「修正神學的使命在於更新我們對社羣在信仰生活中的角色的了解。」[52] 他首先針對的就是個人主義的問題：「〔……〕這（基督徒）身分的創造過程並非個人主義式的事宜，只抽離地發生。相反，這是在一個羣體之內發生的。」[53] 他循此繼續開展討論傳統、聖經、文化處境、實在等等於做神學中的角色和作用，並由此確定神學的性質和意義。[54] 後來葛倫斯在撰寫其神學方法論時，就特別標出「社羣主義『轉向』與福音派神學的籌算」為一節；[55] 在 *Beyond Foundationalism* 一書的第二章，也花了三小節討論信仰羣體在做神學一事上的角色；[56] 以之作為神學思考和建構的起點，初步探討其作用，然後才進入餘下的兩大部分共六章，深入仔細講論做神學的資源與母題（motifs）。由此可見，「信仰羣體」是葛倫斯從基礎主義的信仰走向非／後基礎主義的信仰的關鍵所在。

為甚麼信仰羣體是做神學的起點？如果福音派神學家都認為我們的信仰核心是跟聖經中的耶穌基督有著拯救性的相遇，[57] 那麼這是如何可能的？葛倫斯一反過去那種純粹個人式的看法，認為「透過耶穌與聖經中的上帝相遇，這一建立基督徒身分的基礎性經歷，只能是那些參與基督徒羣體的人才能分享……」，[58] 即是只有屬於這一信仰羣體的人才有可能經歷同樣的遭遇，從而成為其中一分子。不單如此，葛倫斯進一步指出「沒有原生的宗教經驗，只有由特殊宗教傳統所生起的經驗。即經驗是由某一宗教傳統的解釋架構所促發出來的」，[59]「〔……〕基督徒的經驗是由宣講基督福音而產生的，但這宣講卻內含一基督教神學的解釋架構，這架構跟聖經中的上帝聯接一起，而由這樣的一種座標來察看世界」。[60] 這其實是說，我們在信仰羣體中經歷了拯救，但這信仰羣體卻是具有特殊信仰傳統的羣體；這特殊的信仰傳統，葛倫斯稱之為「引發特殊的基督徒經驗的解釋架構」（the specifically Christian-experience-facilitating interpretative framework），是基督教神學的「基本」（basic）。[61] 但這「基本」並非指堅固不移的基礎。[62] 架構跟內容是不能分割的，有怎樣的解釋架構就有怎樣的神學內容。[63] 因此，神學家的工作不在於在解釋架構之上建立神學內容，這樣是不可能的。反之，神學的工作是不斷在聖經所提供的材料底下，為著教會在當代的處境中履行宣教的使命這一原因，有系統地勾畫出基督教的解釋架構。[64] 是以，基督教神學就只是一個神學的解釋架構；它既是基礎，也是內容。這個神學解釋架構由許多基督教教義組成而為一「信仰的彩色拼圖」（belief-mosaic），神學的工作就是把這些教義互相連結為一統一的整體，以之察看世界。[65]

這樣的一種做神學的方式，會否落入主觀而自言自語的景況？「（這樣的）神學會談及任何客觀的事物嗎？或神學僅只滿足於形構一特殊宗教系統的解釋架構？」[66] 這是涉及普遍性與客觀性的問題。基督教神學的解釋架構會否囿於其自己而為一孔之見，並不真能解釋、察看世界的真相和實在？葛倫斯在這裏引入終末論來討論，指出我們的世界之「客觀性」並非靜止的實在，而是最終由我們的社羣和語言所構成。[67] 而更重要的是，這客觀性是上帝心意中的客觀性，並非當下的而是將來的，因此，「世界的客觀性」指的是將來、終末的世界的客觀性，這是更為真實——客觀地真實——的世界。[68] 事實上，我們並非住在「世界之在其自己」，而是住在我們所建立的語言世界之中，[69] 問題只是：當下的語言世界有多真實？如果當下的語言世界並非最真實的，那麼基督教的神學對世界的言說，就是要指出其當下的不真實，以及指向終末將來的真正的真實。葛倫斯在討論真理時，曾引用潘寧博的觀點。潘寧博一方面認為真理是普遍的，另一方面又表明真理是歷史的。這樣一來，真理必須是統一的及歷史的，即真理在歷史的過程中達致統一的普遍，因此，真理的確定性只在終末的將來，[70]「只有在終末的將來，我們才能認識絕對圓滿的真理；終末之前，真理按其本性總是暫時的，而真理的宣稱總是可爭議的」。[71] 真理乃是實在、本相、真實，若真理並非靜態不動、鐵板一塊，那麼任何真理的宣稱都是如此。一方面，它必須跟隨真理在歷史中的開展而不斷修正；另一方面，它只有在終末的真理完全實現時，才能確證自己。神學作為一種解釋架構，其之所以為普遍的、客觀的、如實的，也只有在終末時才能確證，而神學在當下的一切宣稱雖然指向普遍的、客觀的，但仍然不免為暫時性的。

我們說神學的起點在於一特殊傳統信仰的羣體。在這裏要補充的是，這一特殊傳統信仰的羣體必然是一終末的羣體，這終末羣體的言說內容必然是普遍的和客觀的，是否如實則要留待終末來檢證，因為其所講的普遍和客觀的實在是終末將來的。但這終末將來的普遍和客觀的實在，卻首先在這一特殊傳統信仰的羣體中暫時地實現：在關係中的生命（life-in-relationship）、在社羣中的個人（person-in-community），[72] 或者反過來說，在基督的社羣中可見的生命，正是要來的時代的記號。[73] 基督教的神學只能立足於一特殊傳統信仰的羣體，然後嘗試落實其自身的看見：在關係中的生命、在社羣中的個人等整全觀點，而表現於傾談對話（conversation）的方式：在聖經中與聖靈傾談、與信仰傳統傾談、與文化處境傾談；並確立神學工作的三重母題，即三一論、社羣及終末論，藉此進一步建立起基督教神學的解釋架構，並由此說明神學工作的特性。葛倫斯這一後現代福音派的神學方法，主要是由「社羣」這意象開展出來。這社羣不可約化為原子式的個體，而當以三一式來了解；這社羣也不可約化為超越、非時間歷史的個體，而當以終末意義來把握。三一論及終末論必然化解基礎主義，特別否定原子式及非歷史的主體主義。這社羣所揭示的關係與時間特性也必然要求社羣在做神學時，不斷與不同的他者進行對話，而不能固守在其自身的思想意識之中。這個羣體必須不斷走出當下的自己，與聖靈傾談、與自己過去的信仰傳統傾談、與當前的文化處境傾談，從而延續和傳遞羣體的信仰。這個做神學的方法，顯然是非基礎主義的。

五、

在文章最後這部分，我們會進入葛倫斯的「作為傾談對話的福音派神學」（Evangelical Theology as Conversation），[74] 以及「作為『基督教』神學的福音派神學」（Evangelical Theology as "Christian Theology"）。[75] 在本質上，前者談的是做神學的資源，後者為神學的焦點母題，因此葛倫斯在 *Beyond Foundationalism* 一書中，分別用上「神學的資源」（Theology's Sources）及「神學的焦點母題」（Theology's Focal Motif）來統攝內裏的篇章，而各篇章的題目亦十分清楚顯示其所討論的內容，只是在「神學的資源」這部分的篇章題目中，不若葛倫斯在 *Renewing the Center* 中第六章用上「傾談對話」的字眼。此書第六章討論聖經那一節時，標題為「在神學傾談中的原初聲音」（The Primary Voice in the Theological Conversation）；[76] 在討論傳統一節時，標題為「神學傾談中的解釋軌道」（The Hermeneutical Trajectory of the Theological Conversation）；[77] 在討論文化一節時，標題為「神學傾談的廣闊處境」（The Wider Context of the Theological Conversation）。[78] 這樣的標題表明葛倫斯十分著重傾談對話，而這亦是非基礎主義的。

我們在這裏不欲仔細探究「神學的資源」與「神學的焦點母

題」，倒想發掘葛倫斯在這方面的討論如何再次顯出其非基礎主義的特性，而沒有落入後現代所批評的基礎主義之中。事實上，葛倫斯基本上並沒有離開上一節論及的信仰羣體來開展其「神學的資源」與「神學的焦點母題」，原因是這一信仰羣體是一特殊傳統信仰的羣體，當這個羣體就其本性而言是一個關係的羣體時，它必然是不斷地活在傾談對話之中，從而塑造其「信仰彩色拼圖」。葛倫斯開宗明義地表示，基礎主義之後的神學是為傾談對話的神學，[79]「神學的建立，其特色被視為持續不斷的傾談（ongoing conversation）。在當中，信仰羣體的參與者分享他們對所居住的世界的看法，這是透過文化符號象徵的意義而完成的。這些符號包括聖典、語言、禮儀和實踐」。[80] 更為重要的，是葛倫斯所講到的聖經、傳統和文化處境這三者之間，需要有一「互動或是共融的舞蹈」（the interplay, or perichoretic dance），[81] 而非各自為政，或是某一神學資源較其他二者更為基礎。因此，葛倫斯在講到任何一方時，總是扣緊另外兩方來闡釋。換句話說，聖經不能離開傳統與文化處境來言說，傳統也不能離開聖經而被更新、不能離開文化處境而被傳遞，文化處境也不能離開聖經與傳統而被了解。三者形成一螺旋形旋轉，不斷向前更新變化，直到終末臨在，這就顯出了神學建立的終末向度了。在這裏要提醒的是，一個特殊傳統信仰的羣體總會持有某種特殊傳統的神學，只是她並不封閉自己；但在不斷的傾談討論之中，她所形成的神學拼圖又總是特殊的，這特殊性又驅使她必須繼續傾談對話，不斷發掘聖經及解釋聖經的傳統，以致能夠展示其對文化處境的意義。這裏隱含的意思是：神學的本性應該同時是「傳統的改革」與「改革的傳統」。離開傳統不可能改革，改革乃是延續和更新傳統；前者是「塑造傳統」，後者則是「為傳統所塑造」，但二者不能分割。

在這樣的神學方法底下，後現代福音派神學會是怎樣的模樣呢？葛倫斯提出了三個母題，分別是「三位一體：神學的結構性母題」（The Trinity: Theology's Structural Motif）、「羣體：神學的整合性母題」（Community: Theology's Integrative Motif）、「終末論：神學的導向性母題」（Eschatology: Theology's Orienting Motif）。我們不難發現，三個母題其實正好呼應著「持續不斷傾談」的神學方法；它們跟神學方法可說是互為表裏。這三個母題可以衍生出相應的神學方法，而神學的方法也要求相應的神學母題，兩者之間沒有誰是更基礎的問題。神學的建立，無論是內容或方式，若不能離開特殊傳統信仰的羣體那持續不斷的傾談，就必然涉及真正羣體的本性這一問題，而三一論正是其答案。三一論要講的，就是「上帝是『羣體』——三個位格的團契；按神聖形象被造的人類，必然是在關係中彼此連結」。[82] 這種三一論不單要求信仰羣體活出如此這樣的本性，並且要求信仰羣體在做神學時能夠展示出整全的「信仰的彩色拼圖」。這也就是說，三一上帝的神聖生命是一「在統一中的多元」（plurality-in-unity），[83] 既規範人的生命為「在社羣中的人」，也滲透信仰羣體的神學思考，形塑整個神學的表達。[84] 這種情況在第二個母題「羣體：神學的整合性母題」進一步落實和發展。葛倫斯強調信仰羣體是神學思想的起點，信仰羣體之所以對神學重要，在於她提供了一套特殊的、能引發基督徒經驗的解釋架構，[85]「羣體提供了整合的主題視野，藉此而可明白眾多不同的神學焦點，以及開發重要而有意義的神學議題」。[86] 是以，離開了信仰羣體，不可能有任何神學。但此信仰羣體又是終末的；其為終末，即同時表示其神學活動亦是終末導向的。這就是第三個神學母題：「終末論：神學的導向性母題」。上帝乃三位一體，表現出「在統一中的多元」的本性，但這同是一切受造物的最終去向，而信仰羣體所要宣講的，就是一個上帝在終末時會統一歷史中眾多殊異的故事。[87]「基督教神學內在地是終末的。」[88] 這可從存有論（ontology）上來說，也可從知識論來說。如果上帝是應許的上帝，最終會把受造世界帶往永恆的目的（eternal telos），[89] 那麼，信仰羣體對這位上帝當下的認識和講述就不是最終的，一切此時此地的神學思考和宣稱都只是暫時性的。這樣一來，信仰羣體本身固然盼望終末的來臨，她是朝向終末的，其神學思考活動亦是終末導向的。一方面，她必須講述終末的故事；另一方面，她此一終末的故事又須待終末臨到時，方能完全確證為「客觀」的真理、實在。於此，葛倫斯所勾畫的神學母題，其實是進一步展示出相應的神學重點主題，是對應先前所講的神學方法，而同為非基礎性的。這就完成了其後現代福音派神學的方法論，並且進一步指向此後做神學的具體方向：一切神學的思考都不能離開三一論、信仰羣體及終末論；一切神學的思考，都當在這三者所交織而成的網絡底下開展，而為非基礎性的基督教神學。

註釋

1. Millard Erickson, *Postmodernizing the Faith: Evangelical Responses to the Challenge of Postmodernism* (Grand Rapids: Baker Books, 1998).
2. 出版為 Stanley Grenz, *Isaac Backus-Puritan and Baptist: His Place in History, His Thought, and Their Implications for Modern Baptist Theology* (Macon, GA: Mercer Univ. Press, 1983)。
3. 有關葛倫斯的生平和著作，可瀏覽網頁：http://www.stanleyjgrenz.com/index2.shtml, accessed March 2003。
4. Stanley Grenz, *Revisioning Evangelical Theology: A Fresh Agenda for the 21st Century* (Downers Grove: IVP, 1993).
5. Stanley Grenz, *A Primer on Postmodernism* (Grand Rapids: Eerdmans, 1996).
6. Stanley Grenz, *Renewing the Center: Evangelical Theology in a Post-Theological Era* (Grand Rapids: Baker Books, 2000).
7. Stanley Grenz and John Franke, *Beyond Foundationalism: Shaping Theology in a Postmodern Context* (Louisville: Westminster John Knox, 2001)；此書係與法蘭基(John Franke)合著。
8. Stanley Grenz, *The Social God and the Relational Self: A Trinitarian Theology of the Imago Dei* (Louisville: Westminster John Knox, 2001).
9. Stanley Grenz, *Rediscovering the Triune God: The Trinity in Contemporary Theology* (Minneapolis: Fortress, 2004).
10. Grenz, *Revisioning Evangelical Theology*, 14～15.
11. Grenz, *Revisioning Evangelical Theology*, 15.
12. 參 Grenz, *Revisioning Evangelical Theology*, 17～119。
13. Stanley Grenz, *Theology for the Community of God*, 1st ed. (Nashville: Broadman & Holman, 1994).
14. 收於 David S. Dockery, ed., *The Challenge of Postmodernism*, 2nd ed. (Grand Rapids: Baker Academic, 2001), 75～89。First edition 1995 by Victor Books。
15. Grenz, *Renewing the Center*, 8.
16. Stanley Grenz, " Articulating the Christian Belief-Mosaic: Theological Method after the Demise of Foundationalism, " in *Evangelical Future: A Conversation on Theological Method*, ed. John G. Stackhouse, Jr. (Grand Rapids: Baker; Leicester: IVP; Vancouver: Regent College

Publishing, 2000), 107～136。

17. Stanley Grenz, " Conversing in Christian Style: Toward a Baptist Theological Method for the Postmodern Context, " *Baptist History and Heritage* 35, no. 1 (2000): 82～103.
18. Grenz, *Renewing the Center*, 8.
19. Grenz, *Renewing the Center*, 19.
20. Grenz, *Renewing the Center*, 19.
21. Grenz, *Renewing the Center*,168.
22. Grenz, *Renewing the Center*, 15～16.
23. Grenz, *Renewing the Center*, 186; Grenz and Franke, Beyond Foundationalism, 30.
24. Grenz, *Renewing the Center*, 186; Grenz and Franke, Beyond Foundationalism, 30.
25. Grenz, *Renewing the Center*, 188; Grenz and Franke, Beyond Foundationalism, 32.
26. Grenz, *Renewing the Center*, 188.
27. Grenz and Franke, *Beyond Foundationalism*, 34.
28. Grenz and Franke, *Beyond Foundationalism*, 34.
29. Grenz and Franke, *Beyond Foundationalism*, 34.
30. Grenz and Franke, *Beyond Foundationalism*, 34.
31. Grenz and Franke, *Beyond Foundationalism*, 35.
32. Grenz and Franke, *Beyond Foundationalism*, 37.
33. Grenz and Franke, *Beyond Foundationalism*, 37.
34. Grenz and Franke, *Beyond Foundationalism*, 37.
35. Grenz and Franke, *Beyond Foundationalism*, 37.
36. Grenz and Franke, *Beyond Foundationalism*, 37.
37. Grenz, *Renewing the Center*, 169.
38. Grenz, *Renewing the Center*, 170.
39. Grenz, *Renewing the Center*, 170.
40. Grenz, *Renewing the Center*, 171.
41. Grenz, *Renewing the Center*, 171.
42. Grenz, *Renewing the Center*, 181.
43. Grenz, *Renewing the Center*, 181.
44. Grenz, *Renewing the Center*, 182.
45. Grenz, *Renewing the Center*, 182.
46. Grenz, *Renewing the Center*, 182.
47. Grenz, *Renewing the Center*, 182～183.
48. Grenz, *Renewing the Center*, 183.

49. Grenz, *A Primer on Postmodernism*, 165.
50. Grenz, *A Primer on Postmodernism*, 165～166.
51. Grenz, *A Primer on Postmodernism*, 167～174; Grenz, "Star Trek and the Next Generation," 84～87.
52. Grenz, *Revisioning Evangelical Theology*, 73.
53. Grenz, *Revisioning Evangelical Theology*, 73.
54. Grenz, *Revisioning Evangelical Theology*, 72～85.
55. Grenz, *Renewing the Center*, 202.
56. Grenz and Franke, *Beyond Foundationalism*, 47～54.
57. Grenz, *Renewing the Center*, 202; Grenz and Franke, *Beyond Foundationalism*, 48.
58. Grenz, *Renewing the Center*, 202; Grenz and Franke, *Beyond Foundationalism*, 48.
59. Grenz, *Renewing the Center*, 203; Grenz and Franke, *Beyond Foundationalism*, 49.
60. Grenz, *Renewing the Center*, 203; Grenz and Franke, *Beyond Foundationalism*, 49.
61. Grenz, *Renewing the Center*, 203; Grenz and Franke, *Beyond Foundationalism*, 49.
62. Grenz, *Renewing the Center*, 203; Grenz and Franke, *Beyond Foundationalism*, 49.
63. Grenz, *Renewing the Center*, 204; Grenz and Franke, *Beyond Foundationalism*, 50.
64. Grenz, *Renewing the Center*, 204; Grenz and Franke, *Beyond Foundationalism*, 50.
65. Grenz, *Renewing the Center*, 205; Grenz and Franke, *Beyond Foundationalism*, 51.
66. Grenz and Franke, *Beyond Foundationalism*, 51.
67. Grenz and Franke, *Beyond Foundationalism*, 53.
68. Grenz and Franke, *Beyond Foundationalism*, 53.
69. Grenz and Franke, *Beyond Foundationalism*, 53.
70. Grenz, *Renewing the Center*, 197; Grenz and Franke, *Beyond Foundationalism*, 44.
71. Grenz, *Renewing the Center*, 197; Grenz and Franke, *Beyond Foundationalism*, 44.
72. Grenz and Franke, *Beyond Foundationalism*, 54.
73. Grenz and Franke, *Beyond Foundationalism*, 54.
74. Grenz, *Renewing the Center*, 206.
75. Grenz, *Renewing the Center*, 211.
76. Grenz, *Renewing the Center*, 206.
77. Grenz, *Renewing the Center*, 208.
78. Grenz, *Renewing the Center*, 209.
79. Grenz, *Renewing the Center*, 206.
80. Grenz, *Renewing the Center*, 206.
81. Grenz, *Renewing the Center*, 206.

82. Grenz, *Renewing the Center*, 213.
83. Grenz and Franke, *Beyond Foundationalism*, 54.
84. Grenz, *Renewing the Center*, 213～214.
85. Grenz, *Renewing the Center*, 214.
86. Grenz, *Renewing the Center*, 215.
87. Grenz, *Renewing the Center*, 217.
88. Grenz, *Renewing the Center*, 216.
89. Grenz, *Renewing the Center*, 216.

附錄四

韋伯斯特《神學的文化》目錄

書名：《神學的文化》（*The Culture of Theology*）

作者：韋伯斯特（John Webster）

出版社：Baker Academic

出版年份：二〇一九年

內容

本書簡短地勾畫基督教神學的本性。韋伯斯特透過六堂課來探討思考與言說上帝的特權，他的角度是「那叫人震驚的好消息耶穌基督」。他認為只有確認福音是最要緊的實在（reality），神學才會做得好；考量教會、聖經和傳統對福音所要帶來的獨特「文化世界」是基本的；以及探討在這領域之中的挑戰與喜樂。神學具有特殊責任：學術傾談、自我批判、靈性與道德生命，呼召的核心則在於祈禱。

目錄

後記一

這本文集跟我在香港浸信會神學院的事奉一起成長。二○○三年一月我轉到馬鞍山這裏任教，一年後接手道學碩士一年級下學期的「神學與神學研究方法」，至今已經十五年。期間因應不同場合及邀請寫下了不少相關文章，並成為課程的一部分，在課堂上跟同學一起講解討論，只是一直沒有多就「神學」的本性寫作，幾次要想提筆，總被打岔，沒能開始。今年一月初因為心臟出了問題，出院後學院減了我兩科教學，只剩下「神學與神學研究方法」，曹偉彤院長還拔刀相助教授兩堂，並邀請了黃福光老師分享正典評鑑法，減輕了我的擔子，讓我可以多些休息。正因為這樣，我就使用這段時間，努力完成第一部分的文章，實情是讀書札記多於論文，以幫助學生擴闊眼界，認識當代新教神學家對「神學」的看法。

全書分兩部分共十五章，其中五章是新寫的，包括第一、二、三、六章，寫於今年三月底至四月底，至於第七章則較早一些，三月中完成，那是為了預備另一講座而寫的，正合本書主題，所以也收在這裏。除了這些新寫的，本書還加插延伸閱讀，包括某些講課大綱、譯書導讀，目的是補充思考，都是這十五年內的產物。講課大綱是「神學與神學研究方法」某些課堂派給學生的筆記，譯書導讀則包括根頓（Colin Gunton）的《如此我信：基督教教義導引》、韋伯斯特（John Webster）的《聖經：一個教義式的勾畫》、哈特（Trevor Hart）的《信故我思：神學思考方法獻議》。這三位都是英國當代的新教神學家，也是我在課堂中引介及討論的。特別是《信故我思》，課堂上花了不少時間就此小組匯報，交流討論，並做個人反思。無可置疑，這三本筆者有分翻譯的著作，或多或少在這些年間指引甚或塑造我的神學方向及形貌。

這本文集算不上原創，但卻屬於高階的引介；雖然高階，畢竟引介，故此難免兩面不討好。只是這等工夫總是要做的，不能一下子高呼要做甚麼甚麼神學，卻攪不清聖經、傳統、理性、處境的本性和目的，不知不覺落入神學失序之中。在沙土上面建立的房屋即便華麗，終究一時，難以長久。固然，沒有神學是永恆的，我這本文集也是如此，但這是在上帝神聖的啟示底下所作的判斷，而不能以此為藉口，可以隨便按照人自己對聖經、傳統、理性、處境的了解來認識和言說上帝及其一切。

在此得感謝神學院給予機會讓我過去十五年來可以教授這一門科目，也感謝一直以來修讀這門科目的學生可以一起成長，並感謝曹偉彤院長、周學信教務長、謝木水院長及陳佐人教授賜下序言，激起進一步的思考，益增本書之價值。最後多謝基道出版社的出版及事工總監吳國雄弟兄前期的文稿編排、編輯沈靜筠姊妹的辛勞耗神，以及相關同工的協力，讓這本文集得以印行面世，不勝感激。願上帝按其心意使用，造就教會羣體的神學學習、認識上帝。

鄧紹光

二〇一九年五月三日

後記二

我們都漸行漸老了，雖然各人在世的日子確是不同，有的長一點，有的短一點，還是要好好準備。我們不單要接受自己已經進入這最終的旅程，也要預備身邊的另一半可能先自己離去，甚至在毫不為意底下發生。

年輕時覺得這日子多麼遙遠，珍惜當下只是口號。誰知一下子就得面對，叫人措手不及。雖然很早就感到死亡很近自己，但卻沒有想到死亡也跟妳很近。原來兩年前八月的胃癌，已經叫妳早有準備，只是我愚鈍不敏，還在忙這忙那，忽略了與妳一起的日子。若不是女兒到維也納當交換生，又怎想到去中歐旅行，這可是妳的心願。那是美好的常存腦海的日子。

我們識於微時，在突破的日子，自己沒有甚麼叫人另眼相看的一面。雖然心有大志，要唸哲學神學，要取得博士學位然後教學研究寫作。但誰説得準？妳還是跟我一起。那個時候我沒有怎麼擔心自己的道路，只是一往向前，按著自己的心願走，不想一走就超過三十年，妳也一直在身邊。

這幾年，我愈發感到自己不過是個普通人。人家説這説那，都改變不了我的自我形象，重要的是妳在我身邊，一起走這人生的道路，那管陰晴圓缺。我但願這些年間妳一路走得開心。這些年間的崎嶇，雖然吃力，但妳仍然看到上帝的恩手。沒有遺憾。

我們都漸行漸老。年初我心臟病發入院，妳一路奔波、陪伴在則，瘦弱的身子更形瘦弱。我就決意改變生活方式、事奉方式。進入生命此世旅程的最後階段，是時候開始總結自己的研究和寫作。其中之一是《神學與神學方法 15 講》文集。很多年的心願，在因病減去大部分教學，只剩「神學與神學研究方法」一科，補寫了四、五篇特別論神學本性的文章，得以實現。

這三十多年，妳一直陪伴我唸書、教書、寫作研究、出版，可我卻沒有寫過甚麼給妳。妳的生活，大部分環繞著我和女兒。到了生命最後年日，妳還是在照顧我們，尤其我這心臟出了問題的身軀，直到我進醫院做搭橋手術那一天，至死不渝。妳説照顧我這些患病的日子，才明白昔日婚禮的誓詞：我願意。

我們一起由救護車送往醫院，一起在 ICU 接受治療，然後醫護人員竟把我們的病牀並排一起，然後我在手術後留院觀察時每天坐著輪椅往妳病牀邊看妳。那幾天，醫院的醫護人員都知道有一對夫婦一起入院接受治療。我們都一起老了，也一起病了。待我這些日子完成了上帝交付的研究和寫作，時候到了，就會隨妳一起，以另一種形態，在復活主裏面存在。

我們都漸行漸老，沒有不同，只是快慢有別，只是妳先行一步，歸到列祖那邊。但我也愈發接近了。這是我的安慰。

鄧紹光

二〇一九年八月十五日